(conserver la couverture)

DE LA

CONDITION LÉGALE DE LA VEUVE

14486

THÈSE POUR LE DOCTORAT

Soutenue le Vendredi 24 Juin 1887, à trois heures du soir,

PAR

Léandre LELEUX,

Avocat,

LAURÉAT DE LA FACULTÉ LIBRE DE LILLE,

Né le 27 juin 1864.

Président : M. VILLEY.

Suffragants : MM. CAREL.
DANJON.
FOURNIER, Agrégé.

206

LILLE,
IMPRIMERIE L. DANEL.
1887.

THÈSE

POUR LE DOCTORAT.

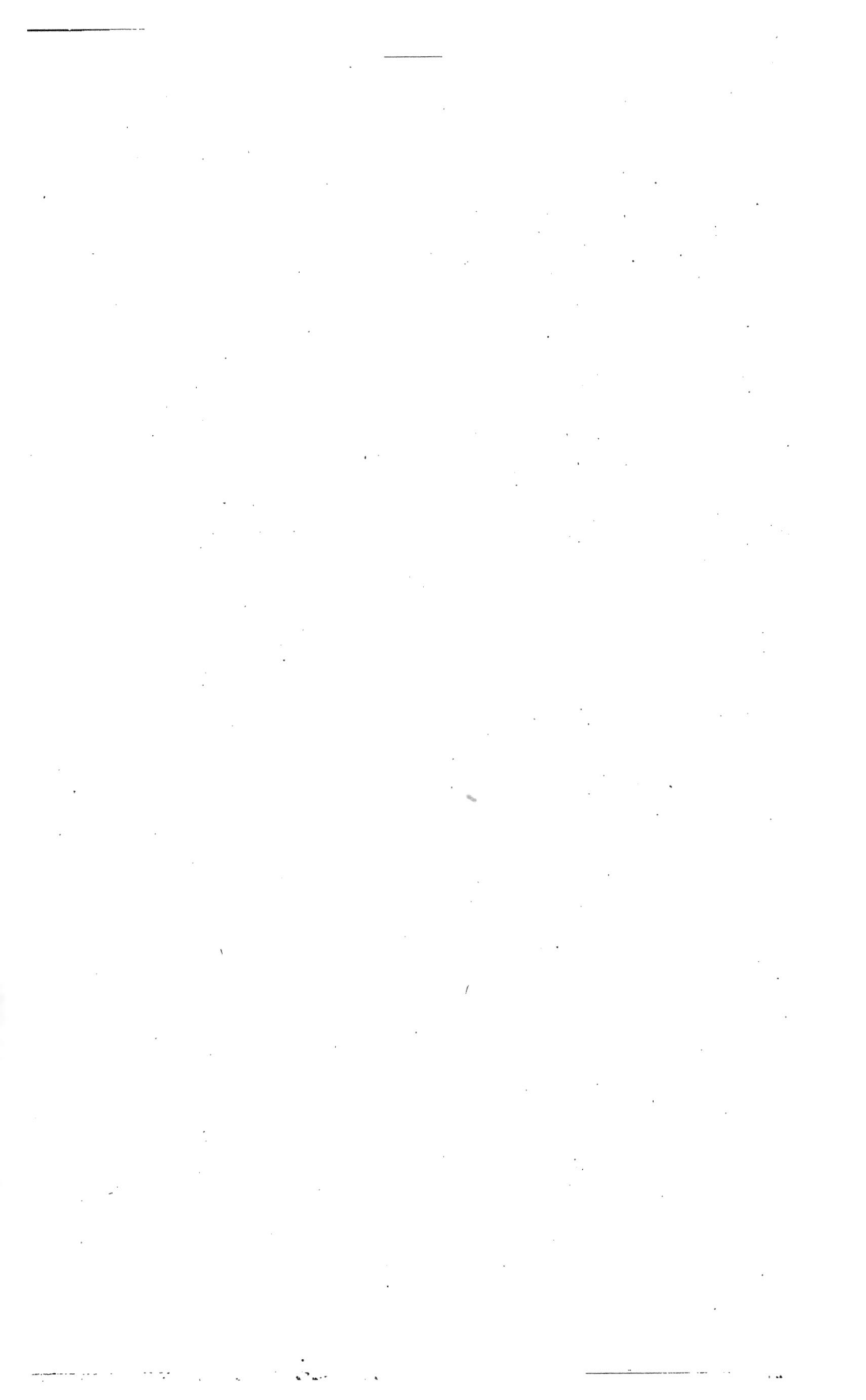

A MON PÈRE.

A MA MÈRE.

A MES PARENTS.

A MES PROFESSEURS.

A MES AMIS.

FACULTÉ DE DROIT DE CAEN.

DE LA
CONDITION LÉGALE DE LA VEUVE

—◦◦◦◦◦◦—

THÈSE POUR LE DOCTORAT

Soutenue le Vendredi 24 Juin 1887, à trois heures du soir,

PAR

Léandre LELEUX,

Avocat,

LAURÉAT DE LA FACULTÉ LIBRE DE LILLE,

Né le 27 juin 1864.

—◦◦◦—

Président :	M. VILLEY.
Suffragants :	MM. CAREL.
	DANJON.
	FOURNIER, Agrégé.

—◦◦◦◦◦◦◦—

LILLE,

IMPRIMERIE L. DANEL.

1887.

INTRODUCTION

Le mariage est une société perpétuelle dans son but et dans sa nature. « La femme, dit Hennequin (1) semble perdre dans cette union son individualité pour la confondre avec celle de l'homme. » Manou dit aussi que le mari ne fait qu'une seule personne avec sa femme (2). On connaît enfin la belle définition romaine du mariage : « *Nuptiœ sunt consortium omnis vitœ, divini et humani juris communicatio.* » (3).

Le christianisme, en ajoutant l'idée religieuse de l'union des âmes, à côté de l'idée d'une union simplement matérielle des existences, a contribué à rendre plus puissants encore et plus durables les liens du mariage, et de l'affection conjugale. Aussi le veuvage, la fidélité d'une femme à la mémoire de l'époux à qui elle s'est donnée pour toujours, est-il considéré comme un état très respectable, comme la marque d'une âme forte et grande, comme un exemple de haute moralité. Pour la femme en particulier, « il y a, dit Hennequin, de la

---

(1) Dictionnaire de conversation : *Verbo-Veuvage*, p. 876.
(2) Manou. L. IX, sl. 45.
(3) L. 1. Dig. De rit. nupt., XXIII, 2.
(4) *L. c.*, p. 876.

dignité à ne pas se remarier. Consacrée d'une manière plus intime au culte de la pudeur, elle est dans sa mission en prêchant par son exemple l'abstention d'une seconde union. » Sans condamner les secondes noces, on peut donc dire d'une façon générale, qu'un plus profond sentiment d'estime s'attache même dans le monde à la veuve qui ne se remarie pas qu'à celle qui se remarie.

L'étude de la condition de la veuve se rattache à l'une des questions sociales et politiques les plus graves : celle du rôle qu'il convient d'assigner aux femmes dans la société, et des droits qu'il faut leur reconnaître. Dans les diverses législations que nous aurons à examiner, nous verrons, en effet, que la veuve a été uniquement à raison de son sexe, soumise à des obligations spéciales, et investie, en sens inverse, de droits particuliers.

Notre code civil en restreignant entre les mains de la femme, lorsqu'il les lui accorde, plusieurs des droits qu'il reconnaît aux mâles, montre qu'il a suivi les errements du passé, et n'a pas voulu admettre le principe de l'égalité complète des deux sexes, thèse qui a trouvé de nos jours de si ardents défenseurs.

A côté de ce premier intérêt, notre question en présente un autre d'un ordre tout différent, mais aussi important. Elle nous fait voir quels remèdes le législateur a cru devoir apporter à une situation éminemment digne de sa sollicitude, celle d'une femme qui vient de perdre son mari. Quels droits a-t-il jugé bons de lui conférer pour la défendre contre la misère et assurer son existence ? Quels pouvoirs lui a-t-il donnés sur la personne et les biens de ses enfants ? Quelles précautions a-t-il pris dans l'intérêt public, ou dans l'intérêt des parents du mari quand la veuve est enceinte ? A-t-il assuré suffisamment sa situation ? N'y a-t-il pas au contraire des droits nouveaux à lui conférer ?

Voilà tout autant de questions dont nous aurons à nous

occuper, et qui évidemment sont d'une grande importance pratique.

Dans chacune des périodes législatives que nous aurons à voir, et que nous indiquerons tout-à-l'heure, nous examinerons deux questions :

1° Les droits légaux de la veuve ;

2° Les obligations de la veuve.

Les obligations ont toujours été les mêmes, quoiqu'elles aient varié dans leur réglementation et dans leur forme ; elles sont uniquement fondées sur le sexe, et on les établit soit pour sauvegarder les intérêts des mêmes personnes, soit pour donner satisfaction à la morale et à l'ordre publics.

Les avantages et les droits que le législateur accorde à la veuve diffèrent, au contraire, avec l'idée qu'il se fait de la nature et du but du mariage, et avec les règles qu'il a tracées sur l'organisation de la famille. Il est donc nécessaire, pour apprécier d'une façon exacte la situation réelle de la veuve dans la société, de donner un aperçu rapide sur la solution que ces questions ont reçue aux différentes époques de l'histoire, et, en particulier : à Rome, dans notre ancien droit français, et dans la législation actuelle.

L'unité de vie et de destinée entre les époux, et par suite l'indissolubilité du mariage, sont des conceptions que l'on retrouve sinon dans la loi, au moins dans les mœurs romaines, et, elle subsista pendant cinq siècles, jusqu'à Spurius Carvilius Ruga. Numa, au dire de Plutarque, décida que les veuves devaient demeurer en viduité pendant dix ans au moins (1). Le divorce était interdit par la religion ; la

_____

(1) Si non, elles devaient sacrifier une vache pleine aux Divinités. (PLUTARQUE. *Vie de Numa*. Traduction d'Amyot).

fidélité des époux était un devoir inviolable, et le veuvage était respecté et même honoré.

Il est vrai que les veuves ne jouissaient pas à Rome d'un grand nombre de gains de survie ; mais, pour posséder une idée exacte de ce qu'était leur situation juridique, il faut songer à la constitution toute spéciale de la famille romaine.

La puissance maritale ou *manus*, accessoire ordinaire du mariage, plaçait la femme au premier rang héréditaire dans l'ordre des *sui*, et au même rang que ses propres enfants ; d'autre part, la tutelle perpétuelle à laquelle elle se trouvait soumise la rendait complètement assimilable à un mineur, et assurait en tous les cas sa subsistance quotidienne. A cette époque, on le voit, la condition de la veuve n'est pas très misérable, et elle se trouve suffisamment protégée par les lois.

Bientôt, la puissance romaine, en reculant ses frontières, et en étendant son empire au-delà de la péninsule Italique, rencontra la civilisation hellénique qui occupait alors tous les rivages de la Méditerranée. L'influence de cette civilisation brillante et raffinée fut immense, et, au contact des mœurs corrompues de la Grèce, l'antique vertu et l'austère moralité des Romains s'amollirent. La débauche pénétra au sein des familles ; elle y fit des ravages d'autant plus rapides que, comme le dit M. Gide (1), « les Romains, violents et grossiers, s'y plongèrent sans mesure, et, comme les femmes jouissaient chez eux d'une liberté très grande, elle pénétra au sein des familles, et vint souiller jusqu'au sanctuaire du foyer. » Le faste et le luxe envahirent toute la société et l'on vit les tableaux et les statues des artistes du jour, chasser de l'atrium les images des ancêtres et des dieux Lares.

---

(1) GIDE. Étude sur la condition privée de la femme. Paris, 1885, p. 124.

Les lois comme les mœurs se ressentirent de cet important changement ; il fallut régler par des textes les relations de famille, et faire intervenir la force de la loi, là où l'autorité du mari et du père était jusqu'alors seule maîtresse et seule juge. L'immoralité fut très rapide chez les femmes ; elles se firent un piédestal de leur vertu et de leur honneur profanés, pour arriver à la domination de la société, et acquérir une indépendance et une opulence qui faisaient le désespoir des vieux citoyens romains (Caton. Sénèque). A l'époque de Cicéron, déjà, la tutelle des femmes n'était plus une réalité ; et elles arrivèrent vite à commander à leur tuteur lui-même (1).

Le législateur effrayé chercha à diminuer leur influence en édictant des peines contre le luxe et les mauvaises mœurs, mais dit M. Gide, l. c. p. 127 : « tout ce déploiement de lois dans l'intérêt de la morale, est précisément un symptôme certain de l'immoralité publique : c'est quand la morale a perdu tout empire dans l'âme des citoyens, qu'elle va emprunter à l'autorité des lois une dernière et impuissante sanction..... ; aussi chaque effort que le législateur faisait pour contenir la débauche, provoquait des raffinements de débauche nouveaux. » La population décroissait rapidement dans la société gangrenée de l'époque ; et il fallut, pour enrayer ce funeste résultat des désordres publics, encourager le mariage et récompenser la fécondité des femmes. On employa dans ce but les seuls moyens qui eussent encore chance de succès : l'appât de la richesse et par suite du luxe ». Les femmes furent punies de demeurer en état de viduité, et on les priva des droits successoraux qu'elles possédaient

---

(1) « CICÉRON. *Pro Murena*, XII, 27. Édition de Reinholdus Klotz. Leipsick, 1872. « *Mulieres omnes propter infirmitatem consilii, majores in tutorum potestate esse voluerunt : hi (Jurisconsulti), invenerunt genera tutorum, quœ potestate mulierum continerentur.* »

jusque-là. Le législateur voyait d'un œil tout-à-fait défavo-
rable les veuves sans enfants qui ne convolaient pas à une
nouvelle union, car elles étaient pour l'État des valeurs
improductives ; elles n'eurent plus désormais à compter que
sur leur fortune personnelle, et en particulier sur leur dot.

Heureusement, la religion nouvelle vint poser des règles
toutes contraires, et considérer le veuvage comme un état
respectable et saint (1). Elle remit en honneur les lois de la
morale et flétrit avec énergie les débordements du vieux
monde païen. Elle proclama enfin un principe nouveau qui
était le renversement de toutes les idées alors admises, le
principe de l'égalité de l'homme et de la femme. Les empereurs chrétiens ne firent que copier les règles canoniques
édictées par les conciles et les évêques : ils relevèrent la
dignité du mariage, et accordèrent aux époux des gains
réciproques de survie. La femme redevint indépendante, et
put, outre son droit à la dot, bénéficier de certains avantages légaux. (L. 5, 6, 8, C. J. V. 9, L. 11, C. J. V. 17).

En Germanie, le veuvage était également en honneur. « La
femme, dit Tacite, se donne une seule fois et pour toujours ;
elle n'aura jamais qu'un seul époux, comme elle n'a qu'un
seul corps et qu'une seule âme. » Le mariage était indissoluble
en fait, chez ces peuples, et les moindres infractions à la
morale étaient sévèrement châtiées. « Les Germains, dit
Gide, l. c. p. 210, célèbrent la vertu de leurs vierges ou de
leurs épouses, avec autant d'enthousiasme que les exploits

---

(1) La loi de l'Église ne prohibe pas les secondes noces, mais ne les
conseille pas ; elle y voit une marque d'incontinence. Concile de Néo-
Césarée, Corrector Burchardi, can. 218. Wasserschleben die Bussord-
mungen, Halle, 1851, p. 679.

C'est en partant de cette idée, que les pères de l'Église nous disent
que le second mariage, n'est, après tout, qu'un adultère. Athénagore
Apol. 28. Const., cap. III, 2.

des héros » (1). Considérée comme l'égale de l'homme, la femme était dans son intérêt même, et à cause de sa faiblesse physique, placée sous le pouvoir protecteur de ses parents ou *mundium*, ce qui assurait son existence; elle avait, en outre, la jouissance d'un certain nombre d'avantages, tels que le *pretium nuptiale*, la *dos*, le *faderphium*, le *morgengabe*. etc., dont nous parlerons avec plus de détails.

A l'époque féodale, la femme était exclue presqu'entièrement des successions composées de biens nobles, qui étaient réservées aux parents mâles de la famille; elles étaient donc toujours relativement pauvres; aussi un grand nombre de droits furent-ils accordés aux veuves (2), pour racheter l'infériorité de leurs droits héréditaires.

Ces principes ne se sont pas maintenus dans notre législation moderne (3). La Révolution Française, a, au contraire, proclamé l'égalité dans le partage des biens d'une succession entre enfants d'un même père, et parents à un degré égal, quel que soit leur sexe. — On rencontre souvent aujourd'hui une importance presque semblable dans les apports que se font les époux; et dans ce cas, il n'est pas nécessaire de

---

GIDE. *L. c.*, p. 210. Chez les Francs-Saliens, les secondes noces, dites noces réchauffées, se célébraient la nuit.

(2) Ces droits n'étaient, pour la plupart, que le développement de la dot et du morgengabe de l'époque germanique.

(3) Au contraire, les lois européennes lui ont presque toutes refusé la fortune, en la concentrant entre les mains des héritiers mâles. (Angleterre, Saint-Siège, Russie); aussi, lui accordent-elles certains droits à la succession de son mari : soit un droit d'usufruit universel (Serbie, Bâle, Soleure), soit un droit de propriété, qui va en croissant avec l'éloignement du degré des héritiers (Italie, Espagne, Prusse, Wurtemberg, Autriche, Angleterre, Pologne, Norwège, Tessin, Lucerne), soit enfin un droit analogue à l'ancienne quarte du conjoint pauvre (Deux-Siciles, Roumanie, Iles Ioniennes. Droit commun de l'Allemagne, Louisiane, Bolivie).

venir au secours de la veuve, ce qui a l'avantage de conserver les bonnes relations et la sympathie entre la famille de cette dernière et celle du mari défunt. Toutefois, il est très juste, même en ce cas, de lui déférer l'hérédité de son mari, de préférence à des parents éloignés, car notre système successoral repose sur l'affection présumée du défunt, autant que sur les liens du sang, et n'est que le testament du testateur écrit par la loi. « Il ne faut pas, dit M. Boissonnade (1), que d'avides collatéraux, souvent égoïstes et ingrats, puissent ravir aux époux les débris d'un patrimoine qu'ils s'étaient mutuellement autorisés à considérer comme appartenant à l'un autant qu'à l'autre. » La législation du code civil, tout en reconnaissant la force de cette vérité, n'a nullement protégé la veuve à ce point de vue, mais nous verrons plus loin comment il faut expliquer son silence.

Il peut aussi se faire que le mari ait eu de son vivant une situation viagère inhérente à sa personne. C'était par exemple : un fonctionnaire, un professeur, un avocat et même un commerçant sans fortune personnelle. La mort, en l'enlevant à l'affection de sa femme, a fait disparaître avec lui l'aisance et le bien-être du ménage dont il était l'unique source. On a alors le triste spectacle d'une veuve accablée par la douleur et obligée de quitter la maison conjugale où chaque objet lui rappelle le souvenir du bonheur évanoui. Il a été déjà remédié à quelques-unes de ces situations par des lois spéciales (sur les pensions, la propriété littéraire et artistique) ; elles sont d'ailleurs exceptionnelles, car, il est assez rare que la femme soit absolument sans ressources, ou que le mari n'ait fait aucune économie, et ait dépensé au jour le jour tous ses revenus ou bénéfices.

---

(1) Boissonnade. Histoire des droits de l'époux survivant. Paris, 1872, p. 535, N° 9.

Nous diviserons l'étude des droits légaux attachés à la qualité de veuve, en trois parties :

1° Droit romain ;

2° Ancien droit français et droit intermédiaire ou révolutionnaire ;

3° Droit civil actuel.

BIBLIOGRAPHIE DU DROIT ROMAIN.

PLAUTE. — Stichus, Asinaria, Aulularia,Trinummus, acte III, scène II.

HORACE. — Carmina, 19, 21.

VON IHERING. — Esprit du droit romain, t. II, p. 194-196.

DENYS D'HALICARNASSE. — Antiquités romaines, II, 25.

GIDE. — Étude sur la condition privée de la femme. Édition de 1885, l. c.

LABBÉ. — Revue Historique (janvier-février 1887). De la Manus. Passim.

ESMEIN. — Mélanges d'histoire du Droit, p. 2 et suiv., 20 et suiv.

GINOULHIAC. — Histoire du régime dotal, p. 56, 57.

VŒT. — Commentarium ad Pandectas. Tit. Unde vir et uxor.

VANGEROW. — Lehrbuch, vol. II, p. 489.

AULU GELLE. — Nuits attiques, IV, 3.

ACCARIAS. — Cours de Droit romain (passim).

DEMANGEAT. — Cours de Droit romain, t. II, p. 584.

CUJAS. — Ad. Pand. Ad Codicem. Titulis citatis.

SAVIGNY. — Traité de Droit romain, traduit par Guenoux. Paris, 1856, t. VIII. T. I. App. 7, p. 13.

MÜHLENBRUCH. — Traité de Droit romain, t. 39, p. 1438 et p. 268.

GODEFROY. — Commentaire du Code Théodosien, *l. c.*

HUGONIS DONELLI opera. T. 4, p. 1411, note 2. Édition 1842 (Florence).

MACHELARD. — Traité du droit d'accroissement.

ANTONII FABRI. — Jurisprudentiæ Papinianeæ scientia. *Lugduni*, 1658. (Illatio, XVIII et XIX, p. 231).

LABOULAYE. — Recherches sur la condition civile et politique des femmes.

FESTUS. — De verborum significatione. V[is] Bonorum possessio : vidua tutor, etc.

POTHIER. — Commentarium ad Pandectas, titulis citatis.

DROIT ROMAIN

PREMIÈRE PARTIE

DROITS LÉGAUX DE LA VEUVE

L'antique loi des XII Tables, rigide et dure comme l'airain sur lequel elle était gravée, faisait de la famille romaine une société complète, douée de tous les pouvoirs nécessaires à la direction et au gouvernement d'un Etat. Cette famille était l'image de la monarchie la plus absolue .A sa tête se trouve le *paterfâmilias*, seul et unique chef, ayant en mains toute l'autorité : « Son domaine est absolu, dit Laboulaye, c'est un despotisme tel que le despotisme oriental, devant lequel il n'y a pas de droit, pas de personnalité. Femmes, enfants, esclaves, sont soumis au même degré à cette terrible puissance. »— Les membres de la famille romaine, n'ont, en effet, aucune existence propre au point de vue juridique : ce sont des choses, des *res*, et le père de famille a sur eux un droit complet et absolu de disposition ; ils sont sa propriété au même titre que ses bêtes de somme, ses charrues et ses esclaves. Les mêmes règles s'appliquent aux filles de famille, soit mariées sans *manus*, soit veuves, et aux autres objets du domaine. Le mariage ne les a nullement émancipées, et toute leur vie elles demeurent soumises à la terrible puissance de leur père, qui peut les vendre, les revendiquer, et les abandonner comme un objet mobilier quelconque. Il a sur elles le droit de vie et de mort comme sur ses esclaves, et peut rompre à son gré l'union qu'elles ont contractée (1). Sans doute, cet état de choses fut modifié dans la suite, mais il faut remonter jusqu'à Trajan pour rencontrer des améliorations légales au sort des enfants de famille.

L'on commettrait cependant une singulière erreur, si l'on jugeait de la condition de la femme romaine, d'après ce que nous venons de dire de la puissance paternelle.

« Les mœurs, d'accord dans le principe avec les lois, dit M. Labbé, se sont écartées des lois immuables en les perfectionnant.» Dans les idées du peuple romain, la maison est un sanctuaire impénétrable, et les relations qu'ont entre eux les membres qui la composent, doivent échapper aux regards indiscrets des tiers. Le caractère tout-à-fait personnel et intime, joint à la délicatesse de ces sortes de relations, font que la connaissance n'en doit pas dépasser le seuil de la maison domestique. C'est à ce résultat qu'aboutit la puissance souveraine du *pater fâmilias*, dont la volonté dirige toutes les affaires de la famille, et efface toute influence de la part de la loi (2). Cet isolement du monde extérieur, est d'ailleurs encore accentué, par l'établissement du tribunal domestique.

---

(1) PLAUTE. Stichus, acte I, sc. 2, vers 73 à 75.

(2) Ce résultat est, d'ailleurs, l'effet de la loi elle-même, de qui le père de famille tient toute son autorité. « Le législateur, dit Von Ihering, aurait eu peur de la blesser, en la touchant de sa rude atteinte.» Cf. Von IHERING. Esprit du Droit romain, t. II, p. 194 et 196.

On ne saurait donc parler avec raison de l'indifférence des Romains pour la famille, de leur sévérité dans les rapports domestiques ; leur but, au contraire, a toujours été de maintenir une union constante entre tous les membres qui la composent.

S'il fallait, du reste, des preuves à l'appui de cette assertion, elles seraient faciles à fournir. Les femmes jouissaient d'une grande considération à Rome, et occupaient une place fort honorable dans la société. On connaît ce passage de Cornélius Nepos (Prœfationes) : «*Quem enim Romanorum, pudet uxorem ducere in convivium, aut cujus non mater familias primum locum tenet œdium, atque in celebritate versatur.* » (Cette phrase est une allusion à Cariolan qui plaçait l'amour filial au-dessus de son amour pour sa patrie). *Quod multo fit aliter in Grœciá, nam neque in convivium adhibetur, nisi propinquorum, neque sedet in interiore parte œdium quœ* « γυναικωνῖτις » *appellatur quò nemo accedit, nisi in propinquá cognatione conjonctus.* » Denys d'Halicarnasse (1) dit aussi que la femme est « κυρία τοῦ οἴκου τὸν αὐτὸν τροπὸν ὄνππηρ καὶ ὁ ανῆρ ».

Les époux sont associés et égaux entre eux. L'empereur Gordien reconnaît que l'épouse est *socia rei humanœ atque divinœ domus* (2). *En fait*, elle participe, en effet, à la condition sociale de son mari et à l'aisance que la fortune de ce dernier lui permet de se procurer ; mais, *au point de vue juridique*, les patrimoines des deux époux restent distincts et séparés, sauf dans le cas de *manus*, et dans ce cas même, s'il est vrai que ces patrimoines sont confondus, du moins la mère n'occupe-t-elle pas au foyer domestique sa

---

(1) Denys d'Halicarnasse. II, 25.

(2) Gordien. L. 2. Code. L. IX, t. 32. *De crimine expilatœ hereditatis.*

place nécessaire, et ne joue-t-elle pas un rôle spécial dans la famille : en outre, la volonté du *paterfamiliâs* qui compose sa famille à son gré en n'acceptant sous sa puissance que les enfants qu'il lui plaît, amoindrit encore l'influence de la mère (1). Cependant dans la réalité des choses, le mari ne dédaigne pas de prendre conseil de sa femme, et celle-ci exerce sur ses enfants une autorité morale au moins égale à la sienne. A sa mort, elle conserve le rang qu'elle occupait dans la société, et continue à y être entourée de la même considération.

Si donc on veut avoir une notion exacte sur la condition de la femme, il ne faut pas perdre de vue l'état des mœurs romaines, et s'en rapporter uniquement aux textes des lois (2).

Sous d'autres rapports, la veuve romaine se trouve d'ailleurs assez favorablement traitée, même au point de vue juridique. Plusieurs droits lui sont reconnus ; mais la plupart de ces droits dont elle jouit, n'ont pas été introduits pour remédier aux dangers que sa situation pouvait offrir. Le législateur romain a fait très peu de chose dans l'intérêt direct et immédiat des veuves, et, peut-être par cette raison même, qu'elle bénéficiait de plusieurs avantages à elle assurés par diverses institutions juridiques.

C'est ainsi que la *manus* lui confère, quand elle s'y trouve soumise, des droits de succession sur les biens du mari ; or, c'est son assimilation à une fille de famille qui est pour elle la source de ces droits ; sa qualité de veuve n'est nullement prise en considération.

La *bonorum possessio unde vir et uxor* est aussi un avan-

---

(1) LABBÉ. Revue historique, janvier 1887, p. 9.

(2) GIDE. Étude sur la condition privée de la femme, édition de 1885. p. 98.

tage inhérent au titre de conjoint survivant, commun par suite au veuf et à la veuve.

Le droit à la restitution de la dot appartient à la femme divorcée comme à la veuve ; il a même été accordé à la femme, spécialement pour le cas de divorce, dans le but de faciliter les seconds mariages.

La quarte du conjoint pauvre est la première institution qui ait eu pour but de parer aux difficultés que peut présenter la situation de la veuve ; encore n'eut-elle pas dès son début ce caractère, et s'appliqua-t-elle pendant quelque temps au mari et à la femme.

Enfin d'autres droits de peu d'importance furent uniquement attachés à la qualité de *vidua* : par exemple, le droit de retenir le *domicilium* et le *forum* du mari défunt.

Nous grouperons nos explications autour des trois points suivants, dont chacun formera l'objet d'un chapitre.

CHAPITRE I. *Droits de succession.* — Nous traiterons sous cette rubrique, ant des droits de succession découlant de la *manus*, que de ceux qui dérivent de l'édit du préteur, pour examiner ensuite la législation de Justinien, et en arriver à l'étude de la quarte du conjoint pauvre.

CHAPITRE II. *Droit de reprendre la dot.*

CHAPITRE III. *Dispense des peines du célibat pendant deux ans.*

CHAPITRE IV. *Droit pour la veuve de recourir à un tribunal spécial, et de conserver le domicilium et le forum de son mari.*

CHAPITRE V. *Droit pour la veuve de jouir des privilèges et honneurs qui étaient accordés à son mari.*

CHAPITRE VI. *Droits de la veuve sur ses enfants.*

CHAPITRE Ier.

Droits de succession de la veuve.

A toutes les époques de Rome, il a été reconnu à la veuve des droits éventuels à la succession du mari. Sans doute, avant l'introduction de la *bonorum possessio unde vir et uxor*, la veuve qui avait été *in manu mariti* avait seule des droits héréditaires ; mais, comme la *manus* ne disparut qu'après la naissance de cette *bonorum possessio*, les femmes en puissance maritale n'ont jamais cessé de posséder des droits successoraux sur le patrimoine de leur conjoint.

Nous distinguerons trois périodes pour l'étude de notre matière :

1° La première s'étendra de la fondation de Rome à la fin de la République ;

2° La seconde, de la fin de la République au Bas-Empire ;

3° La troisième du Bas-Empire à Justinien.

SECTION Ire.

Première période.

La femme *in manu* était à l'égard de son mari ce qu'est une fille à l'égard de son père, *loco filiæ*, dit Gaïus (1).

---

(1) GAÏUS. Com. I, §. 111, 114, 115, 116, 136, *in fine*.

Ce n'est pas là une comparaison choisie par le jurisconsulte pour expliquer certains résultats juridiques , mais bien
l'expression exacte d'un principe dont les Romains ont
déduit toutes les conséquences.

Et , en effet , se trouvant *loco filiœ* vis-à-vis de son mari,
la femme était *loco sororis* à l'égard de ses propres enfants
comme aussi à l'égard de ceux que le mari pouvait avoir
eus d'un précédent lit; elle était *loco neptis* à l'égard
de son beau-père quand le mari était *filius fâmilias*. En
ces qualités diverses , elle pouvait succéder à son mari , à
ses enfants et à son beau-père , selon les cas ; elle jouissait,
en un mot, de tous les droits d'un *heres suus* (1). Les
jurisconsultes et les historiens sont d'accord pour nous dire
que les choses se passaient bien ainsi dans la pratique ; on
connaît l'exemple de Laurentia, qui , après la mort de Tar-
quin , son mari , hérita de tous ses biens.

M. Ginoulhiac a soutenu (2) que la *manus* était à l'origine
de Rome , une conséquence immédiate et nécessaire du
mariage ; M. Accarias pense , au contraire , que le mariage
accompagné de la *manus* et le mariage sans *manus* ou
mariage libre ont toujours coexisté. Il y avait , dit-il , plusieurs modes d'acquérir la *manus*, et l'un de ces modes ,
l'*usus*, consistant en ce que la cohabitation continue des
deux époux pendant une année conférait la *manus* au mari,
prouve, par son existence même , qu'elle ne résultait pas
fatalement du mariage.

Une récente étude de M. Esmein (3) aboutit à une

---

(1) Gaïus. Com. I, §. 137. — Ulpien *Regulœ*, XXIV, p. 14 et 17.
— Gaïus. Com. II, § 124. Com. III, §. 135. — Ulpien. *Regulœ*, XXV,
p. 23.

(2) Ginoulhiac. Histoire du régime dotal, p. 56 et 57.

(3) Esmein. Mélanges d'histoire du droit, p. 3 et suiv., 20 et suiv.

conclusion contraire. M. Esmein est du même sentiment que M. Ginoulhiac.

Il pense que le mariage impliquait la *manus*, et que la femme unie à un citoyen romain, sans être *in manu mariti*, n'était anciennement qu'une sorte de concubine. « Une vieille idée commune aux peuples de race Indo-Européenne, dit aussi M. Labbé (2), était que la puissance sur l'enfant, découlait de la puissance sur la mère. Il en résultait que la seule union qui pût donner à l'homme de son sang des enfants légitimes, des fils de famille, était le mariage avec *manus*. » Certaines parties de la population romaine n'ont donc pu d'abord contracter que des unions irrégulières, et ne sont arrivées que lentement au vrai mariage; le mariage sans *manus* ou mariage libre n'était pas encore connu.

Il est vraisemblable que de très bonne heure, antérieurement à la rédaction de la loi des XII Tables, les Romains ont dû admettre la légitimité du mariage dans lequel la femme n'était pas sous la puissance du mari; la *manus* devint alors indifférente à la pureté de l'union matrimoniale. Ce changement s'opéra, sans doute, par les mœurs, et sans loi écrite, car la société romaine était régie alors par la coutume. Il était, du reste, nécessaire, pour sauvegarder les intérêts de la famille agnatique, et lui conserver sa force pécuniaire et son influence sociale, en lui laissant les biens de la fille *sui juris* que la *manus* aurait fait passer dans le patrimoine du mari.

Il importe beaucoup de distinguer dans l'étude des droits de succession de la veuve au patrimoine de son mari défunt, si ce dernier avait ou non la *manus* sur elle. Il faut, en

---

(2) LABBÉ. Du mariage romain et de la *manus*. — Nouvelle revue historique de Droit français et étranger, janvier-février 1887.

outre, faire remarquer que les fils de famille n'ayant pu.
jusqu'à Justinien, laisser d'héritiers *ab intestat*, puisqu'ils
n'avaient pas de patrimoine, nous ne nous occupons que
du cas où le mari est décédé *pater fâmilias*.

Ceci posé, abordons l'hypothèse la plus simple, celle où
la veuve ne se trouvait pas sous la *manus*. Ce sera l'objet
de notre premier paragraphe.

§ I. — *La veuve n'était pas in manu mariti.*

En ce cas, elle n'a acquis aucun droit dans la famille de
son époux, vis-à-vis de laquelle elle est demeurée une
étrangère ; mais, en revanche, elle n'a perdu aucun de ses
droits dans sa famille naturelle, et les biens qui ont pu lui
être constitués en dot, sont restés sa propriété, au lieu de
se confondre avec ceux du mari.

De là une situation inique pour la veuve, et directement
contraire dans ses effets à l'*individua vitœ consuetudo*, à
la *divini et humani juris communicatio* dont parlent les
textes. Elle subsista pourtant pendant plusieurs siècles, et
aucune modification n'y fut apportée jusqu'à l'introduction
des *bonorum possessiones*, l'organisation de l'action *rei
uxoriœ*, et la publication des sénatus-consultes Tertullien et
Orphitien.

§ II. — *La veuve était in manu mariti.*

Il faut distinguer suivant que le mari était un ingénu
ou un affranchi.

A. — LE MARI DÉFUNT ÉTAIT UN INGÉNU.

Voyons à quel rang, et suivant quelles règles sa veuve lui succédait.

1° A quel rang?

Elle lui succédait au premier rang, c'est-à-dire au rang des descendants ou héritiers siens.

2° Suivant quelles règles?

Si elle se trouvait seule dans l'ordre des descendants, ce qui arrivait quand le mari n'avait aucun enfant, soit de son mariage avec elle, soit d'un précédent lit, soit par suite d'une adoption, elle prenait la succession toute entière, excluant les héritiers des autres ordres (agnats et *gentiles*).

Dans tous les autres cas, elle concourait avec les enfants et prenait une part égale à la leur.

Elle acquérait l'hérédité *ipso jure*, et sans aucune manifestation de volonté, par suite même en cas d'absence ou de folie; en conséquence, elle en supportait aussi les bonnes comme les mauvaises chances.

Dans le cas où la succession était obérée, elle était exposée à l'infâmie qui s'attachait à la *bonorum venditio*, et à l'obligation de payer les dettes héréditaires même sur les biens qu'elle pouvait acquérir dans l'avenir. Cette situation subsista jusqu'à l'introduction du bénéfice d'abstention par le préteur.

B. — LE MARI ÉTAIT UN AFFRANCHI.

Sous l'empire de la loi des XII Tables, la succession *ab intestat* des affranchis appartient, en premier ordre, à leurs héritiers siens, parmi lesquels figure la femme *in manu*.

Le patron et ses ascendants ne sont appelés qu'à défaut d'héritiers siens.

Ce système successoral fondé sur la *manus*, consacrait une affection dont on ne peut légitimement douter ; il tenait compte du lien qui existe entre deux êtres qui se sont choisis pour créer une famille, lien aussi étroit que le lien du sang dont leur union est la source. Toutefois, il présentait un inconvénient très grave, en donnant à la veuve, lorsque le défunt ne laissait pas de descendants, une vocation à la totalité de la succession, et en faisant ainsi passer tous les biens d'une famille dans une autre famille.

Les droits de succession de la veuve, dont nous venons de parler, ne pouvaient survivre à la *manus* sur laquelle ils étaient fondés, et vers la fin de la République, cette dernière institution, grâce à l'action dissolvante du divorce, était en pleine décadence. Elle ne disparut complètement que vers la fin du III\u1d49 siècle de l'ère chrétienne ; mais, bien avant cette époque, le préteur était venu au secours des veuves en leur accordant un droit héréditaire dont nous allons maintenant nous occuper.

SECTION II.

Deuxième période.

Le préteur, magistrat chargé avant tout d'appliquer les règles du droit civil, avait pourtant reçu le pouvoir de les compléter, de suppléer à leur silence, et même de les corriger.

C'est en usant de ce pouvoir qu'il en était arrivé progressivement à faire obtenir l'hérédité à des parents auxquels la loi des XII tables ne donnait aucune vocation successorale.

Telle est l'origine des *bonorum possessiones unde liberi, unde cognati, unde vir et uxor etc.*

Il est probable que l'introduction de cette dernière dut suivre de près la création des autres *bonorum possessiones* ; d'autre part, comme son utilité dut se faire sentir lorsque la *manus* tomba en désuétude, il n'y a rien d'arbitraire, je pense, à la fixer à une époque un peu antérieure à la disparition complète de cette institution, par suite vers la fin de la République romaine.

§ I. — *Le mari défunt est ingénu* (1).

Nous nous poserons, pour l'étude de la *bonorum possessio unde vir et uxor*, en cette hypothèse, les questions suivantes qui feront l'objet d'autant d'articles :

Article 1er Qui peut prétendre à la « *bonorum possessio unde vir et uxor* ? »

Article 2e A quel rang succède la veuve ?

Article 3e Effets de la *bonorum possessio*.

Article Ier. — QUI PEUT INVOQUER LA PROTECTION DE L'ÉDIT (2) ?

Les premières expressions de l'édit du préteur sont : « *unde vir et uxor, etc.* ; » elles ne peuvent donc s'appliquer qu'à des personnes engagées dans une union légitime encore existante à la mort de l'un d'eux (2). *Les justæ nuptiæ* et *matrimonium injustum* sont les seules unions qui donnent à la veuve le bénéfice de cet édit. Il suffit, du reste, qu'il y ait eu mariage légitime : Wissembach et

---

(1) Loi unique. *Præ.* et par. 1. Digest. *Unde vir et uxor*, L. XXXVIII, t. XI.

(2) Nous supposons que la veuve n'était pas soumise à la *manus* ; la veuve *in manu* arriverait au 1er rang héréditaire par la *bonorum possessio unde liberi*.

Accurse font même remarquer que la *copula carnalis* n'est pas exigée.

Le concubinat, quoique étant une union licite et reconnue par la loi, ne produisait pas les mêmes effets.

Il faut, du reste, observer que le droit dont nous parlons appartenait au veuf comme à la veuve ; c'est ce qu'indiquent parfaitement les expressions de l'édit « *vir et uxor.* »

Un cas particulièrement intéressant se présentait quand une affranchie divorçait d'avec son patron, *invito eo.* Bien qu'elle n'obtînt pas alors sa liberté, et ne pût se marier avec une autre personne, comme le consentement d'un seul des époux suffisait pour dissoudre le mariage, elle perdait tout droit à la succession de son conjoint. Cependant, en fait, elle continuait de demeurer dans la maison de ce dernier, et d'y être traitée comme *uxor.* (L. 28 et 29. *De ritu nupt.* XXII, 2. L. 10 et 11, XXIV. 2. L. 2 pr. XXV. 7).

Il est presque inutile de faire remarquer, tant cela est évident, que la femme qui tuerait son mari, même pour une raison sérieuse, serait déchue de sa succession ; il n'était pas permis à Rome de se faire justice à soi-même. et il y avait des tribunaux pour punir les coupables.

Article II. — A quel rang succède la veuve ?

Pour résoudre cette question, il faut distinguer si le défunt a été ou non émancipé :

1° Dans le cas où le défunt est devenu *sui juris* par la mort de son *paterfamilias.* sa veuve succède au dernier rang et n'exclut que le fisc.

Les *bonorum possessiones* s'exercent, en effet, dans l'ordre suivant : *unde liberi,* au profit des descendants du défunt (1);

---

(1) Nous supposons que la *manus* n'existait pas entre les époux, sinon la femme viendrait en concours avec les *liberi.* Cette observation s'applique aussi aux autres hypothèses que nous allons examiner.

unde legitimi, au profit de ses agnats ; *unde cognati,* au profit de ses cognats ; enfin, *unde vir et uxor* ;

2° Si le défunt est devenu *sui juris* par l'émancipation, il faut distinguer, si cette émancipation est intervenue avec ou sans *fiducie*.

(*a*) Est-elle intervenue avec *fiducie*, les *bonorum possessiones* qui priment celle qui est accordée au conjoint, sont les mêmes que dans notre première hypothèse ; mais le défunt n'ayant plus d'agnats, la *bonorum possessio unde legitimi* est accordée au père émancipateur *(parens manumissor.)*

(*b*). Est-elle intervenue sans *fiducie*, nous avons une nouvelle *bonorum possessio*, et la *bonorum possessio unde vir et uxor* n'arrive plus qu'au cinquième rang. Une *bonorum possessio unde decem personæ* est accordée aux parents les plus proches de l'émancipé, pour leur permettre de primer le *manumissor extraneus* qui jouit de la *bonorum possessio unde legitimi*. Nous avons donc : le *bonorum possessio unde liberi, unde decem personæ, unde legitimi unde cognati, unde vir et uxor.*

En résumé, les époux ne succèdent qu'à défaut de tout parent du défunt au degré successible, quand celui-ci est un ingénu. (*Cf. Cujas. Lib. V. operarum postumarum. Cod. L. V. Tit. XVI. Peirizius. Prœlectiones ad Cod. L. VI. Tit. XVIII. Faber. Ad codicem. Pothier. Ad Cod. L. V. T. XVIII*).

Article III. — EFFETS DE LA BONORUM POSSESSIO UNDE VIR ET UXOR.

Cette *bonorum possessio* de même que toutes les autres *bonorum possessiones*, ne rend pas la veuve héritière en vertu du droit civil ; elle la met simplement *loco heredis*, et lui accorde la *petitio hereditatis possessoria*, et l'interdit *quorum bonorum.* Ce serait sortir du cadre de notre sujet, que d'entrer dans l'examen de ces deux dernières institutions prétoriennes, car elles sont l'escorte ordinaire de toute *bono-rum possessio*, et non seulement de celle dont nous nous occupons.

§ II. — *Le mari défunt était un affranchi.*

La *bonorum possessio unde vir et uxor* existait bien avant la disparition de la *manus*, et Maynz (Cours de D. Romain, T. III, p. 203) pense qu'elle était peut-être déjà connue de Cicéron. Nous avons donc à examiner le cas où la *manus* existait entre les époux, et celui où elle n'existait pas.

A. — LA VEUVE ÉTAIT SOUMISE A LA MANUS.

Dans cette hypothèse, au cas où le mari défunt n'a pas laissé de testament, la veuve peut, par la *bonorum possessio unde liberi*, prétendre à la moitié de l'hérédité : le patron obtient une *bonorum possessio dimidiæ partis* pour l'autre moitié.

Si le mari a laissé un testament, en faveur de sa veuve, celle-ci, en sa qualité d'*heres sua*, est appelée à la totalité de la succession, en l'absence de tout descendant.

Sous l'empire de la loi *Pappia Poppœa*, les règles restèrent les mêmes lorsque le défunt laissait une fortune inférieure à cent mille *sesterces* ; si sa fortune était égale ou supérieure à ce chiffre, le patron prenait une part virile, pourvu que l'affranchi ne laissât qu'un ou deux enfants. La patronne avait les mêmes droits pourvu qu'elle eût au moins trois enfants.

B. — LA FEMME N'ÉTAIT PAS SOUMISE A MANUS.

Elle était alors exclue suivant que le mari défunt avait été affranchi par un ingénu, ou, au contraire, par un autre affranchi, par les personnes suivantes :

(*a*) A-t-il été affranchi par un ingénu ? Les *bonorum possessiones* se rangeront dans cet ordre :

1. *Unde liberi.*
2. *Unde legitimi* (patron et ses enfants).
3. *Tum quem ex familiá* (*proximus agnatus patroni*).
4. *Unde vir et uxor.*
5. *Unde cognati* (*manumissoris*).

(*b*) A-t-il été affranchi par un autre affranchi ? Nous aurons :

1. La *bonorum possessio unde liberi.*
2. — — *legitimi.*
3. — — *patronus et patrona liberique et parentes eorum.*
4. *Unde vir et uxor.*

SECTION III.

Troisième période.

Par suite d'une constitution de Théodose II et Valentinien III, qui désormais. quand le mari était l'affranchi d'un ingénu, ne préféra plus l'époux survivant qu'au fisc, et permit aux *cognati manumissoris* de l'exclure, la *bonorum possessio unde vir et uxor* devint pour la veuve une institution moins avantageuse que par le passé.

Ce fut l'inverse qui arriva dans la législation de Justinien. non par suite d'un changement directement apporté à la matière des successions entre époux, mais comme conséquence des réformes introduites par ce prince dans les différentes parties de la législation civile.

Dans les *Institutes* (1) (L. !II, T. 2, p. 8), il commence par établir que le contrat de *fiducie* sera toujours suppléé dans l'émancipation des fils et filles de famille « *Quod ex nostrâ constitutione* (2) *omnimodo inducitur*, dit-il, *ut emancipationes liberorum semper videantur contractâ fiduciâ fieri, quum apud autiquos non aliter hoc obtineat, nisi specialiter contractâ fiduciâ parens manumisset.* » Dès lors, la *bonorum possessio* accordée au *manumissor extraneus*, et celle qui est donnée à ses cognats, disparaissent pour les ingénus, et la *bonorum possessio unde vir et uxor* monte de deux degrés.

Par suite de diverses autres innovations, Justinien put supprimer ou fondre dans les *bonorum possessiones* qu'il laissa subsister, les *bonorum possessiones : unde decem personæ* (elle occupait le cinquième rang dans l'édit du préteur) (3) ; *tum quem ex familiâ* (elle occupait dans le même édit le septième rang) ; *unde liberi patroni patronæque et parentes eorum* (8ᵉ rang) ; *unde cognati manumissoris* (4). De cette façon, la *bonorum possessio unde vir et uxor* qui occupait autrefois le neuvième rang, arrive au quatrième.

---

(1) Inst. L. III , t. 7, p. 3. L. 4, par. 2. Code *De bonis lib.* L. VI, tit. IV. — Inst. L. III, t. II , p. 8. — L. 5. Code *De emancip. lib.* L. VIII, t. 49.

(2) L. 6. Code. L. VIII, t. 49.

(3) Justinien supprime la *bonorum possessio unde decem personæ* parce qu'il la trouve *supervacua* depuis que « *omnibus parentibus iisdem que manumissoribus, contractâ fiduciâ manumissionem facere dedit.* »

(4) *Sufficit eis tam contra tabulas possessio bonorum, quam unde legitimi et unde cognati* », dit Justinien.

Les *bonorum possessiones ab intestat* se classent, en effet, dans l'ordre suivant :

1° *Unde liberi ;*

2° *Unde legitimi ;*

3° *Unde cognati ;*

4° *Unde vir et uxor.*

Malgré ces améliorations sensibles apportées au sort de la veuve, Justinien trouva qu'il restait encore quelque chose à faire, et créa une espèce toute particulière de succession qui est restée connue dans l'histoire sous le nom de *Quarte du conjoint pauvre.* (Novelle 3. Ch. VI, par. 37 (1) C. L. VI. Tit. XVIII. Novelle CXVII de 542. Ch. V).

La femme qui s'était mariée sans dot, ne trouvait souvent dans *bonorum possessio unde vir et uxor* qu'une protection illusoire; il fallait, en effet, pour qu'elle en bénéficiât, que le mari prédécédé ne laissât ni enfants ni parents. A la mort de son conjoint, lorsqu'elle n'en avait reçu aucune donation, elle pouvait donc se trouver dans le dénûment (2).

C'est à cette situation que Justinien voulut remédier, en lui accordant un droit nouveau de succession.

Nous grouperons toutes les observations que nous avons à présenter sur ce point, autour des trois questions suivantes :

1° En faveur de qui la quarte du conjoint pauvre est-elle établie?

---

(1) L'abrégé de cette Novelle (qui est de l'année 537) est inséré au Code (Liv. VI. Tit. XVIII), et comme sous le nom d'*Authentique Prœtereá*

(2) Il faut noter cependant qu'elle conservait tous ses droits dans sa famille naturelle.

2° A quelles conditions est-elle accordée ?

3° Quelle est sa nature?

§ I. — *En faveur de qui la quarte du conjoint pauvre est-elle établie ?*

D'après la Novelle 53, chapitre VI, le mari, comme la femme, prenait dans la succession de son époux prédécédé, le quart de tous les biens que ce dernier possédait lors de son décès.

La Novelle CXVII, chapitre V, enleva ce droit au veuf pour ne le laisser qu'à la veuve. On considérait, sans doute, que l'homme est plus à même que la femme d'exercer un métier ou une profession qui lui permette de gagner ce qui est nécessaire à sa subsistance. Lebrun, dans son *Traité des Successions*, parlant de la quarte du conjoint pauvre dans les pays de droit écrit, ne donne pas d'autre motif. « L'homme, dit-il, a reçu de la nature plus de force pour gagner sa vie ».

§ II. — *A quelles conditions est-elle accordée ?*

Il faut que l'époux prédécédé soit riche, et qu'au contraire, l'époux survivant soit pauvre, *inops*, disent les textes.

Pour apprécier si la veuve est réellement inops, on s'en rapportera à l'arbitrage du juge, nulle part ; la loi n'a défini ce qu'on devait entendre par cette expression. Cependant, on ne saurait appeler *inops* la femme dont le père est riche, car comme celui-ci peut être contraint à fournir une dot et des aliments à sa fille, elle n'est pas dénuée de toute ressource ; elle n'a, par suite, rien à prétendre sur la succession du mari.

On doit également s'adresser au juge pour déterminer le sens du mot « *locuples* », appliqué au mari.

La quotité du droit de la veuve sans enfants était fixée au quart en pleine propriété des biens du mari, quels que fussent le nombre et la qualité de ses héritiers ; dans tous les cas, elle ne pouvait excéder cent livres d'or, cette somme étant considérée comme suffisante pour satisfaire aux exigences de la vie quotidienne. S'il y avait des enfants communs, ils obtenaient la nu-propriété de la portion réservée à leur mère, et cette dernière était réduite à l'usufruit.

§ III. — *Nature du droit de la veuve.*

Le droit à la quarte que la loi reconnaît à la veuve, constitue-t-il un droit de succession et celle-ci le recueille-t-elle en qualité d'héritière ?

Pour mieux apprécier la nature de ce droit, voyons d'abord les règles qui gouvernent la matière. La Novelle 53 (ch. VI, pr.) nous dit que si le mari a laissé à sa veuve moins que ce que la loi lui accorde, celle-ci peut exiger le complément de sa quarte. D'autre part, s'il a testé sans lui faire ni donation, ni legs, elle ne peut intenter la *querela inofficiosi testamenti*, mais prend néanmoins dans sa succession tout ce qui est nécessaire pour la remplir de sa quarte. Il faut noter que toutes les donations entre vifs, de même que toutes les dispositions *mortis causâ* qui auraient été faites en sa faveur par son conjoint, s'imputent sur cette quarte. La loi veut assurer à la femme la part qu'elle lui reconnaît dans l'hérédité ; il faut, en effet, que l'époux *inops* soit secouru par les richesses de l'autre époux, et, comme dit Voët : « *Ut inopia conjugis per divilias salvetur alterius* (1). »

Plusieurs jurisconsultes soutiennent que la veuve est bien héritière; ils tirent argument de ces termes de la Novelle 53, chap. VI, p. 1 : « *Secundum quod in illius jure ex hâc lege heres exstiterit.* »

Il s'ensuit :

1° Qu'elle est obligée de faire adition d'héridité pour acquérir sa quarte, et, par suite, qu'elle y perd tout droit, si elle décède avant d'avoir fait cette adition.

2° Qu'elle peut prétendre à l'accroissement, sauf à n'obtenir jamais plus du quart des biens du mari ;

3° Qu'enfin, il faut que depuis l'époque de la délation d'hérédité jusqu'à celle de l'adition, elle n'ait pas cessé d'être pauvre (*inops*) un seul instant, car, c'est à cette seule condition qu'elle a le titre d'héritière.

Les expressions de la Novelle LXIIIe (ch. 6, p. 1), que nous avons citées tout à l'heure, n'ont pas, croyons-nous, le sens qu'on y attache ; elles veulent simplement dire que la veuve doit payer une part du passif proportionnelle à la

---

(1) Tel étant le but de la loi, il parait conforme à la raison de décider que si le mari ne pouvant, par testament, enlever à la femme la part à laquelle elle a droit, a aliéné ses biens entre vifs pour l'empêcher d'obtenir cette part, il faudra donner à celle-ci une action révocatoire des aliénations frauduleusement faites, pourvu qu'on prouve chez le mari le *consilium fraudis* ; il ne faut pas, en effet, qu'il soit en son pouvoir de réduire sa femme à la misère.

Voet va même beaucoup plus loin. Comme aucune personne ne doit souffrir du délit d'autrui, on peut soutenir, dit-il, que le mari ne saurait enlever à sa femme *inops*, la portion que la loi lui accorde dans sa succession, en délaissant ses biens pour en provoquer la vente aux affiches « *poscriptio* ». C'est une application de l'adage « *Malitiis non est indulgendum.* »

part qui lui est dévolue dans l'actif, mais n'indiquent nullement à quel titre la veuve obtient cette part.

D'ailleurs, la Novelle, 117, ch. 5, assimile au cas où la femme « *pauper et indotata* » survit à son mari, celui où elle a été répudiée sans cause, et lui confère les mêmes droits. Ensuite, cette Novelle, après avoir dit que les enfants sont héritiers de leur père défunt, oppose leur situation à celle de la veuve, et ajoute que celle-ci obtient le quart du patrimoine de son mari. Elle n'est donc pas plus héritière que la femme répudiée, et n'a, comme elle, qu'une action personnelle, une *condictio ex lege ;* le prédécès du mari est assimilé au divorce. Cette action naît au profit de la veuve au moment du prédécès du mari, et devient, dès lors, transmissible à ses héritiers ; une adition d'hérédité ne lui est pas nécessaire pour en obtenir le bénéfice.

D'un autre côté, si la veuve qui l'a régulièrement acquise, cesse d'être *inops*, elle n'en perd pas l'usage, mais elle ne profite pas de l'accroissement qui peut se produire. Comme le fait observer Vangerow (1), elle est contrainte de payer une part du passif proportionnelle à celle qui lui revient dans l'actif. Cette solution a été admise dans le but de sauvegarder les droits et intérêts des héritiers *ab intestat.*

---

(1) VANGEROW. « Lehrbuch. » Vol. II, par. 489.

CHAPITRE II.

Droit de reprendre la dot.

Le régime dotal, tel qu'il était organisé à l'époque classique, ne se rencontre pas aux débuts de la législation romaine. A cette époque, le mariage impliquait la *manus*, et tout ce que la femme pouvait posséder au moment du mariage, de même que tout ce qu'elle pouvait acquérir pendant sa durée, venait grossir le patrimoine du mari. Telle est, si l'on veut, la dot; le mari peut en disposer en toute liberté, comme de tout autre bien lui appartenant.

Cependant, le père qui avait intérêt à maintenir la puissance et la richesse dans sa famille, puisque celle-ci avait une importance politique considérable, ne devait pas être porté à fournir une dot à sa fille lors de son mariage; aussi, lors des fiançailles, lui faisait-on promettre, dans l'usage, une donation. Les tuteurs des filles *sui juris* se trouvant également les chefs et les défenseurs des intérêts de la famille, avaient aussi pour mission de veiller à la conservation des biens, et refusaient leur consentement à une union qui entraînait la perte de la fortune de leur pupille. Cette dernière devait donc ou se marier sans dot, ou renoncer au mariage; situation immorale et qui appelait un prompt remède (1). Il fut apporté avec l'introduction du mariage

---

(1) LABBÉ. Du mariage romain et de la *manus, l. c.*, p. 4, 5, 6.

libre ou sans *manus*, sur les effets duquel nous nous sommes déjà expliqués. .

Avec cette institution nouvelle, les dots devinrent plus fréquentes, et le régime dotal commença à s'organiser. Il était équitable que la fille *sui juris* donnât au mari une partie de ses biens pour soutenir les charges du mariage : et il était également juste que le *paterfâmilias*, déchargé dorénavant de l'obligation de nourrir et d'entretenir sa fille, en fournît un dédommagement au mari à qui ces charges allaient incomber. D'un autre côté, l'épouse devenue une étrangère dans la maison de son mari, ne pouvait plus guère se distinguer de la concubine que par la dot. On connaît ces vers de Plaute (1) :

« *Sed ut inops, infâmis ne sim, ne mî hanc famam differant,*
Me germanam meam sororem, in concubinatum tibi,
Sic sine dote dedisse, magis quam in matrimonium. »

Le régime dotal s'établit donc à une époque contemporaine de celle où apparut le mariage libre ; et il est probable que la législation grecque, ou depuis longtemps elle était en vigueur, ne fut pas sans influence sur sa formation. Il se développa très vite, car, quelques années après qu'il se fût répandu dans la pratique, nous voyons déjà les littérateurs et les philosophes se plaindre des résultats qu'il produisait (2).

L'appât des grosses dots donnait à la plupart des mariages le caractère d'une spéculation ; l'amour réciproque et la convenance des caractères se trouvaient ainsi exclus d'une union, dont ils constituent la solidité et la force, et dont ils garantissent la durée. Les mariages mal assortis étaient très

---

(1) Plaute. *Trimm.*, acte III, scène II, vers 62 à 65.
(2) Plaute. *Asin. Aulularia* — Térence, Horace, *Carmen*, 19-21.

fréquents, et la porte était toute ouverte à de nombreux divorces.

On s'occupa, dès lors, d'assurer à la femme la reprise de sa dot, afin de lui permettre de convoler à une nouvelle union, « *Interest reipublicæ*, disaient les jurisconsultes, *mulierum dotes salvas esse, propter quas nubere possint.* » La veuve fut appelée ensuite à profiter de ces nouvelles mesures comme la femme divorcée, et il lui fut ainsi permis de réclamer sa dot. Cependant, d'après les principes du droit romain, le mari acquérait la dot en toute propriété. « *Dotis causa perpetua est,* dit Paul (L. 1, Dig. de jure. dot), *et cum vote ejus qui dat, ità contrahitur, ut semper apud maritum sit.* » Il n'y avait pas, dès lors, de restitution à faire lors de la mort du mari ; mais souvent, dans la crainte de voir le divorce dépouiller la femme et la laisser sans ressources, il intervenait avant la conclusion du mariage des stipulations appelées *cautiones rei uxoriæ* (1). Le mari s'engageait, dit l'édit du préteur, « *ut si divortium conti- gisset, quod æquius melius esset apud virum remaneret; reliquium dotis uxori restitueretur.* »

L'équité et l'humanité réclamaient la même faveur pour la femme, dans le cas d'absence de convention. La jurispru- dence leur donna satisfaction, en suppléant les stipulations dont nous avons parlé, et, en accordant dans tous les cas l'action *rei uxoriæ*.

« On peut tenir pour certain, dit Aulu Gelle (2), que durant les cinq premiers siècles de la fondation de Rome, il n'existait à Rome et dans tout le Latium, ni actions ni stipu- lations *rei uxoriæ*, sans doute parce qu'il n'en était pas besoin, les mariages n'étant pas alors rompus par les divorces.

---

(1) Cf. Maynz. Cours de Droit romain. T. III, p. 18, note 9.
(2) Aulu Gelle. Nuits attiques, IV, 3.

Servius Sulpicius dit aussi dans son livre sur la dot, que la nécessité des stipulations *rei uxoriæ* ne se fit sentir que quand Spurius Carvilius Ruga répudia sa femme. » La date de cette action se place donc vers le milieu du sixième siècle de Rome.

On a soutenu, en s'appuyant sur ce qu'Ulpien ne parle de l'action *rei uxorive* que dans le cas de dissolution du mariage par le divorce ou la mort de la femme, que la veuve avait pour réclamer sa dot une action *rei uxoriæ utilis* seulement. Quoiqu'il en soit de cette conjecture, il est certain que dès l'époque des Gracques, l'action *rei uxoriæ* lui était reconnue. (L. 66, Dig. Sol. matr. Liv. XXIV, t. III).

Nous diviserons en deux sections, notre étude du droit de la veuve sur la dot :

SECTION I. — Législation de l'époque classique.
SECTION II. — Législation de Justinien.

SECTION Ire.

Législation de l'époque classique.

La seule voie légale ouverte à la veuve pour lui permettre d'obtenir sa dot, était l'action *rei uxoriæ*.

Nous bornerons donc nos explications à cette action et nous verrons dans deux paragraphes distincts :

1° Comment elle s'intentait ?
2° A quels résultats elle aboutissait ?

§ Ier. — *Comment s'intentait l'action rei uxoriæ ?*

Cette question ne peut être bien exposée, que si l'on connaît la nature et le caractère de l'action *rei uxoriæ*. Nous en dirons donc quelques mots. M. Gide, dans son remarquable travail sur le caractère de la dot en droit romain, a éclairé toute cette matière d'un jour nouveau et résolu les difficultés qu'elle présente : nous mettrons donc plus d'une fois son ouvrage à contribution.

Les textes sont formels pour dire que le mari seul était propriétaire de la dot. (Gaius II, 63). Toutefois, la femme qui réclame sa dot, n'a pas un droit de créance ordinaire contre son mari ; son droit n'est pas pécuniaire, et, ce qui le prouve, c'est qu'elle le possède même quand elle se trouve sous la puissance de son père, dépourvue par conséquent de tout patrimoine, et incapable d'en acquérir un. C'est plutôt un droit moral accordé à la femme dans le but de la faire participer à l'aisance de son mari, de lui permettre de conserver la même condition sociale et le même rang.

L'action *rei uxoriæ* qui sanctionne ce droit n'est, elle aussi, pécuniaire que dans son objet, et non dans son origine ni dans son principe. Elle ne figure dans le patrimoine, que quand elle a produit son effet, et abouti à l'obtention d'une valeur pécuniaire. Jusque-là « *in bonis non computatur.* » En vertu de son caractère particulier, elle se trouvait attachée à la *personne physique* de la femme, et il dépendait uniquement de la volonté de cette dernière, d'agir ou non en justice pour réclamer sa dot. Cette règle conduisait aux deux conséquences suivantes :

(*a*) Lorsque la veuve se trouvait encore sous la puissance de son *paterfamilias*, celui-ci ne pouvait intenter l'action *rei uxoriæ* sans son consentement, contrairement aux règles du droit commun, d'après lesquelles il aurait pu agir seul.

Le droit à la dot, est, en effet, personnel à la femme, tant que la *litis contestatio*, le jugement et la novation ne l'ont pas transformé en un droit de créance ordinaire ; c'est seulement quand cette transformation s'est opérée, qu'il appartient au père et à la fille ; il y a, alors, disent les textes, « *communio dotis.* »

(*b*) L'action *rei uxoriæ* continuait d'appartenir à la veuve émancipée, alors que les autres créances qu'un père avait acquises par son fils ou sa fille, lui restaient après leur émancipation. La *media capitis deminutio* qui, au cas de déportation, faisait perdre à la veuve le droit de cité, ne lui ôtait pas non plus l'usage de cette action.

Ces préliminaires posés, voyons comment s'intentait l'action *rei uxoriæ.* Les règles sont différentes suivant que la veuve était *sui* ou *alieni juris.*

1° Si la veuve était *sui juris*, de même qu'elle pouvait se constituer ses biens en dot sans le secours de personne, de même, il lui était permis d'agir seule en réclamation de ces biens ;

2° Si elle se trouvait sous la puissance de son *paterfâmilias*, ce dernier seul intentait l'action *rei uxoriæ*, car tout ce qui appartient aux enfants de famille, ou est acquis par eux, constitue sa propriété. Cependant nous savons qu'il ne pouvait agir sans le concours de sa fille. On n'exigeait pas, du reste, de cette dernière, une adhésion formelle aux actes que faisait son père relativement à la restitution de sa dot ; il suffisait qu'elle ne s'y opposât pas ; mais son consentement au moins implicite était nécessaire dans tous les cas, soit que le père agît lui-même en justice, soit qu'il constituât un procurator *ad litem*, soit que les héritiers du mari lui offrissent volontairement le paiement de la dot (1).

Par exception à cette règle, au cas d'absence du père, la fille peut seule, dit Ulpien, exercer l'action *rei uxoriæ,* comme au cas où le père est *suspectæ vitæ* (2). Cet auteur

---

(1) L. 2 et 3. Liv. 24, t. II. Dig. — L. 34, p. 6. Liv. 46, t. III. Dig.
(2) L. 8. *Prœm.* Dig. Liv. III, t. 3. *De procur. et defens.*

l'autorise même à nommer un procurator *ad litem* dans les deux hypothèses, mais dans le cas d'absence, il l'oblige à fournir la caution de *rato*.

Cette caution ne devrait pas être fournie dans le cas où le père serait *furiosus* ; son curateur pourrait alors réclamer la dot avec l'assentiment de la fille, et s'il n'y avait pas de curateur, cette dernière agirait seule.

A l'inverse des cas que nous examinons, la fille peut se trouver absente ou *furiosa* lors de la dissolution du mariage. Lorsqu'elle est absente, le père pourra agir en justice en restitution de la dot, sauf à fournir la caution *de rato*, et cette caution se fournit *satisdatione* ; si elle est *furiosa*, le père pourra agir seul et sans être tenu de donner caution, car il suffit qu'elle ne s'oppose pas aux actes que son père peut faire relativement à la dot, et elle est alors incapable d'avoir une volonté quelconque.

Il est possible que la veuve *alieni juris* à la mort de son mari, devienne *sui juris* avant d'avoir réclamé sa dot, soit par suite d'une émancipation, soit par suite de la mort de son père. Elle peut alors agir seule, même en justice. Au contraire, si l'émancipation de la fille ou la mort du père n'étaient intervenues que postérieurement à la *litis contestatio*, cette phase définitive du procès à partir de laquelle tout droit déduit en justice se transforme en une somme d'argent, l'instance sur l'action *rei uxoriæ* ne pourrait être suivie que par le père ou ses héritiers, et le résultat leur en appartiendrait. C'est là une conséquence des effets attachés par les Romains à la *litis contestatio*.

L'action *rei uxoriæ* s'intente soit contre les héritiers du mari, si ce dernier était *sui juris* ; soit contre son *paterfámilias*, s'il était *alieni juris*.

§ II. — *A quels résultats aboutissait l'action rei uxoriœ ?*

Les héritiers du mari ou son père doivent rendre tous les objets et valeurs composant la dot.

Lorsque des choses mobilières ou immobilières ont été données en dot sans estimation, ils doivent les rendre en nature à la dissolution du mariage, et ne répondent de leur perte que si elle a eu lieu par leur faute.

Si ces choses ont été estimées, ils sont tenus au contraire de rendre non ces choses elles-mêmes, mais leur valeur, telle qu'elle a été déterminée par l'estimation. « *Œstimatio facit vendilionem* » disent les jurisconsultes ; ils sont réputés acheteurs, et doivent le prix de ce qu'ils ont acquis. On peut toutefois convenir que malgré l'estimation, les choses dotales seront restituées *in specie*, individuellement. Il faudra dans cette hypothèse, appliquer les mêmes règles que s'il n'était pas intervenu d'estimation, à moins que les choses dotales ne viennent à périr avant la restitution, auquel cas l'estimation conserve toute son utilité.

Nous ne parlerons pas ici des sûretés soit personnelles, soit réelles, qui garantissaient la restitution de la dot. Outre, en effet, qu'elles appartenaient aux femmes divorcées comme aux veuves, leur étude rentre dans une autre question, celle de l'origine de l'hypothèque légale des femmes.

Grâce à ces sûretés, la restitution de la dot était assurée à la veuve au cas de solvabilité du père ou des héritiers du mari défunt ; mais elle n'était pas toujours complète et immédiate. Le père et les héritiers jouissaient, en effet, de deux avantages.

A. — PRINCIPE.

Ils n'étaient tenus de restituer immédiatement que les

corps certains ; les quantités et sommes d'argent étaient restituables par portions égales en trois termes dont l'échéance était successivement fixée à la première , à la seconde et à la troisième année de la mort du mari. En outre, si les corps certains eux-mêmes qui ont été apportés en dot, avaient été l'objet d'une estimation , ils ne devaient pas rendre ces corps eux-mêmes , et étaient simplement débiteurs de leur valeur, par conséquent d'une somme d'argent.

B. — FONDEMENT DE CE PRINCIPE.

D'où vient la différence que la loi établit entre la restitution des corps certains et celle des quantités ?

Lorsque la dot consiste en une somme d'argent ou en quantités, il n'est pas présumable que le mari ait conservé cette somme ou ces quantités elles-mêmes, pour pouvoir en opérer la restitution à la dissolution du mariage. On ne retire, en effet, une utilité de ces choses, qu'en s'en servant, et d'autre part, il est dans leur nature d'être consommées par l'usage qu'on en fait.

Le mari ne saurait donc être rendu responsable de n'avoir pas gardé la somme ou les quantités qu'il a reçues : ses héritiers ne peuvent pas l'être davantage, car ils ne succèdent qu'aux obligations de leur auteur.

Au contraire, quand la dot comprend des corps certains et que le mari doit, par suite, restituer ces objets dans leur identité, aucun délai n'est accordé à ses héritiers. De deux choses l'une, en effet. Ou le mari a conservé les corps certains dont nous parlons ; alors ses héritiers peuvent les rendre à sa veuve. Ou le mari ne les a plus à sa disposition, et alors : si leur perte a été causée par sa faute, il en est responsable (son obligation passe à ses héritiers) ; si elle est due à un cas fortuit, il est libéré (ses héritiers le sont également).

Les corps certains se composent des immeubles et des meubles, qui, comme les esclaves, ne se consomment pas *primo usu* : or, le principal usage qu'on retire d'un immeuble ou d'un esclave consiste, soit dans les fruits naturels qu'il produit, soit dans les fruits civils qu'on perçoit à cette occasion. Il n'est pas nécessaire pour en user, de les aliéner ou de les consommer.

C. — EXCEPTIONS.

Le principe que nous avons posé, ne subit-il pas d'exceptions, ou, du moins, ne doit-il pas être interprêté avec un certain tempérament ?

Accarias prétend que la restitution des quantités peut quelquefois être réclamée immédiatement. « La doctrine contraire aurait, dit-il, deux inconvénients : forcer la femme à agir plusieurs fois en justice, et compliquer la procédure, en nécessitant dans la formule l'inscription d'un *præscriptio* pour la conservation de son droit. » Aussi cet auteur croit-il que l'action *rei uxoriæ* peut être exercée pour le tout, même avant l'échéance du premier terme fixé pour la restitution des quantités et des sommes d'argent ; seulement pour les sommes non encore échues, les héritiers ou le père du mari seront obligés de donner caution (avec *satisdatio*) de les restituer lors de leur échéance. S'ils ne peuvent ou ne veulent le faire, on les condamnera au paiement immédiat, mais en tenant compte de la perte que va leur faire éprouver la privation de jouissance qu'on leur cause de cette façon. Cette perte se compose de la jouissance pendant un an d'un premier tiers de la somme d'argent et des quantités, de la jouissance pendant deux ans, d'un second tiers des mêmes objets, et enfin de la jouissance pendant trois ans du dernier tiers.

A l'appui de cette judicieuse théorie, on peut invoquer un texte d'Ulpien (1) qui précisément parle des *satisdationes* fournies à la femme de *solutione dotis*, et des déductions à opérer sur la dette au cas où ces *satisdationes* ne sont pas fournies. Or, en vertu de quel droit, obligerait-on les héritiers du mari ou son père à garantir par une caution le paiement d'une dette avant son échéance, si on ne pouvait agir contre eux que quand l'échéance est arrivée ?

2° Un second obstacle à la restitution complète de la dot consistait dans les retenues que la loi permettait en certains cas d'opérer sur le montant de la dot.

Déjà, avant la naissance de l'action *rei uxoriæ*, le juge pouvait, en faisant exécuter les *cautiones* intervenues pour assurer la restitution de la dot. laisser une partie de cette dernière au mari ou à ses héritiers ; or, l'action *rei uxoriæ* a précisément été introduite pour suppléer ces conventions, et était destinée à produire les mêmes que si elles étaient intervenues.

Ces retenues sont au nombre de cinq : il y a, en effet, les *retentiones propter liberos*, *propter mores*, *propter res donatas*, *propter res amotas*, *et propter impensas*. Elles peuvent se présenter concurremment au cas de dissolution du mariage par le divorce ; mais les trois dernières sont les seules possibles quand c'est la mort du mari qui met fin à cette union.

N° 1. — *Rententio propter impensas.*

Les dépenses qui peuvent être faites à l'occasion d'une chose sont de trois espèces : elles sont nécessaires, utiles ou voluptuaires.

---

(1) (Ulpien). L. 24, p. 2. Liv. XXIV, t. III. Dig.

1° Les dépenses nécessaires sont celles qui ont empêché la perte de la chose dotale. Cette chose n'a pas acquis une valeur plus grande par le fait de ces dépenses; mais, si elles n'avaient été faites, elles n'existerait plus actuellement, ou serait tout au moins sensiblement détériorée.

Ces dépenses ont été qualifiées de dépenses nécessaires, parce qu'elles sont indispensables à l'existence des biens dotaux.

Le mari doit faire ces sortes de dépenses sous peine d'engager sa responsabilité ; on peut dire encore, si l'on veut, des dépenses nécessaires, qu'elles sont telles que, si le mari ne les avait pas faites, le juge l'aurait condamné *tanti quanti mulieri interfuerit eas fieri*. — Elles consisteront, par exemple, à étayer de vieux bâtiments qui menaçaient de s'écrouler, ou à les reconstruire ; à bâtir un grenier devenu indispensable aux besoins de la famille , à faire une chaussée, à détourner des eaux, à fournir une stipulation *damni infecti*.

Il ne suffit pas qu'une dépense soit nécessaire, pour qu'elle donne lieu à une *retentio* sur la dot. Il faut encore :

(a). Qu'elle eût été faite pour les objets dotaux ;

(b). Qu'elle ne se rattache pas à la gestion ordinaire de la dot.

Par suite, toutes les dépenses qui sont faites pour l'obtention des fruits, soit naturels, soit civils, bien qu'elles servent en même temps à conserver les choses dotales elles-mêmes, ne remplissant par la première condition, sont supportés définitivement par le mari. Ce qui caractérise ces dernières dépenses, c'est qu'elles tendent avant tout, à la satisfaction d'un intérêt pécuniaire du mari, comme le dit M. Accarias (1), et la loi 3 p. 1 ainsi que les lois 15 et 16. *Dig, de imp. in res*

---

(1) ACCARIAS, t. II, page 1052, note 3 (3ᵉ édition).

dot fact. Liv. XXV, tit. I, ajoutent, d'un intérêt futur. Telles sont, par exemples les dépenses faites pour la culture des terres, et les soins à donner aux esclaves.

Il faut, en second lieu, pour qu'une dépense donne lieu à la *retentio*, qu'elle ne se rattache pas à la gestion ordinaire du patrimoine. Dans ce cas, en effet, les dépenses sont des charges de la jouissance, et le mari les supporte encore sans déduction. Telles sont celles qui résultent nécessairement de toute administration de biens, et, par exemple, les dépenses faites pour la culture des terres, la nourriture des enfants et leur éducation, le paiement des impôts, etc. ;

2° Les dépenses utiles n'ont aucun caractère obligatoire, en ce sens qu'elles ne sont pas essentielles à l'existence et à la conservation des choses dotales ; elles augmentent seulement la valeur de ces choses (1).

Les textes donnent comme exemple de ces dépenses, le fait de remuer un plan de vigne à la houe un plus grand nombre de fois qu'il est nécessaire de le faire, afin de rendre ces vignes *lœtiores et fertiliores*. Telles sont encore les dépenses faites pour donner une éducation aux esclaves, et aussi, ajoutent-ils, pour l'achat d'un moulin ou l'adjonction d'un grenier à une maison.

Nous citions tout à l'heure ces dernières dépenses comme des exemples de dépenses nécessaires ; pourquoi donc sont-elles mises maintenant par les textes au rang des dépenses utiles ? C'est que si ces dépenses ont, la plupart du temps, le caractère de dépenses utiles, elles constituent parfois aussi des dépenses nécessaires. Tel est le cas où le mari ayant une famille à nourrir et ne trouvant pas de greniers, a fait l'achat d'un moulin, ou bien encore celui où il a fait des

---

(1) Il n'y aurait pas dépense utile si les services rendus par l'esclave, à qui on a fait apprendre un métier, compensaient la dépense faite.

dépenses pour établir un semis d'arbres dans un fonds, ou bien pour y placer des troupeaux. (Ulpien. L. 14, p. 1. L. 5. Régulæ) ;

3° Les dépenses voluptuaires sont celles qui n'ont d'autre but que de satisfaire le goût ou simplement le caprice de celui qui les effectue ; elles ne sont, en rien, indispensables à la conservation de la chose pour laquelle elles sont faites, et n'augmentent même pas son utilité. Telles sont les dépenses faites pour l'établissement d'un bosquet ou d'un jet d'eau dans un jardin, pour garnir un appartement de tableaux ou une terrasse de statues, pour construire une barque de plaisance, creuser un étang dans une propriété. Du reste, pour juger de la nature d'une dépense, il faut, avant tout, consulter l'intention des parties, car si les différentes choses pour lesquelles ont été opérées toutes ces dépenses, étaient destinées à être vendues, elles perdraient leur caractère de dépenses voluptuaires pour devenir des dépenses utiles.

Supposons maintenant que chacune des trois espèces de dépenses (nécessaires, — utiles, — voluptuaires) ait été faite, et voyons quels en sont les résultats au point de vue de la restitution de la dot.

Dépenses voluptuaires. — Sans distinguer si la femme les a ou non approuvées, le droit du mari et de ses héritiers ou de son père, se borne, en principe, à enlever tout ce qu'il peut séparer de la chose dont il a augmenté l'agrément ou la beauté, sans la détériorer. Toutefois, cet effet ne se produit que si la femme s'oppose à la séparation de la chose accessoire d'avec la chose principale ; mais si elle ne désire pas conserver la chose principale, on la retiendra, sauf à lui en payer la valeur.

Dépenses utiles (1). — Ces dépenses donnent lieu à une retenue sur le montant de la dot, au profit du mari et de ses héritiers ou de son père. Sans cela, du reste, le mari ferait une donation à sa femme, puisque la valeur des biens pour lesquels elles ont été faites, se trouverait augmentée à son préjudice et que sa femme bénéficierait de cette plus-value (2). Or, jusqu'à la fin du règne de Septime-Sévère, la donation entre époux était nulle et dénuée de tout effet juridique, à moins d'une confirmation expresse par testament.

La *retentio* n'a pas lieu pour toute dépense utile, et par le fait seul qu'elle a été effectuée. Elle doit être faite quand la dépense a été opérée du consentement de la femme, car celle-ci ne saurait, dans ce cas, contester l'utilité ; aucun reproche, d'ailleurs, ne peut être adressé au mari. Les héritiers de ce dernier ou son père se paieront alors au moyen d'une retenue sur le montant de la valeur des objets dotaux qu'ils ont à restituer ; il serait inique de forcer la femme à qui on vient de restituer la dot, à vendre les objets dont elle se compose pour payer les impenses, si, par hasard, elle ne pouvait les solder autrement. Lorsque la femme n'a pas donné son autorisation aux dépenses faites, on permettra aux héritiers du mari d'enlever la plus-value qu'elles ont procurée à la chose dotale, pourvu, toutefois, qu'ils puissent le faire sans dégradation ni perte. Telle est, du moins, l'opinion qui a prévalu.

Dépenses nécessaires. — Un principe posé par les juris-

---

(1) L. 7, p. 1. *De imp. in res dot. fact.* Liv. XXV, t. I. — L. *unie,* p 5. Code *De rei ux. act.* Liv. V, t. XIII.

(2) Ce sont là, on le sait, les deux conditions d'une donation : appauvrissement du donateur ; enrichissement du donataire.

4

consultes domine toute la matière. « *Impensœ necessariœ, ipso jure dotem minuunt.* » Pour faire une étude complète de la législation romaine sur cette question, nous distinguerons trois hypothèses.

PREMIÈRE HYPOTHÈSE. — La dot ne comprend que des sommes d'argent. — On applique alors rigoureusement le principe que nous indiquions.,

Soient une dot de 100,000 fr. et une dépense nécessaire de 1,000 fr. Le mari, qui aura effectué cette dépense, ne devra restituer que 99,000 fr.

DEUXIÈME HYPOTHÈSE. — La dot ne consiste que dans des corps certains.

Ici, le principe précité ne peut plus s'appliquer à la lettre, car la dépense consiste toujours en une somme d'argent, et il est impossible de retrancher une somme d'argent d'un immeuble ou d'un esclave.

Ainsi, si la dot consiste en un fonds, et qu'il ait été dépensé, pour la conservation de ce fonds, une somme égale au quart de sa valeur, il ne faut pas considérer ce fonds comme étant devenu non dotal pour un quart et étant resté dotal pour les trois autres quarts. — Il faut entendre uniquement par là, dit le jurisconsulte Paul, que le mari ou ses héritiers pourront, à la dissolution du mariage, retenir le fonds si la dépense n'a pas été soldée. La diminution porte sur l'ensemble de la dot, l'*universitas juris*, et non sur chacun des biens qui la composent; le montant de sa valeur totale subit la défalcation d'une quantité égale à la somme dépensée.

Scœvola soutient que si les dépenses qui ont été effectuées successivement *per partes* viennent à atteindre la valeur du fonds lui-même, celui-ci cesse d'être dotal, à moins que la femme n'ait offert elle-même au mari ou à ses héritiers le remboursement des dépenses avant l'expiration d'une année.

Cette indication d'une année peut sembler singulière dans un texte de l'époque classique ; on croirait plutôt se trouver sous l'empire de la législation de Justinien. Aussi Cujas pense-t-il qu'il faut attribuer cette mention du délai d'un an à Tribonien.

Si la femme vient à solder, pendant le mariage, la dépense faite, faudra-t-il, lors de la dissolution, considérer la dot comme augmentée, ou comme constituée à nouveau pour partie, dans la mesure de la somme payée ?

Quelque soit le point de vue que l'on adopte, dit Paul, l'opinion de Scœvola conduit à des conséquences iniques. Si, en effet, on décide que le fonds cesse d'être dotal, le mari pourra l'aliéner. Supposons qu'il ait usé de ce droit et que la femme vienne ensuite à payer la dépense, quel sera le résultat juridique de cette opération ?

Ou bien, on dira que le fonds redevient dotal, si on considère la dot primitive comme ayant été reconstituée de nouveau par le remboursement. En ce cas, l'aliénation du mari sera considérée comme non avenue, et on arrive ainsi à des conséquences iniques pour le tiers acquéreur, qui perd une chose dont il avait acquis de bonne foi la propriété.

Ou bien, on soutiendra, au contraire, que le fonds a cessé d'être dotal, et que par suite, l'aliénation en a été valablement faite par le mari. Ce sera seulement la somme payée par la femme qui prendra dans ce cas un caractère dotal, et on arrivera ainsi à changer la nature de la dot sans que ni la femme ni le mari l'aient voulu.

Après avoir critiqué l'opinion de Scœvola, Paul ajoute : « comment le fonds qui a cessé d'être dotal, peut-il le devenir de nouveau après le remboursement des dépenses faites ? Le sort de la vente de ce fonds par le mari, sera-t-il donc incertain jusqu'à cette époque ? » Il termine alors par cette phrase : « *et magis est, ut ager in causam dotis revertatur, sed interim alienatio fundi inhibeatur,* » dans laquelle nous sommes tout d'abord frappés par l'emploi de l'expression *ager* qui ne se trouve qu'en cet endroit, alors que le reste du texte emploie le mot *fundus*. Nous croyons donc à une interpolation, et avec Cujas (1) nous en trouvons une seconde dans la phrase finale « *sed si tantum in fundum dotalem impensum sit per partes, quanti fundus est, desinere eum dotalem esse Scævola noster dicebat, nisi mulier sponte marito intra annum impensas obtulerit.* » Comme nous l'avons dit, cette indication du délai d'un an, ne rappelle aucune règle de la législation classique. Justinien, le premier, l'a établi dans notre matière, à propos de la restitution de la dot.

D'ailleurs, dans la partie du texte que nous avons citée d'abord, quel est le sens du mot *interim ?* « Il vaut mieux décider, nous dit-on, que le fonds redevient dotal, mais en attendant que l'aliénation en soit défendue. » — En attendant quoi ?

(*a*) Est-ce le remboursement qui serait fait à une époque quelconque ? Alors, en attendant le terme extrême et fatal de ce remboursement qui est l'époque de la restitution de la dot, il est possible que le fonds recouvre, par suite du paiement, sa qualité de dotal, et le mari ne pourra alors l'aliéner.

(*b*) Est-ce le remboursement qui serait fait dans l'année de la dépense ? Dans ce cas, pendant l'année dont il s'agit, l'aliénation du fonds quoiqu'il ne soit pas dotal, est interdite, d'après le texte de Paul, et, une fois l'année écoulée, le mari peut aliéner en toute sécurité ce fonds ; c'est donc que celui-ci ne saurait redevenir dotal.

---

(1) Gluck ne croit à aucune interpolation, et critique l'opinion de Cujas.

Dans les deux cas, nous aboutissons à des solutions arbitraires.

TROISIÈME HYPOTHÈSE. — La dot comprend des corps certains et des sommes d'argent.

Dans la loi 56, p. 3, Dig. (Liv. XXIII, tit. III, *De jure dotium*), que nous venons d'examiner, Paul cite une opinion de Nerva, d'après lequel, dans le cas qui nous occupe, les dépenses nécessaires faites pour le fonds, diminueraient de plein droit la dot pécuniaire. Nerva suppose, on le voit, que le montant des dépenses est inférieur à celui de la dot pécuniaire ; mais que faudrait-il décider dans le cas contraire ? Les dépenses s'imputeront d'abord sur cette même dot jusqu'à son entier épuisement ; et si elles ne sont pas encore intégralement payées, on suivra les règles indiquées pour la seconde hypothèse, car il n'existe plus que des corps certains dans la dot.

Le même jurisconsulte se demande ensuite ce qu'il adviendrait si la femme remboursait au mari les dépenses faites. La dot, en l'état où elle se trouve alors, c'est-à-dire diminuée de plein droit par ces dépenses, serait-elle augmentée d'autant, ou bien faudrait-il la regarder comme se trouvant constituée à nouveau, et avec le même taux qu'à l'origine ? Paul laisse cette question sans solution, mais Ulpien donne la préférence à la première manière de voir.

Ceci semblerait faire croire que la maxime « *impensæ necessariæ ipso jure dotem minuunt* » n'était pas appliquée d'une façon rigoureuse dans notre hypothèse, en ce sens, du moins, que la diminution de la dot n'était pas absolument définitive.

Retentio propter res donatas.

Il semble, au premier abord, que cette retenue ne puisse avoir lieu au profit des héritiers du mari quand c'est la mort de ce dernier qui dissout le mariage, car depuis Septime Sévère, les donations entre époux deviennent définitivement valables par la mort de l'époux qui les a faites, si avant cette époque, il n'a pas manifesté de volonté contraire.

Il faut donc nous placer, soit dans le cas où le mari a révoqué la donation qu'il avait faite, soit dans celui où un divorce est intervenu avant sa mort, mais en ce dernier cas, la restitution de la dot ayant été déjà opérée, la retenue aura pu être exercée.

Retentio propter res amotas.

On suppose que la femme a soustrait des objets ou valeurs quelconques appartenant à son mari ; par exemple, dans l'intention de divorcer ; la mort du mari est ensuite venue l'empêcher de donner cours à ses projets.

REMARQUES.

Pour permettre au père ou aux héritiers du mari de se remplir de tout ce qui pouvait leur être dû pour les diverses causes dont nous venons de parler, leur accordait-on une action ?

Non, pour les retenues *propter impensas utiles* (L. *unic*, p. 5, code, *de rei ux. act.* Liv. V, tit. 13). Quant aux retenues *propter impensas necessarias*, il y avait controverse entre les auteurs, mais l'affirmative prévalut définitivement (L. 5, p. 2. *De imp. in res dot fact.* L. XXV, tit. 1). Enfin quant aux retenues *propter res donatas* et *propter res amotas*, il n'y avait aucune difficulté. Pour les premières, le mari n'avait même pas besoin d'une action, puisque d'après l'opinion commune (1), la donation entre époux, même

---

(1) L. 32, p. 13. — L. 33, 34, 35. Dig. *De donat. inter. vir. et ux.* Liv. XXIV, tit. I.

depuis Septime-Sévère, reste nulle si elle n'est confirmée par le prédécès du donateur sans changement d'intention ; elle n'a donc jamais été valable, et le mari peut revendiquer les choses données, ou agir par une *condictio*, si elles ont été consommées (1).

Quant aux secondes, il avait l'action *rerum amotarum*, et celle-ci avait été introduite pour remplacer l'action *furti* qui avait été jugée d'une nature trop grave et d'un caractère trop rigoureux, pour être accordée à des personnes unies par les liens d'une vie commune et d'une affection réciproque ;

2° On admettait, sans difficulté, le *cumul* des trois retenues dont nous nous occupons ;

3° Aux mains de la veuve, l'action *rei uxoriæ* ne s'éteint pas lorsqu'elle vient à mourir sans avoir mis les héritiers de son mari en demeure de lui restituer sa dot. Il est vrai qu'en cas de divorce, elle est éteinte, dans la même hypothèse en l'absence de mise en demeure du mari ; seulement il n'y a plus en notre hypothèse concours entre deux époux, mais bien entre leurs héritiers; or, quelle raison y a-t-il de préférer ceux du mari à ceux de la femme ?

4° Lorsque le mari avait laissé un legs à sa femme, elle ne pouvait le cumuler avec sa dot ; cette règle faisait l'objet d'un édit du préteur appelé *edit de alterutro*.

Nous n'avons pas à en étudier les dispositions, car nous laissons de côté l'étude des différents droits qui peuvent résulter pour la veuve, d'une autre source que de la loi, et, par exemple, d'un testament.

---

(1) L. 32, p. 16. — L. 55. Dig. *De don. inter virum et uxorem.* Liv. XXIV, tit. I.

SECTION II.

Droit de Justinien.

A côté de l'action *rei uxoriæ* dont nous nous sommes occupé jusqu'ici, la femme pouvait jouir d'une autre voie de recours pour obtenir la restitution de sa dot : je fais allusion au cas où une stipulation était intervenue entre le futur mari et la personne qui opérait la constitution de dot. Cette dernière pouvait stipuler la restitution de cette dot, et l'action *ex stipulatu* était donnée pour la réclamer. Cette action avait une nature toute différente de celle qu'avait l'action *rei uxoriæ*, et produisait d'autres effets ; mais nous n'avons pas, à entrer dans le détail de cette question , et si nous l'avons indiquée, c'est afin de comprendre les réformes que Justinien introduisit dans notre matière.

Cet Empereur, dans une Constitution célèbre qui porte la date de l'année 530, vint confondre les deux actions *rei uxoriæ* et *ex stipulatu*, en une seule à laquelle il donna le nom de cette dernière (1), sous-entendant dans toute constitution de dot, une stipulation de restitution au profit de la femme. (2)

Cette nouvelle action a une nature mixte : elle ne se rap-

---

(1) Cette action , au Digeste , est appelée action de dote. Voyez. DEMANGEAT, Cours de Droit romain, t. II, p. 584.

(2) Sauf si la dot a été constitué par un *extraneus* qui en a stipulé la restitution.

proche pas plutôt, quoique son nom semble l'indiquer, de l'ancienne action *ex stipulatu* que de l'action *rei uxoriæ*, mais emprunte à l'une et à l'autre ses traits essentiels, ses caractères principaux. Il faudrait faire une étude complète du régime dotal à Rome, pour apprécier l'importance d'une pareille fusion ; pour le cas spécial de la dissolution du mariage par la mort du mari, voici, parmi les règles nouvelles, celles qui nous intéressent :

1° L'action *ex stipulatu* est de bonne foi, c'est-à-dire qu'on y sous-entend la *cautio de dolo*, qui intervient habituellement lors de toute stipulation.

2° Le mari jouit du bénéfice de compétence et du délai d'un an en ce qui concerne la restitution de la dot ; mais ses héritiers n'ont pas les mêmes avantages.

3° Lorsque les héritiers du mari sont actionnés en restitution de la dot, ils ne peuvent exercer de retenues sur celle-ci si ce n'est *propter impensas necessarias*. Comme dans la législation précédente, on applique encore la maxime : « *Impensæ necessariæ ipso jure dotem minuunt.* » — Quant aux dépenses utiles, Justinien accorde au mari qui les a faites et à ses héritiers, soit l'action *mandati*, si la femme les a autorisées, soit l'action *negotiorum gestorum* dans le cas contraire. Les anciens jurisconsultes croyaient que ces actions ne compétaient pas au mari. Puisque le mari, disaient-ils, est pendant le mariage propriétaire de tout ce qui compose la dot, il est censé, lorsqu'il effectue une dépense, faire sa propre affaire. Or, personne ne peut recevoir mandat de gérer ses propres biens, et si le mari administre sa fortune personnelle, l'action *negotiorum gestorum* ne saurait naître à son profit contre personne.

Justinien semble poser cet autre principe que la dot appartient à la femme, qu'elle doit, par suite, toujours lui être restituée ; et dans ce cas, il est très juste que la femme soit tenue de rembourser les dépenses effectuées dans son intérêt.

Les actions que l'ancien droit accordait pour les *res donatæ et amotæ* parurent suffisantes à Justinien, et il crut devoir abolir en conséquence les *retentiones* admises pour ces deux causes.

Selon M. Accarias (Tome II, p. 1058), Justinien, en supprimant ces *retentiones*, se serait surtout proposé, de couper court à l'esprit de chicane, et d'empêcher la restitution de la dot d'être retardée sous de vains prétextes. Il autoriserait donc la compensation, lorsqu'elle s'appuye sur un droit facile à vérifier et à apprécier (1).

Et, en effet, il est impossible de concilier la suppression de ces *retentiones* avec les règles de la compensation. Elles n'auraient pas pu, par exemple, être exclues dans l'exercice de l'ancienne *actio ex stipulatu*, le mari, comme un défendeur quelconque, pouvant, grâce à l'exception de dot, forcer le juge à compenser ces créances pour *retentiones* avec sa dette, c'est-à-dire son obligation de restituer (2).

4° Par suite de l'introduction de la nouvelle action *ex stipulatu*, l'édit de *alterutro* ne s'appliqua plus, sauf quand le testateur avait indiqué expressément que le legs fait à la femme devait lui tenir lieu de sa dot.

Et, en effet, puisque d'après l'opinion de Justinien la dot est réellement la propriété de la femme, à la dissolution du mariage du moins, quelle raison y a-t-il pour ne pas lui accorder à la fois et sa créance et la libéralité que lui laisse son mari ?

---

(1) Inst., p. 30. *De act.*

(2) L. 7. §. 5. — L. 15, p. 1. — L. 66, p. 1. Dig. *Soluto matrimonio* Liv. XXIV, tit. III. — L. 1. Code *rerum amotorum.* Liv. V, tit. XXI.

5° Comme dans la législation de l'époque classique, le père de la femme ne peut réclamer la dot de celle-ci sans son consentement ; si elle a été émancipée, elle peut intenter seule la nouvelle action ex *stipulatu*, de même qu'elle le pourrait à la mort de son père ;

6° Justinien établit la restitution immédiate de la dot immobilière, et accorde le délai d'un an pour la restitution de la dot mobilière, sans distinguer entre les quantités et les corps certains.

CHAPITRE III.

Dispense des peines du célibat pendant deux ans.

Les lois *Julia et Papia Poppœa* portées sous Auguste, et restées célèbres dans l'histoire sous le nom de *Lois caducaires*, punissaient de certaines déchéances les *cœlibes*, et elles comprenaient sous ce nom, aussi bien les personnes qui n'avaient jamais été mariées, que celles qui étaient veuves ou divorcées. Ces personnes ne pouvaient recueillir aucune succession testamentaire ; toutefois, les personnes veuves jouissaient d'un certain délai pendant lequel elles ne subissaient pas l'application de ces lois ; ce délai leur était accordé pour leur permettre de se mettre en règle avec la loi en se remariant, et il fut fixé à deux ans par la loi Papia ; c'est ce qu'on appela la *vocatio biennii*.

Lorsque ces personnes joignaient à leur condition de *cœlibes*, la qualité d'*orbœ* (c'est-à-dire avaient été mariées et étaient privées d'enfants) elles avaient droit à la moitié des successions à elles échues (1).

Ce n'était pas là une règle spéciale à la veuve, puisqu'elle

---

(1) Nous supposons, bien entendu, qu'elles ne pouvaient invoquer ni le bénéfice du *jus antiquum*, ni celui de la *solidi capacitas* à raison des liens de famille, et aussi qu'elles n'étaient pas arrivées à la limite d'âge à partir de laquelle, elles étaient dispensées du mariage.

s'appliquait aussi bien au mari survivant ; aussi, n'aurions-nous pas à nous occuper de cette question, si un savant auteur, M. de Savigny (1), n'avait soutenu que dans un certain cas, la veuve échappait, même après le délai de deux ans, aux peines des lois caducaires. Si cette thèse est vraie, il y a là en faveur de la veuve un droit spécial, dont nous devons parler.

M. de Savigny cite un passage de Suétone tiré de la vie de Tibère (2), dans lequel cet historien dit que la peine de l'exil fut prononcée contre les femmes de distinction qui faisaient ouvertement métier de maquerellage, afin de se soustraire aux peines légales, et en particulier aux peines de l'adultère (3). Elles devenaient ainsi incapables de se marier avec un ingénu, et le célibat étant forcé pour elles (4), on ne pouvait les punir de ne pas s'être remariées.

Malgré l'autorité dont jouit le grand jurisconsulte allemand, nous ne saurions nous ranger à son opinion. Une pareille faveur serait tout d'abord incompréhensible; ensuite Ulpien nous dit (5) que celui qui épouse une femme *famosa*, ne peut retirer aucun profit d'une semblable union ; le mariage de cette femme ne produit aucun effet. Est-il donc possible que cette dernière soit mieux traitée, lorsqu'elle n'a rien tenté pour satisfaire aux exigences des lois Poppœa, et ne s'est pas remariée ?

---

(1) DE SAVIGNY. — Traité de droit romain, t. I, app. 7, p. 13.

(2) SUÉTONE. — Vie de Tibère, chap. 35.

(3) Les peines de l'adultère n'étaient pas applicables au cas de *lenocinium* publiquement constaté. La profession de *lena* entraînait en outre la possibilité de se livrer à l'impudicité sans qu'il y eût *stuprum*.

(4) Le mariage entre esclaves ou entre une personne libre et un esclave n'était pas reconnu à Rome ; le *contubernium* ne produisait aucun effet légal.

(5) ULPIEN. — Regulæ XVI, § II.

De Savigny invoque un autre passage de Suétone (1) duquel il résulterait que Domitien a enlevé le *jus capiendi* aux « *mulieres probosæ* » — , mais, ce passage ne prouve pas suffisamment qu'elles avaient jusqu'à Domitien, conservé ce droit. Mühlenbruch (2) l'explique en disant que cet Empereur les a déclarées incapables de recueillir toutes successions, même *ab intestat.*

II. Les impuissants pouvaient se marier, quand leur impuissance n'était que naturelle : il résulte, d'autre part, des lois Julia et Papia Poppœa qu'elles s'occupaient des impuissants, sans distinguer la cause de l'impuissance, et avaient pris leur état en considération. Les veuves impuissantes étaient donc exemptées des peines du célibat et de l'*orbitas.*

III. Enfin, même lorsqu'elle n'est pas impuissante, la veuve à partir de 50 ans n'est plus forcée de se remarier, et échappe alors aux dispositions des lois caducaires.

Telle fut, en cette matière, la condition de la veuve jusqu'aux Empereurs chrétiens. Mais, cette religion nouvelle qui considérait comme des vertus la virginité et la continence, ne pouvait frapper d'une peine le célibat et l'*orbitas* ; désormais donc les veuves *orbæ* purent recueillir les successions et les legs qui leur étaient laissés.

La Constitution qui forme au Code de Justinien la loi 1, liv. VIII, tit. LVIII, attribue aux fils de Constantin cette innovation ; mais dans la loi 8, liv. I, tit. XVI, au Code Théodosien, on la fait remonter à Constantin lui-même. (3)

---

(1) Suétone. — Vie de Domitien. chap. VIII.

(2) Mühlenbruch. — Traité de droit romain, tome 39, p. 1438, p. 268, L. 41, p. 1, dig., liv. 29, tit. 1.

(3) Godefroy. — Commentaire du code théodosien, *loco citato.*

Justinien n'apporta aucun changement dans cette matière ;
il ne fit que supprimer les *prœmia patrum* et la *caducorum
vindicatio* ; encore, est-il controversé de savoir si Théodose
le Jeune et Arcadius n'avaient pas conféré à toutes les veuves
la *caducorum vindicatio*, en donnant à chacune d'elles les
anciens privilèges du *jus liberorum*. (L. 3, C. Theod. Liv.
VIII, tit. VII.— L. VIII, T. LIV, C. Just.). — Cf. Machelard.
Traité du droit d'accroissement.

CHAPITRE IV.

Droit pour la veuve de recourir à un tribunal spécial, et de conserver le domicilium et le forum de son mari.

SECTION 1re.

Droit de recourir à un tribunal spécial.

Comme les pupilles et autres personnes *miserabiles*, les veuves ont le privilège, lorsqu'elles sont demanderesses, de pouvoir attraire leur adversaire devant un tribunal spécial.

C'est une Constitution de Constantin qui a apporté cette dérogation aux principes du droit commun.

Le tribunal compétent n'était pas dans ce cas, celui du domicile de la veuve, mais celui du prince ; on avait craint que, dans son ignorance des affaires, la veuve ne pût obtenir justice et faire triompher ses droits contre un adversaire puissant et riche, devant les tribunaux ordinaires, et on avait voulu, dit Donneau (1) se montrer clément pour les veuves,

---

(1) *Hugonis Donelli opera*, tome 4, p. 1411, note 2. Édition de Florence, 1842, — et les autorités qu'il cite.

« *Etsi puberes sint vel majores, imbecillitate sexus, et mariti, a quo defendantur, inopiâ*, dit cet auteur. » Plus loin, il ajoute : « *Consonum est Imperatori se conformare voluisse Sacris litteris, quibus viduæ et orphani principum fidei solicitæ commendantur.* »

La veuve qui vivait dans la débauche, était déchue de ce privilège ; c'était un châtiment infligé à la mauvaise conduite, et un hommage rendu aux bonnes mœurs et à la fidélité qu'une femme honnête doit garder envers son mari défunt.

Quant aux veuves riches, on discutait la question de savoir si elles pouvaient ou non invoquer le privilège dont nous parlons. Des auteurs leur refusaient ce droit ; mais la plupart des jurisconsultes faisaient remarquer que la loi est conçue dans les termes les plus généraux, et que, du reste, les veuves riches sont aussi étrangères aux affaires que les autres veuves, et non pas moins exposées qu'elles à l'envie et à l'injustice.

Il faut, du reste, observer que tout en ayant la faculté de de s'adresser au Tribunal du prince *(curia principis)* la veuve ne perdait pas le droit d'agir devant le tribunal de droit commun. Donneau soutient même que si la cause avait été portée devant le premier de ces deux tribunaux, elle pourrait être continuée devant le second, pourvu toutefois, ajoute-t-il « *ut appareat non vexandi adversarii gratiâ judicium coeptum translatum velle* ».

A l'objection que le choix fait par la femme du premier de ces tribunaux, emporte la renonciation à la faculté de s'adresser au second, cet auteur répond qu'on ne peut renoncer aux droits fondés sur l'âge ou le sexe, parce qu'ils ont été accordés pour des raisons d'ordre public.

SECTION II.

Droit de conserver le domicilium et le forum
du mari.

La veuve conserve le domicile qu'avait son mari, et, en effet, dit Faber (1) « *quomodo fieri posset, ut quæ una eademque cum maritio persona esse intelligatur, non iisdem privilegiis gauderet* ». Cette décision, ajoute ce jurisconsulte, n'est pas seulement fondée sur une raison de commisération (*miseratio*), mais aussi sur une raison juridique « *nempe mortuo quoque marito, idem nihilominus matrimonium durare intelligitur, quamdiù vidua in eodem statu manet* ».

Tout procès doit être porté devant la juridiction du défendeur, et celle-ci se trouve soit dans la ville où il réside, aux magistrats de laquelle il doit obéissance, et dans laquelle encore, si l'on veut, il subit les charges municipales, soit dans la ville où il a son domicile. Gaius dit, en effet, L. 29 *ad munera*, p. I. « *Incola et his magistratibus parere debet, apud quos incola est, et illis, apud quos civis est; nec tantum municipali juridictioni in utroque municipio subjectus est, verum etiam omnibus quibus publicis muneribus fungi debet* ».

Durant le mariage, la femme a le même *forum* que son mari, c'est-à-dire, peut s'adresser aux mêmes tribunaux ; du reste, le rôle juridique de la femme était si effacé à Rome

---

(1) ANT. FABRI. — *Jurisprudentiæ Papinianeæ scientia. Lugduni, 1658. Illatio XVII et XIX*, page 231.

que la nécessité pour elle d'agir en justice se présentait rarement.

Après la mort du mari, la situation change, et elle cesse d'avoir son protecteur naturel et son représentant légal ; cependant, par faveur pour elle, la loi lui permet de conserver le *forum* qu'avait ce dernier. La veuve, dit Savigny (1), conserve le *forum* de son mari tant qu'elle ne contracte pas, ou ne se constitue pas autrement un domicile nouveau. Le *forum* est, d'ailleurs, fixé d'après le rapports ordinaires qu'une personne entretient avec ses semblables, et d'après ses relations quotidiennes.

Il faut naturellement, fait observer Cujas, que son domicile soit situé dans la circonscription du juge qu'elle choisit, et que ce dernier soit compétent pour connaître du litige porté devant son tribunal *(Cujas. Comment.* in Tit. 1. Lib. II. Dig. *ad legem pene ultimam)* (2).

---

(1) M. F.-C. DE SAVIGNY. — Traité de droit romain, t. VIII, traduit par Guenoux, 1856. Paris, Firmin Didot.

(2) Si la veuve contracte, le *forum contractûs* est compétent pour connaître de tout ce qui se rattache à ce contrat et de ses suites.

D'autre part, on ne peut avoir deux domiciles en même temps.

CHAPITRE V.

Droit pour la veuve de jouir des privilèges et honneurs qui étaient accordés à son mari.

———

Les femmes occupent le même rang social que leur mari; elles jouissent des mêmes honneurs et sont associées à toutes leurs dignités ; ces privilèges continuent même de leur appartenir dans leur veuvage.

C'est ainsi que les épouses des sénateurs possèdent les prérogatives sénatoriales ; elles sont, dit Voet : « *dignitate maritorum suorum velut radiis coruscantes* », et ce résultat se produit même si, lors de leur mariage, elles étaient d'une condition inférieure à celle de leur mari (Nov. 105. *Cap. si autem etiam, in princ. L. 1. Code. De dignitatibus.* Liv. XII, t. I). Des auteurs ont même soutenu qu'elles pouvaient *per peritos famulos*, continuer l'exercice de la profession qui appartenait au mari de son vivant, même si cette profession était de celles qui exigent des conditions d'aptitude, et une prestation de serment. *(Ad. leg. 8 L. 1. Code. De dignitatibus).*

Les veuves ne continuaient pas de percevoir les soldes militaires ou les traitements alloués à leur défunt mari à raison de son grade ou des es fonctions. Cependant, les veuves des harangeurs et des administrateurs de bénéfices ecclésiastiques, jouissaient encore pendant une année, dite année de grâce, soit de tout, soit seulement d'une partie des émoluments qui étaient payés à leur mari (1).

Du reste, dit Vœt, ces droits et privilèges sont accordés au mari non pas tant à raison de sa dignité même, qu'à raison des bénéfices et honneurs attachés à la charge qu'il occupait ; ils se rattachent plus à l'office qu'à son titulaire.

---

(1) Il fallait qu'ils eussent été administrateurs de bénéfices ou harangueurs toute leur vie ; s'ils avaient abdiqué leurs fonctions ou en avaient été destitués, leurs veuves n'auraient pas joui de ces droits et prérogatives.

CHAPITRE VI.

Droits de la veuve sur ses enfants.

Les droits reconnus à la mère sur la personne et sur les biens de ses enfants , varient avec les différentes époques de la législation romaine. Pour l'exposition complète du sujet, on peut distinguer trois périodes principales : la première s'étend de la loi des XII Tables aux empereurs païens ; la seconde des empereurs païens aux empereurs chrétiens ; la troisième enfin, comprend le dernier état de la législation romaine.

SECTION Ire.

Première période.

Loin de pouvoir prétendre aux fonctions de tutrice, la mère tombait à la mort du mari sous la tutelle de ses propres enfants, et ne pouvait sans leur autorisation convoler à une nouvelle union (1). La tutelle était , en effet , un *officium virile*, ce qui empêchait les femmes d'y avoir accès (2) ; mais,

----

(1) GAIUS. Com. I, §§ 144-146. — JUST. Inst. liv. I, tit. XIII, § 3.
(2) L. 26, pr. Dig. XXVI, 2.

si la mère veuve était écartée de la tutelle, pouvait-elle au moins provoquer la destitution du tuteur de ses enfants, en prouvant, soit son incapacité d'administrer, soit son infidélité ? Nous ne le pensons pas : les jurisconsultes romains manifestaient une grande défiance à l'égard de la femme ; ils l'écartaient des charges publiques et la déclaraient incapable d'administrer son propre patrimoine. En outre, la procédure suivie pour parvenir à la destitution du tuteur, était très sévère et toute spéciale ; elle entrainait des peines fort graves pour le coupable, et la veuve faible et incapable ne pouvait pas vraisemblablement agir par cette voie contre un citoyen romain (1).

Il est probable que la veuve avait le droit d'éducation sur ses enfants (2). Il n'existe pas de loi qui le lui accorde ; mais aucune raison n'autorise à penser que ses fils ou son tuteur le lui aient enlevé. En général, on suivra sur ce point les indications du père s'il en a laissé ; sinon, l'éducation des enfants sera confiée à la mère sous la surveillance du magistrat. Il faut observer que la veuve, quoique en tutelle perpétuelle, à cause de son sexe, avait assez de liberté et de pouvoirs pour s'acquitter de cette mission ; le tuteur ne lui était donné, en effet, que pour certains actes, et la plupart

---

(1) L. 9. C. V. 43. — ULPIEN. T. XI. Inst. liv. I, tit. 26. — L. 14, Dig. LXVI, 3. L. 1, §8. D. XXVI, 10.—GAIUS. Com. I, §190. Sous les empereurs Sévère et Antonin, au dire de Justinien (Inst. liv. I, 25, § 3), la mère, la nourrice et l'aïeule dont l'affection pour l'enfant garantissait pleinement la sincérité et le désintéressement, purent intenter le *suspecti crimen* ou action en destitution. Un texte du Digeste (Dig. XXVI, tit. 10, l. 4, p. 5), donne expressément cette action à la mère contre le patron, tuteur légitime de son enfant affranchi, ou contre le père émancipateur tuteur de son enfant émancipé.

(2) Les textes disent, il est vrai, « *tutor personæ datur, non rei*, » mais le mot *persona* doit s'entendre de la personnalité juridique du pupille, de sa capacité d'acquérir et de posséder des droits.

des opérations juridiques ordinaires pouvaient être librement accomplies par la femme.

Le tuteur seul consentait aux mariages des filles (les fils pubères étaient absolument indépendants à ce point de vue). Cette prérogative importante était refusée à la veuve qui, en outre , ne pouvait encore nommer un tuteur testamentaire ou un substitué pupillaire à son enfant.

SECTION II.

Seconde période.

Le père ne peut, dans son testament , donner à la mère la tutelle de ses enfants. Papinien le dit expressément (1). Toutefois, si cette décision était conforme au strict Droit civil, dans la pratique, les jurisconsultes donnaient satisfaction à la volonté du *de cujus*, en reconnaissant à la mère non la qualité de tutrice, mais des droits assez étendus. Nous ne possédons , sur cette *quasi tutelle*, qu'un texte de Papinien , grâce auquel nous savons qu'à la différence d'un tuteur, la mère ne pouvait agir en justice au nom de l'enfant , lui donner *un actor litium causâ*, libérer son débiteur en recevant le paiement de la dette, aliéner les biens de son patrimoine ; mais nous ignorons complètement ce que la mère devait faire dans ces différentes hypothèses. — Il semble, d'ailleurs, résulter d'un texte que, dès l'époque classique (2), la femme aurait pu recevoir de l'empereur une capacité complète de faire tous les actes de la tutelle ; mais il est difficile de croire que ce texte unique ait été généralisé.

(1) L. 26, pr. D. XXVI, 2.

(2) L. 18, Dig. XXVI, 1.

Quoiqu'il en soit, nous sommes redevables aux jurisconsultes d'une seconde innovation qui eut pour résultat de conférer à la veuve des droits presque aussi étendus qu'au tuteur ordinaire. Cette innovation consiste dans la double concession qui lui fut successivement consentie du droit de présentation et du droit de surveillance.

A. — *Droit de présentation.*

Dans l'année du décès de son mari, la veuve doit provoquer la nomination d'un tuteur à son enfant, si les parents de celui-ci négligent de la requérir. Cette obligation a pour sanction la privation de la succession de l'enfant, auquel un tuteur n'aurait pas été nommé ; toutefois, la mère serait excusable si l'enfant avait plus de dettes que de biens ; son affection justifie alors le service qu'elle lui rend, en le soustrayant aux poursuites des créanciers. Elle peut, du reste, présenter, pour remplir les fonctions de tuteur, la personne qui lui plaît ; son choix est absolument libre ; il faut seulement que cette personne présente des garanties de moralité et de solvabilité. Le magistrat à qui elle est désignée, ordonne une enquête, et, selon les résultats auxquels elle aboutit, l'accepte ou la refuse (1).

La mère n'est nullement responsable des suites de l'administration du tuteur qu'elle a fait nommer. Elle n'est pas tenue non plus de donner un curateur à son enfant pubère. «*Puberes minores vigenti quinque annis ipse sibi curatores, si res eorum exigit, petere debent*», dit, en effet, un texte (2).

---

(1) L. 2 § 1. Dig. XXVI, 6. L. 2 § 23 à 47. Dig. XIXVIII, 17.

(2) L. 6 Code, V, 31. *Petenti autem.* — L. 1 et 2 §§ 4, 5. Dig. XXVI, 6.

B. — *Droit de surveillance.*

La mère pouvait très probablement combattre les excuses que la personne par elle choisie alléguait pour refuser la tutelle ; en tous cas, lorsque cette personne exerçait ses fonctions, elle jouait à son égard le rôle de notre subrogé-tuteur actuel. — Elle pouvait, en conséquence, contrôler son administration, et si les intérêts du pupille se trouvaient compromis par son incapacité ou son infidélité, il lui était permis de le dénoncer et de le faire remplacer.

Une question plus controversée est celle de savoir si la veuve mourante pouvait nommer un tuteur à ses enfants.

Dans l'ancien droit, il est certain qu'elle ne le pouvait pas. La puissance paternelle était uniquement réservée aux hommes et très fortement organisée d'ailleurs. Le droit de tester librement, et de donner un tuteur aux enfants, n'appartenait pas à la mère qui devait : ou laisser la gestion de leurs biens à un tuteur en qui elle n'avait nulle confiance, ou les déshériter. Un texte du Digeste (1) nous indique que les jurisconsultes avaient trouvé un moyen de parer à ce grave inconvénient, en accordant à la mère le droit de nommer un tuteur testamentaire à ses enfants, sous la seule condition de les instituer pour une partie de sa succession. « *Quasi in rem potius quam in personam tutorem dare videatur.* » La personne, ainsi désignée, ne pouvait entrer en fonctions immédiatement après la mort de la mère ; le choix qui en avait été fait devait être confirmé, en effet, par le préteur, après enquête. Cette enquête la dispensait, du reste, de donner caution.

Le texte que nous citions paraît contredit par les lois-

---

(1) L. 4. Dig. XXVI, 2. — L. 1, code VIII, 48.

2 pr. Dig. XXVI. 3, et 4, C.V, 28. La première semble dire
simplement que le tuteur nommé par la mère sera confirmé
par le décret du prêteur, et ne fournira pas caution ; elle
n'exige nullement l'institution du pupille comme condition
de sa nomination. La seconde est ainsi conçue : « *Mater
testamento filiis tutores dare non potest nisi eos heredes
instituerit. Quando autem eos heredes non instituerit,
solet ex voluntate defunctæ datus tutor a præsidibus con-
firmari.* » On invoque aussi la loi 12 Dig. XXVI 2 « qui dit
qu'on ne peut nommer un tuteur *certarum rerum vel
causarum.* »

Nous pensons cependant que la règle précitée était bien
celle qui était admise par les jurisconsultes. La loi 2 pr.
D. XXVI, 3 ne s'occupe que de l'enquête et de la caution, et
non de la question qui nous occupe ; quant à la loi 4 C. V.
28, les deux phrases qui la composent se contredisent formellement et nous pensons avec M. Accarias qu'il faut
retrancher la négation de la seconde (1). Il est certain, il est
vrai, que la décision donnée par Modestin dans la loi 4 Dig.
XXVI. 2 est contraire au principe de l'unité de la tutelle
posé par la loi 12 D. XXVI, 2, mais pour arriver à conférer
à la mère le droit de nommer un tuteur testamentaire, il
fallait enfreindre, soit les règles sur la puissance paternelle,
soit le principe dont nous parlons, principe beaucoup moins
important et qui ne pouvait plus subsister, du reste, devant
les changements incessants apportés dans la législation (2).

C. — *Autres droits accordés à la veuve.*

1° Le prêteur ou le président de la province désigne, sur

---

(1) ACCARIAS. — I, p. 227, note 2.
(2) L. 4, cod. V, 29.

la demande des parents, des alliés ou des amis du mineur, la personne qui sera chargée de son entretien et de son éducation. La mère est, tout naturellement, la première personne indiquée pour remplir ces fonctions (1), mais le magistrat reste libre de les confier à une autre : ordinairement, il nomme celle qui présente les plus grandes garanties d'intelligence et de moralité.

2° Le père seul pouvait nommer un substitué pupillaire à son fils, pour le cas où il mourrait impubère. La mère n'avait pas ce droit, mais les jurisconsultes imaginèrent un stratagème grâce auquel elle pouvait arriver à peu près au même résultat. Il lui suffisait d'instituer l'enfant à qui elle voulait donner un substitué pupillaire sous la condition « *quum pubes erit* », et d'ajouter « *Si heres non erit, Titius* (la personne qu'elle veut lui substituer) *heres esto* » ; mais remarquons que la femme ne pouvait, de cette façon, instituer un étranger, sans instituer en même temps son fils, et que cet étranger substitué se trouvait être l'héritier non de l'enfant, mais de sa mère.

3° Longtemps, l'adoption fut interdite à la veuve, car elle était un des modes de faire naître la puissance paternelle, à laquelle les femmes ne pouvaient prétendre.

Cependant le mouvement qui se faisait en leur faveur et qui avait abouti à la concession des différents droits que nous avons constatés, reçut sa consécration définitive dans une décision des empereurs Dioclétien et Maximien qui lui permirent l'adoption (2). Déjà, d'ailleurs, cette institution avait changé de caractère, et l'application des règles rigoureuses

---

(1) Empereur Alexandre, en 224. — L. *unic*, cod. V, 63. La mère n'a pas la puissance paternelle, telle qu'elle est organisée par le droit civil.

(2) L. 5, code VIII, 48.

du droit civil avait été écartée, pour faire place à une théorie plus équitable, et plus favorable à l'adopté.

L'adoption pouvait dans ces conditions être permise à la femme, car elle était privée de ses effets les plus importants. Du reste, les empereurs Dioclétien et Maximien ne l'autorisèrent que par la voie du *rescrit impérial* (1). Il ne se formait entre l'adoptant et l'adopté qu'une *parenté purement personnelle* dont tous les effets se réduisaient aux trois suivants :

1° Droit pour l'adopté à la succession de la femme ;

2° Droit d'intenter la *querela inofficiosi testamenti*, s'il était exclu injustement de cette succession ;

3° Prohibitions de mariage.

Enfin, la femme ne pouvait recourir à l'adoption que dans le cas où elle n'avait aucun enfant du sang (2).

SECTION III.

Troisième période.

« L'amélioration dans la position de la mère, la juste place qu'elle occupe dans la législation (romaine), dit M. Laboulaye (3), elle la doit évidemment aux influences chrétiennes. Ce n'est pas par un adoucissement insensible que les lois romaines sont arrivées là ; leurs principes n'enserraient pas de pareilles conséquences. Ce fut par un renversement de la législation que les idées chrétiennes se firent jour, et assu-

---

(1) Inst., liv. I, XI, § 10.

(2) Inst., liv. I, XI, § 10.

(3) LABOULAYE. — Recherches sur la condition civile et politique des femmes, liv. I, section II, ch. VII.

rèrent à la mère une juste prépondérance. Cette révolution
légale qui date de Constantin, fut la consécration de la
grande révolution sociale qui avait commencé trois siècles
plus tôt. »

Cette idée du savant jurisconsulte servira à éclairer l'étude
des différentes réformes accomplies pendant cette période,
et à en expliquer la portée et l'étendue.

Tutelle. — 1° Par une constitution en date de l'an 390, les
empereurs Valentinien, Théodose et Arcadius conférèrent à
la veuve majeure de 25 ans, le droit d'être tutrice de ses
enfants sous des conditions potestatives de sa volonté. Dans
le cas où il n'existerait pas de tuteur testamentaire capable
et non excusé, elle pourra donc exercer les fonctions de la
tutelle, si elle le désire. Elle devra, toutefois, promettre
avec serment de ne pas se remarier. La violation de cette
promesse l'exclut de la succession de ses enfants, et lui fait
encourir des peines très graves ; mais on ne la considérait
pas comme l'ayant violée, si elle avait avant son mariage,
rendu ses comptes de tutelle, et provoqué la nomination d'un
nouveau tuteur. (L. 2. Code V. 35).

2° Justinien dispensa la veuve de la prestation de serment ;
il suffit désormais que la mère, pour être tutrice, renonçât au
remariage et au Sénatus Consulte Velléien. (Nov. 118-Ch. V.
L. 2. Cod. V. 35.) Si elle n'était pas majeure, on lui adjoin-
gnait un curateur ; et elle perdait de plein droit la tutelle par
son convol à une nouvelle union. Les deux sanctions préci-
tées sont abrogées.

Droit au respect. — « A mesure que le pouvoir paternel
décline, dit M. Gide, l'autorité de la mère grandit, et l'on voit
les deux puissances tendre au même niveau par des mouve-
ments contraires. Ainsi la puissance est attribuée par la loi
chrétienne à la mère aussi bien qu'au père : l'un et l'autre

ont un droit égal au respect et à l'obéissance de leurs enfants. » L'obligation au respect reçut plusieurs sanctions. Les enfants ne purent demander l'application du S. C. Claudien contre leur mère coupable de relations avec un de leurs esclaves ; et ils durent porter pendant une année le deuil de leur mère décédée (1).

Adoption. — Généralisant la décision de l'empereur Dioclétien, Justinien permit l'adoption à toutes les femmes qui avaient perdu leurs enfants ; et il les dispensa de recourir à un rescrit du prince.

L'empereur Léon supprima les dernières restrictions et autorisa toutes les femmes sans exception à user du bénéfice de l'adoption (Nov. Léon XXVII).

Consentement au mariage des enfants. — Pendant longtemps, toute influence fut refusée à la veuve en cette matière.

Une constitution des empereurs Sévère et Antonin (L. 1. Cod. V. 4) décida que la fille n'aurait pas, après la mort de son père, le droit de disposer librement de sa main, et organisa un tribunal domestique composé de la mère, du tuteur et de ses proches parents pour donner le consentement nécessaire. Le président de la province intervient en cas de contestation, et tire au sort entre les prétendants s'il y a lieu. — Ces règles ne subsistèrent pas longtemps, car les mêmes empereurs qui les avaient établies, consacrent la liberté absolue des filles *sui juris.*

Plus tard, vers l'année 375, les empereurs Valens, Valen-

---

(1) Paul. Sent. I, 21, §§ 13, 14. — Papinien. l. 25. Dig., III, 2. — Ulpien. — l. 23, ibid. — Paul, sent. II, §§ 16, 21.

tinien et Gratien exigèrent de la fille qu'elle prît au moins l'avis de ses proches parents, et en particulier de sa mère.

Les prérogatives que la veuve possédait en cette matière ne furent jamais étendues ; les fils de famille avaient toujours joui du droit de se marier librement, après la mort de leur père.

DEUXIÈME PARTIE.

OBLIGATIONS DE LA VEUVE.

La veuve, à raison de son sexe, était soumise à des règles particulières, et à certaines obligations d'une nature spéciale.

Ces règles ont trait :

1° Au délai pendant lequel il lui est interdit de se remarier ;

2° Aux mesures à prendre à la mort du mari, dans l'intérêt de l'enfant dont elle peut être enceinte.

§ Ier. — *Délai pendant lequel elle ne peut se remarier.*

La veuve qui convolait à une nouvelle union, avant l'expiration du délai d'un an depuis la mort du mari, était notée d'infamie, et privée des libéralités que ce dernier avait pu lui laisser (1) ; elle était, en outre, incapable de profiter pour

---

(1) L. II, p. 1. *De his qui not. infâmiâ.* Dig. liv. III, t. II, sauf si elle ne faisait qu'obéir à l'ordre de son père.

l'avenir, de toute disposition qui pouvait être faite en sa faveur, et de recueillir certaines successions.

Le délai d'un an ou *tempus luctûs*, comme l'appellent les jurisconsultes, ne comprenait que dix mois pleins, car l'année dont il s'agit est celle de Romulus, et il ne faut pas s'occuper des changements apportés plus tard par Numa. On connaît ces vers d'Ovide :

> .... *Romulus anno*
> *Constituit menses quinque bis esse suo ;*
> *Per totidem menses a funere conjugis uxor*
> *Sustinet in viduâ tristia signa domo.* — Fastor. I.

Les empereurs Gratien, Valentinien et Théodose portèrent à douze mois le *tempus luctûs* (1).

Le motif de cette prohibition du mariage pendant un certain délai, était d'éviter une confusion de part. Il peut y avoir incertitude, en effet, sur la filiation de l'enfant né après le remariage de la mère, s'il ne s'est pas écoulé un trop long espace de temps depuis la mort du premier mari.

Cependant, on accordait dans plusieurs cas, à la veuve, la dispense du *tempus luctûs* ; c'est ce qui avait lieu quand le mari défunt était *hostis, perduellionis damnatus, suspendiosus*, ou quand : *manus sibi intulerat non tœdio vitæ sed malâ conscientiâ.* »

Le sénat avait également coutume de diminuer parfois le *tempus luctûs* pour des causes déterminées : c'est ainsi qu'après le désastre de Cannes, il décréta que ce *tempus* serait limité à trente jours (2).

Enfin, il y avait encore d'autres hypothèses dans lesquelles il était réduit : par exemple lorsque la veuve *lustrum*

---

(1) L. 2. Code *de secundis nuptiis.* Liv. V, tit. 9. — L. 15. Code *ex quibus caus. inf.* Liv. II, tit. 12.

(2) Val. Max. L. I, cap. I, n° 14. *Festus* v° *Grœca sacra.*

condebatur, ou *votum publice solvebatur,* dans le cas
d'*œdis dedicatio,* de la naissance de l'enfant, etc. ; mais il
faut bien remarquer avec Gordien que dans ces différentes
espèces, la diminution du délai permettait seulement de
quitter les habits de deuil avant l'expiration d'une année ;
elle ne donnait nullement à la veuve la faculté de se remarier, sauf dans le cas de naissance de l'enfant. La crainte
d'une confusion de part (*perturbatio sanguinis, incertitudo
seminis*) subsistait en effet toute entière dans chacun des
autres cas.

§ II. — *Mesures à prendre à la mort du mari dans l'intérêt de l'enfant dont la femme peut être enceinte* (1).

Si la femme se trouve enceinte lors du décès de son mari,
la loi prescrit des mesures tracassières et brutales, qui
montrent toute la défiance dont elle est empreinte à son
égard. Comme la veuve a intérêt, en effet, à se faire envoyer
en possession des biens composant la succession de son
mari dont l'enfant à naître serait héritier, on peut redouter
une supposition de part : à l'inverse, si la veuve est donataire
de son mari, elle peut avoir intérêt à faire disparaître l'enfant dont elle serait enceinte, car sa présence diminuerait
ses droits.

En conséquence, elle doit, lorsqu'elle se prétend enceinte,
dénoncer sa grossesse aux personnes intéressées, dans le
mois du décès de son mari. Les personnes intéressées sont :
soit les héritiers que ce dernier a institués par son testament,
soit ceux qui lui succéderaient à défaut du posthume.

La dénonciation qui est faite à ces héritiers, doit être renou-

---

(1) Ces mesures sont déterminées par l'édit du préteur, et non par le
S. C. Plancien.

velée dans le mois. Ils ont le droit, lorsqu'ils craignent une supposition de part, d'envoyer cinq sage-femmes (*obstetrices*) pour vérifier l'état de la veuve : celles-ci décident à la majorité si elle est ou non enceinte. A l'époque de l'accouchement, la veuve se retire dans la maison d'une femme honnête, que désigne le prêteur trente jours avant l'époque présumée de ses couches. Elle fait alors une troisième dénonciation aux personnes intéressées ; ces dernières peuvent lui envoyer des gardiens (trois hommes et trois femmes), avec deux « *comites* », qui se tiennent à la porte de la chambre. Les gardiens ont la faculté de suivre la veuve partout où elle se rendra, même au bain, et de fouiller, s'ils le désirent, toutes les personnes qu'elle recevra. Lorsque les premières douleurs de l'enfantement se feront ressentir, il sera fait une nouvelle dénonciation pour avoir de nouveaux gardiens présents à l'accouchement. On n'enverra que des femmes libres au nombre de cinq. Toutes les femmes qui seront dans l'intérieur de la chambre, seront visitées ne « *qua prœgnans sit* », et celle qui « *partum alienum attulerit,* » sera punie du dernier supplice. Enfin, il n'y aura pas moins de trois lumières dans la chambre, car *tenebrœ ad subjiciendum aptiores sunt.* (L. 1 Dig. XXV, t. IV. — Paul. Sentences II. XXIV, § 7-8-9.)

Une sanction sévère assure l'observation de toutes ces formalités. L'enfant que la veuve mettrait au monde sans les avoir remplies, serait déclaré bâtard ; on refuserait, en outre, à sa mère, la *bonorum possessio* des biens du mari défunt. Toutefois, il en serait autrement, si le prêteur voyait que c'est par ignorance et non par mauvais dessein, qu'elle ne s'est pas fait visiter et garder, et on lui accorderait la *bonorum possessio* (1).

---

(1) L. 1. Dig. XXVII, 9. — L. 1. Dig. liv. XXXIV, t. 9.

Cette *bonorum possessio* n'est accordée à la mère, que si sa grossesse est évidente, ou tout au moins incertaine ; il faut, de plus, que l'enfant conçu, à le supposer né, soit admis à succéder à son père ; ainsi, s'il a été exhérédé, il n'y a pas lieu de l'accorder. Si le père a institué un héritier sous condition, et que celle-ci ne se soit pas encore réalisée, la mère obtient la *bonorum possessio*, car, dans le doute, il est plus convenable dit Ulpien, que l'enfant soit nourri, d'autant plus qu'il peut devenir un jour le maître des biens de l'hérédité.

La veuve, envoyée en possession, reçoit un curateur aux biens composant la succession du mari. Le curateur est, en tous cas, nommé par le préteur, sur la demande de la femme, lors de l'envoi en possession ; et, s'il arrivait qu'il n'y en eût pas, les créanciers deviendraient eux-mêmes gardiens des effets de la succession. Ils feraient la description détaillée des effets de cette succession, et assigneraient à la mère ce dont elle a besoin.

Le curateur doit être solvable ; les créanciers et tous les intéressés, peuvent veiller à ce qu'il remplisse cette condition. Les textes l'appellent curateur au ventre, parce que, dit Pothier, les Romains, d'après la doctrine stoïcienne, regardaient l'enfant conçu comme « *pars viscerum matris.* »

Sur les biens qui composent le patrimoine du mari défunt, le curateur fournit les choses nécessaires à l'existence de la femme et de l'enfant, ce qui comprend la nourriture, les vêtements et l'habitation, le tout suivant les facultés et la condition du défunt. Il n'y a pas lieu d'examiner si la femme a une dot ou n'en a pas, car les aliments sont dus non à elle, mais à son enfant. Le curateur est encore chargé d'administrer et de conserver les biens jusqu'à l'accouchement, et de prévenir la suppression de part, en s'assurant si l'enfant naît vivant et viable. Aussitôt né, ce dernier est présenté aux intéressés deux fois par mois, depuis sa naissance jusqu'à l'âge de trois mois ; une seule fois, depuis l'âge de trois mois jusqu'à celui de six mois ; une fois tous les deux mois, jusqu'à ce que l'enfant ait un an ; enfin, une fois tous les six mois jusqu'à ce qu'il commence à parler.

Il est élevé par la personne que le père a désignée, sinon le préteur détermine par qui il le sera, et ce soin est souvent confié à sa mère.

Cette dernière conserve la possession des biens jusqu'à l'accouchement, ou l'avortement, et, si elle n'est pas enceinte, jusqu'à ce qu'on en ait acquis la certitude ; elle la perd aussi, quand l'enfant cesse de pouvoir prétendre à l'hérédité de son père, ce qui arrive, par exemple, si un héritier a été institué sous une condition positive, et que celle-ci vient à se réaliser.

Si la femme s'est déclarée enceinte, sachant quelle ne l'était nullement, il y a fraude, *calumnia*, disent les jurisconsultes. Tout intéressé peut exercer l'action en réparation du préjudice, et cette action a une durée de trente ans, car elle a le caractère d'une revendication pour les biens dont la femme a été mise en possession ; toutefois, elle ne serait qu'annale, en tant qu'elle tendrait à faire obtenir la valeur des aliments pris sur ces biens. Elle se présente, dans ce cas, comme une action pénale, dit la loi 2. Dig. XXV T. IV. Pothier (1), fait observer en note que le mot pénal doit s'entendre « *eo sensu quod mulier in pœnam suœ calumniœ, huic actioni sit obnoxia* ». D'ailleurs, dit-il, elle n'est pas proprement pénale, car « *non pœnam, sed, id duntaxat quod interest, persequitur* ».

---

(1) POTHIER. *Commentarium ad Pandectas.* Liv. II, page 163, note 2.

BIBLIOGRAPHIE DE L'ANCIEN DROIT FRANÇAIS.

Cœsar. — De Bello Gallico, livre VI, chap. 39, 5. Livre III, chap. I, VIII, IX.

Tacite. — De Moribus Germanorum, chap. XVII, XVIII, XIX.

Juvénal. — Satire V.

Heineccius. — Elementa juris germanici, t. IV, p. 263 et suiv.

Decreta Buchardi. — Liv. XIX, chap. V.

Sex salica emendata. — Liv. IV, chap. 75.

Formules de Marculfe. — App. nº 52, chap. VII, 179.

Établissements de Saint-Louis. — Liv. I, ch. XV, XVIII, CXXXIII, XIII.

Boutheiller. — Somme rurale, tit. 98.

Jean Desmares. — Décisions, 216, 217, 283.

Très ancienne coutume de Bretagne. — Édition Richebourg, chap. XXXI à XXXIII.

Grand coutumier de France. — Liv. II, chap. XXXII.

Grand coutumier de Normandie. — Ch. XI et CI.

Pasquier. Et. — Recherches, p. 398.

Coquille. — Commentaire de la coutume de Nivernais, p. 9, 64.

Loisel. — Institutes coutumières, liv. I, tit. II et Tit. III.

Beaumanoir. — Coutume de Beauvoisis, ch. XIII, sur les douaires.

Assises de Jérusalem. — Cour des bourgeois, ch. CLXXXVI. — Livre de la Haute-Cour, passim.

Renusson. — Traité du douaire, ch. XII, n°s 7 et suiv. 18.

Dunod. — De la prescription, VIe partie, ch. 3.

Lebrun. — Traité de la communauté, liv. III, chap. I, ch. II, n° 12.

Lebrun. — Traité des successions, liv. I, ch. VII.

Boucher d'Argis. — Traité de la dot, p. 26 à 31.

Roussilhe. — Traité de la dot, p. 419, 434, 447, 448.

Bretonnier. — Questions alphabétiques. V^{is} bagues, joyaux et coffre.

Pothier. — Traité de la communauté, t. I, ch. V.
— Traité du douaire, 1re partie, n° 2.
— Introduction à la coutume d'Orléans, tit. XVII, n° 35.

Guyot. — Répertoire alphabétique de jurisprudence. V^{is} douaire, bail, garde noble, tutelle.

Laferrière. — Histoire du droit civil de Rome et des institutions de l'ancienne France, t. II, p. 78 et 84, t. III, p. 158, t. VI, p. 638 et suiv.

Pardessus. — Loi salique. *Paris*, 1843, passim.

Troplong. — Essai sur l'histoire de France au moyen-âge, t. I, ch. II.

Boissonnade. — Histoire des droits de l'époux survivant. *Paris*, 1874, passim.

LABOULAYE. — Recherche sur la condition civile des femmes, passim.

HUMBERT. — Du régime nuptial des Gaulois, p. 26.

PAUL VIOLLET. — Précis de l'histoire du droit français, fasc. II. *Paris*, 1886, passim.

DE ROZIÈRE. — Recueil général des formules usitées dans l'empire des Francs du Vᵉ au Xᵉ siècle. Formules 240 et suiv., 253 et suiv.

KŒNIGSWARTER. — Études historiques sur le droit civil français (fiançailles, mariage, régime entre époux). Revue critique de législation et de jurisprudence, t. 17, année 1843.

KŒNIGSWARTER. — Études historiques sur les développements de la société humaine. Revue critique de législation et de jurisprudence, t. 34.

TOULOTTE. — Lois du moyen-âge, t. 1, p. 130 et suiv.

D'OLIVECRONA. — Étude sur le régime nuptial des anciens Germains. Revue historique, t. II, p. 265 et suiv., année 1865.

GINOULHIAC. — Traité de la dot, passim.

DU CANGE. — Glossarium mediæ et infimæ latinitatis. Vⁱˢ wittemon, solidus.

FERD. WALTER. — Corpus juris germanici antiqui. *Berolini*, 1824, l. c.

DAVOUD-OGHLOU. — Histoire de la législation des anciens Germains, t. 1, p. 304, 455.

GANS. — Das Erbrecht, t. IV, p. 55-56.

PERTZ. — Monumenta Germaniæ historiæ, t. IV, p. 3 et 10.

SCHLEGEL. — Om Morgangavens Oprindelse, t. II, p. 189-190.

SCHLYTER. — Juridiska Afhlandlinger, t. 1, p. 201.

WARNKÖNIG. — Französische Staats und Rechtsgeschichte. *Bâle*, 1848, t. II, p. 234, 254 et suiv.

GRIMM. — Antiquitates juris Germanici, p. 556.

EICHHORN. — Instituta juris privati Germanici, § 336.

— Deutsche Staats und Rechtsgeschichte, t. I, p. 63.

MITTERMAIER. — Grundsatze des Deutschen Privatrechts, t. II, § 384 et 385.

GRAGAS. — Traduction de Schlegel, section VI. De fœdere conjugali.

GAUTHIER. — Histoire du droit français, p. 108-226.

GUÉTAT. — Précis de l'histoire du droit français, p. 159 et suiv.

GIDE. — Étude sur la condition privée de la femme. Esmein. *Paris*, 1885, passim.

St-Grégoire de Tours. — Œuvres, liv. IX, § 28-57.

VARIN. — Archéologie législative de Reims, t. I.

RIMASSON. — Essai historique sur la législation du douaire dans le droit germanique. Revue de législation ancienne et moderne, année 1870-1871.

TROPLONG. — Traité du contrat de mariage. Préface, passim.

MERLIN. — Répertoire alphabétique de jurisprudence. V[is] douaire, acquêts, quarte du conjoint pauvre.

KLIMRATH. — Travaux sur l'histoire du droit français. *Paris*, 1843, t. I, p. 373-374.

ODIER. — Traité du contrat de mariage, t. I, p. 3.

HOUARD. — Dictionnaire du droit normand, v° communauté.

LITTLETON. — Collection des anciennes lois des Français, de Houard, passim.

SAVIGNY. — Histoire du droit romain au moyen-âge, t. I, p. 53, cap. 9, ch. V, VI, ch. VII à XV.

GUILLOUARD. — Traité du contrat de mariage, t. I, p. 21, 22.

D'ARBOIS DE JUBAINVILLE. — Recherches sur la minorité et ses effets dans le droit féodal français. Bibliothèque de l'école des chartes, 3ᵉ série, t. II, p. 417.

DEMANGEAT. — Étude historique sur l'ancien droit de bail ou de garde. Revue Fœlix, année 1845, t. II, p. 655 à 681.

DE SALVANDY. — Essai sur l'histoire et la législation des gains de survie entre époux, passim.

ANCIEN DROIT FRANÇAIS.

PREMIÈRE PARTIE.

DROITS DE LA VEUVE.

Les règles de notre Code civil ne sont pas sorties tout d'un jet du cerveau d'un jurisconsulte puissant, comme autrefois Minerve sortit toute armée du cerveau de Jupiter. C'est qu'il ne suffit pas, en effet, pour régir une nation, d'édicter des lois sages et conformes à la raison ; il faut encore que ces lois aient leur principe et leur base dans le passé de cette nation, et qu'elles conservent l'empreinte de ses habitudes sociales, de ses mœurs, de ses institutions. Un législateur qui répudierait l'héritage des siècles passés, n'arriverait qu'à l'utopie ; il tracerait des règles pour une société idéale mais non pour celle qu'il a à diriger.

Le droit français actuel a beaucoup puisé à la source des siècles précédents. Pour aboutir à la forme définitive qu'il possède aujourd'hui, il a subi mille modifications ; il s'est constitué insensiblement avec les alluvions que lui ont sucsessivement apportées le droit romain, le droit germanique, le droit de nos coutumes et celui de nos ordonnances, de sorte que, pour le bien connaître, il faut étudier ces législations diverses dont il est le fils légitime, ayant conservé jusque dans sa physionomie elle-même, une profonde ressemblance avec ses ancêtres.

C'est pour nous conformer à cette idée que nous allons examiner quels étaient dans notre ancienne France les droits et prérogatives accordés à la veuve, avant d'aborder l'étude de ses obligations. Afin de jeter un peu d'ordre dans cette matière qui est encore entourée de bien des ténèbres, nous distinguerons quatre périodes :

1° La période germanique ;
2°   —   féodale ;
3°   —   monarchique et coutumière.

Nous subdiviserons l'étude de ces dernières périodes en deux parties :

(a) Législation des pays de coutumes ;
(b)   —   droit écrit.
4° La période révolutionnaire ou intermédiaire.

En outre, avant d'aborder cette matière, nous allons, dans un court appendice, dire quelques mots d'une législation à laquelle quelques auteurs prétendent que la nôtre est redevable de beaucoup de règles et d'usages ; je veux dire, la législation de l'époque celtique ou gallique.

PRÉLIMINAIRES.

LÉGISLATION DE L'ÉPOQUE CELTIQUE.

La science moderne possède très peu de documents sur les lois et coutumes des anciens Gaulois. Spécialement, dans la matière qui nous occupe, il n'existe guère qu'un seul texte tiré des Commentaires de César (1) ; et ce texte cite un modèle de convention matrimoniale dans lequel de savants auteurs ont cru trouver l'origine de notre communauté de biens entre époux. (2) Nous parlerons, du reste, plus loin de cette intéressante question sur laquelle nous n'avons pour tout document que dix lignes d'un historien romain ; disons, cependant, dès maintenant, que nous pensons avec MM. Boissonnade, Humbert et Tardiff (3) que ce texte accorde un simple gain de survie à l'époux survivant.

Des jurisconsultes érudits et de savants historiens ont fait de nombreuses recherches pour essayer de reconstituer la législation celtique dans ses traits essentiels, persuadés

---

(1) Cæsar. *De Bello gallico*, IV, 39.

(2). La Thaumassière, Grosley, Laferrière (histoire du droit français). Pardessus. Troplong. Essai sur l'histoire du droit français au moyen-âge, t. I, ch. II.

(3) Boissonnade. Histoire des droits de l'époux survivant, p. 119.

qu'elle avait laissé de profondes racines dans notre sol juridique du moyen-âge. — Leur argument principal est basé sur cette observation, que les Germains n'ont édicté aucune loi, et n'ont laissé aucune trace de leurs coutumes dans la partie occidentale de la Gaule. L'Armorique a conservé, disent-ils, son indépendance et ses usages particuliers, tout empreints de l'esprit du vieux droit Gaulois. Or, ces usages sont contenus dans deux ouvrages dont l'un est la Très Ancienne coutume de Bretagne, et l'autre un Traité des anciennes lois et coutumes du pays de Galles, rédigées par Howel le Bon au X⁰ siècle environ. (1)

D'autres savants qui se sont voués aux mêmes travaux et à de laborieuses recherches, (2) sont arrivés à une conclusion opposée. Ils ont prouvé et péremptoirement, je pense, que dans le droit armoricain, tel qu'il résulte des documents précités, il y a des traces très visibles de principes empruntés aux coutumes germaines, et que, par suite, à l'époque où ces documents ont été rédigés, les lois et coutumes des tribus victorieuses avaient pénétré jusque dans ce pays, et même pris place dans la législation.

On ne peut, du reste, savoir d'une façon précise, si, parmi les usages et les lois diverses de la Bretagne, les uns n'ont pas été empruntés aux Germains, tandis que les autres ne seraient que des épaves du vieux monument juridique de l'Armorique ; peut-être même la plupart sont-ils venus des coutumes germaniques, et c'est ce qui semblerait résulter du portrait que César trace de nos ancêtres. (3) La race gauloise se caracté-

---

(1) Howel-le-Bon régnait en 940 en Cambrie. Le texte de ses lois a été recueilli, traduit en latin et publié par Wotton en 1730, sous le titre *Leges Wallicœ.*

(2) Pardessus, Kimrath, Kœnigswarter, Benech, Giraud, Savigny.

(3) Cœsar. *De Bello Gallico,* liv. III, 1, liv. III, 8, 19, l. IV, 5.

risait, dit-il, par la mobilité d'esprit, la légèreté et la vanité ;
elle aimait les idées nouvelles , accueillait favorablement les
étrangers près desquels elle pouvait satisfaire ses instincts
de curiosité, et se pliait facilement au joug du vainqueur. Il
est donc fort probable qu'elle n'a guère conservé ses
anciennes institutions et ses anciens usages, et l'histoire nous
a , du reste , laissé une foule de faits qui, de l'aveu même
des partisans du système que nous combattons, ont dû favo-
riser la disparition des dernières traces de ces institutions et
de ces usages.

Sous Claude, le druidisme disparut définitivement. Plus
tard, l'accès du Sénat et de la magistrature fut ouvert aux
familles puissantes de la Gaule ; les proconsuls et les *præ-
sides provinciarum* publièrent dans toutes les provinces du
territoire nouvellement conquis, leurs édits, ensemble de
préceptes et de règles juridiques romaines destinés à régir
les rapports entre les citoyens. Enfin les constitutions impé-
riales s'appliquèrent à la Gaule, et Antonin Caracalla étendit
le droit de cité à tous les habitants de l'Empire. La langue, la
littérature et même la législation de Rome , furent publiquement enseignées dans les écoles de la Gaule. Il semble bien
résulter de tout ceci que le droit civil et le droit prétorien
étaient appliqués dans la Gaule comme ils l'étaient à Rome
même (1).

Tout au plus peut-on soutenir que les Celtes ou Gaulois
avaient conservé la coutume spéciale dont nous parle César,
et dont nous devons maintenant nous occuper. Voici le texte
de l'historien romain (*De bello Gallico,* VI, 9) : *Viri quantas pecunias ab uxoribus dotis nomine acceperunt, tantas*

---

(1) De là le nom de *Gallia togata* donné à la partie méridionale de la
Gaule.

ex suis bonis, œstimatione factâ, cum dotibus communicant. Hujus omnis pecuniæ conjunctim ratio habetur, fructusque servantur. Uter eorum vitâ superârit, ad eum pars utriusque cum fructibus superiorum temporum pervenit. » Ce texte, on le voit, paraît constater non une convention particulière, mais un fait général consacré par la loi ou l'usage. Nous savons déjà que plusieurs opinions se sont produites pour son interprétation, et nous avons indiqué, par avance, celle que nous adoptons.

1° Les uns ont prétendu trouver dans l'usage constaté par César l'origine de la communauté de biens entre époux (1). — M. Pardessus (2) leur répond de la manière suivante : « Il n'y a pas de communauté, car le mari ne peut disposer librement des apports ni des fruits qui sont les uns et les autres mis en réserve, quand, dans la communauté, le mari a le droit d'aliéner les biens communs, et aussi les revenus destinés même à subvenir aux dépenses journalières du ménage. »

« Il n'y a pas de communauté, car la veuve Gauloise n'a de droits sur les biens du mari qu'autant qu'elle a elle-même fait un apport et dans la proportion de cet apport.......... » «Enfin, il n'y a pas de communauté, car ce qui devient commun chez les Gaulois, ce sont seulement les apports égaux des deux époux et les fruits en provenant, car, de plus, à la dissolution du mariage, tout passe au survivant, les deux apports et les fruits du temps écoulé, quand la communauté comprend et les apports et les conquêts, et qu'à la dissolu-

---

(1) Pasquier. Recherches, p. 398. — Lebrun, communauté, ch. 1. — Heineccius. *Elementa juris germanici*, t. 4, p. 263.

(2) Loi salique. Dissertation V^e, p. 675.

tion tout ce qui la constitue. se partage également entre le survivant et les héritiers du prédécédé. »

M. Pardessus expose ensuite son opinion d'après laquelle se trouve, dans la coutume gauloise citée par César, l'origine non pas de notre communauté légale actuelle, mais d'une convention de communauté réduite aux acquêts, avec attribution de toute la communauté au survivant, à l'exclusion des héritiers de l'époux prédécédé.

Ce système encourt deux graves reproches : 1° Il est d'abord inconciliable avec le texte de César qui parle non d'acquêts mais d'apports ;

2° En outre, la convention prévue par ce texte n'est nullement semblable à notre communauté réduite aux acquêts, avec attribution de la totalité au survivant ; il faut toujours, en effet, déduire l'apport de l'époux prédécédé, qui retourne à ses héritiers, tandis que César attribue même cet apport au survivant.

MM. Laferrière (1) et Laboulaye ne voient dans l'institution décrite par César qu'un gain de survie réciproque entre époux, avec indisponibilité des apports et des fruits. — Ils tirent argument des dispositions que renferment les lois bretonnes et gauloises sur la constitution de la famille dont le principe fondamental est l'affectation du patrimoine à tous ses membres ; le régime matrimonial des Gaulois, en particulier, est en complète harmonie avec ces règles. — Mais nous avons déjà fait observer que ces lois ne sont pas pures d'éléments étrangers et ont, du reste, subi des altérations profondes.

Pour nous, l'institution dont nous parle l'historien des

---

(1) LAFERRIÈRE. Hist. du droit français, t. II, p. 78 et 84.

Gaules est bien un gain de survie (1). Voici comment nous entendons ce texte :

Les expressions « *quantas pecunias ....tantas ex suis bonis, œstimatione factâ* » signifient que l'estimation ne servait pas seulement à fixer la valeur des apports, mais rendait le mari propriétaire de l'apport de sa femme, l'estimation valant vente d'après les lois romaines. César emploie, en outre, l'expression « *dotis causâ* » et dans le régime matrimonial en vigueur à Rome à cette époque, le mari était propriétaire de la dot. L'époux survivant n'avait plus qu'un droit de créance, aussi fallait-il déterminer l'objet de ce droit : « *Hujus omnis pecuniæ statim ratio habetur.* » Les fruits étaient reservés propres « *fructus servantur* », à l'instar du capital, et devaient être restitués. Il acquérait les bénéfices et les gains provenant de l'emploi et de l'exploitation de ce capital, formé de la masse des apports et des fruits, et profitait, en outre, de l'intérêt des fruits s'ils n'étaient pas employés.

Cette explication du texte fait disparaître la théorie de l'indisponibilité des apports, acquêts et fruits, soutenue par de nombreux auteurs. (Troplong, *Préface du Contrat de mariage*), et qui serait véritablement singulière chez un peuple qu'on nous présente comme très actif, et parvenu à l'opulence par suite du développement de son agriculture et de son industrie (César, *De Bello Gallico.* VII, 22), outre qu'elle ne peut se concilier avec la nécessité de faire face aux besoins du ménage.

En résumé, l'institution gauloise dont il s'agit n'était que la stipulation d'une dot, restreinte à la jouissance des fruits d'un capital, avec gain de survie réciproque.

Le droit romain finit, croyons-nous, par être appliqué

---

(1) HUMBERT. Du régime nuptial des Gaulois, p. 26.

dans les Gaules comme dans toute autre province de l'Empire,
et s'il fallait, à l'appui de ce fait, ajouter encore une preuve
à celles que nous avons précédemment données, nous rap-
pellerions qu'après l'invasion germanique, les barbares, une
fois victorieux, compilèrent les Commentaires de Gaius, les
Règles d'Ulpien, les Sentences de Paul, les Codes Grégorien,
Hermogénien et Théodosien, pour en faire un Recueil de
lois applicables aux peuples de la Gaule.

La veuve jouissait donc, en réalité, dans ce pays, des
divers droits que lui reconnaissait la législation romaine, et
dont nous avons parlé dans la première partie de notre
thèse.

CHAPITRE Ier.

Période Franque ou Germanique.

Quelle que soit l'analogie spécieuse que présentent à douze siècles de distance, deux peuples au début de la civilisation, il ne faut pas s'attendre à retrouver parmi les Germains, la famille romaine : « nous entrons maintenant dans un monde nouveau », nous dit M. Laboulaye dans son ouvrage sur la condition civile et politique des femmes.

Au premier aspect, on porterait un jugement tout-à-fait inverse : nous voyons, en effet, que chez les Germains comme dans l'ancienne Rome, la femme restait toute sa vie sous la puissance d'autrui, (celle du père ou du plus proche parent mâle jusqu'à son mariage ; celle du mari pendant son mariage, enfin, celle de ses fils majeurs, ou des parents mâles de la famille du mari, à la mort de ce dernier). Cependant, l'analogie n'existe qu'à la surface : la famille germanique est basée sur la communauté d'origine, sur la naissance et les liens du sang , tandis que la famille romaine a pour principe et pour fondement l'autorité paternelle, qu'il importe re rendre fôrte et puissante dans l'intérêt même de l'Etat. Le père a, d'un côté, un pouvoir de protection limité par l'intérêt de la personne qui y est soumise, et de l'autre un pouvoir arbitraire, qui ne reçut pendant longtemps aucune limitation légale. « Le *mundium*, dit Viollet (1), est l'autorité mais organisée dans un but de protection, dans l'intérêt de la personne protégée. » Quant au mot *mundium*, il exprime, dit-il, « l'idée large, aux aspects multiples et divers, d'autorité ».

De la nature différente de ces deux pouvoirs, il résulte entre la famille germaine et la famille romaine des dissemblances considérables,tant au point de vue des personnes qu'au point de vue des biens.

Nous ne les indiquerons pas pour ne point nous écarter de notre sujet dans lequel nous allons maintenant entrer plus directement. Tacite (2) s'exprime en parlant des Germains de la façon suivante : « *Dotem non uxor marito, sed uxori maritus offert. Intersunt parentes et propinqui, ac munera probant : munera non ad delicias muliebres quæsita, nec quibus nova nuptia comatur, sed boves et frenatum equum, et scutum cum frameâ gladioque. In hæc munera uxor accipitur : atque invicem ipsa armorum aliquid viro offert* ».

Le pouvoir du père de famille ou *mundium* se transmettait au mari à l'époque du mariage. Ce pouvoir n'était du reste qu'une autorité fondée sur le devoir de protéger la femme qui y était soumise. Il n'excluait ni ne détruisait l'idée de sa capacité civile ; mais en impliquait, au contraire, la pleine reconnaissance, car c'étaient précisément les droits de la femme que le mari devait protéger. On considérait cette dernière, non pas tant comme incapable d'ad-

---

(1) PAUL VIOLLET. Précis de l'histoire du droit français, Paris, 1886, fascicule II, pages 412, 413 et suiv.

(2) TACITE. *De moribus Germanorum*, XVIII.

ministrer sa fortune personnelle, que comme n'ayant pas
assez de force physique pour le faire (1) : elle avait d'ailleurs
la libre administration des affaires domestiques, et par là
contribuait à la prospérité de la famille (2). Elle était, en
réalité, considérée comme l'égale de l'homme, partageait
ses travaux et le suivait même à la guerre, ainsi que nous
l'attestent les historiens.

Aussi, bien que ses biens fussent, par suite du *mundium*,
soumis à l'administration du mari et que les pouvoirs de
celui-ci fussent très étendus, peut-on la considérer comme
ayant un patrimoine propre et distinct. « La femme, dit
Pardessus, ne perdait aucun de ses droits ; seulement le mari
en avait temporairement l'exercice ». Elle ne pouvait, par
exemple, ni donner ni aliéner sans son autorisation. Il avait
la libre disposition des meubles à elle appartenant, ainsi que
des fruits de ses immeubles, mais ne pouvait aliéner ces
immeubles eux-mêmes sans la consulter (3).

A l'instar de ce qui passait à Rome dans la *coemptio*, le
mari germain achetait la femme qu'il voulait épouser, (ou
plutôt la puissance à laquelle elle était soumise), et de là
le nom de *dominus* que lui donnent certains textes, tandis
que d'autres appellent la femme *ancilla*.

La question de savoir si c'était la femme elle-même qui
était achetée ou plutôt le *mundium* sous lequel elle se trouvait à l'époque du mariage, est, du reste, controversée. Il
est probable qu'à l'origine, la femme était uniquement considérée comme un objet de volupté, et qu'elle était elle-même

(1) DE ROZIÈRE. Formules 253 et suivantes.

(2) C'est précisément par suite de ce fait qu'on lui reconnut un droit
aux biens acquis pendant le mariage.

(3) Revue de législation et de jurisprudence. Année 1843, t. 17, p. 401,
article de Kœnigswarter.

l'objet du contrat de vente (1) mais bientôt sous l'influence moralisatrice de l'église, et grâce à l'idée tous les jours croissante de l'égalité des deux sexes, le *pretium nuptiale* ne représenta plus que le prix du *mundium*. En réalité, en recourant à la vente de cette autorité, on voulut alors sanctionner par un fait ostensible et matériel, les liens d'amitié que le mariage allait établir entre le fiancé et la fiancée d'une part, et d'autre part entre leurs familles respectives, en obtenir une preuve solennelle et manifeste. Peut-être aussi, eût-on pour but de donner en même temps au mariage toute la dignité nécessaire, et d'en manifester le sérieux et l'importance.

Quoiqu'il en soit de cette controverse, le prix de la vente était versé entre les mains des parents de la femme, et comme les Germains étaient un peuple guerrier, il consistait nous dit Tacite, en un « *frenatus equus*. » ou en un « *scutum cum frameâ gladioque* » objets qui pouvaient leur être utiles dans le métier des armes. Ce prix, d'ailleurs, prenait des noms différents suivant les différentes peuplades.

Appelé chez les unes *dos* ou *pretium nuptiale*, il se disait *willhum* chez les Alemans, *gift*, *scaet*, *Mundr* ou *ceap* chez les Anglo-Saxons, *arrhœ* chez les Visigoths, *meta*, *meltha* ou *methum* chez les Lombards. *willemon* chez les Burgondes (2), *solidus* et *denarius* chez les Francs Saliens (3), et en général *wergheld* quand la femme se mariait sans le consentement de ses parents. Enfin, lorsqu'on épousait une veuve, le prix était plus élevé et s'appelait *reipus*, du moins chez les Francs Saliens et chez les Francs Ripuaires.

---

(1) Revue historique, t. XI, p. 265, article d'Olivecrona, année 1865.

(2) Toutefois Ginoulhiac, d'après Du Cange, et Laferrière, d'après Canciani voient, dans le *wittemon* et le prix d'achat, deux choses absolument distinctes.

(3) Ou plutôt la vente se faisait *per solidum* et *denarium*.

En l'absence de conventions entre les parties, le montant de ce prix était fixé par la loi de chaque tribu. C'est ainsi que la loi des Alemans (1) le fixait à 40 *solidi*, et à 80 si le consentement des parents n'avait pas été obtenu. Il n'est pas nécessaire qu'il soit payé en argent, mais peut consister en tous autres objets d'une valeur de 40 ou 80 *solidi* suivant les cas. — « *Constat*, nous dit le texte, *aut in mancipiis, aut in qualicumque re habet ad dandum.* » — Chez les Bavarois, ce prix était fixé à un taux que nous ignorons : la loi nous dit seulement (2) « *Mulieri dotem suam secundum genea logiam suam solvet legitime.* »

Chez les Wisigoths, il était du dixième des biens du mari, et chez les Lombards (3) de 300 *solidi* au *maximum*, sauf pour les juges (4).

Chez les Ripuaires, il était fixé à 50 *solidi* ; enfin chez les Saliens, il l'était à un taux qui est resté inconnu. Du reste, chez ces derniers peuples, le *solidus* et *denarius* n'était probablement qu'un prix fictif et symbolique : le véritable prix était payé à la femme elle-même.

Mais qu'entendaient toutes ces lois par le mot « *solidus ?* » Cette monnaie avait-elle la même valeur chez tous les peuples de race germanique ?

Voici sur ce point les renseignements que nous fournit Du Cange (5).

Chez les Francs Saliens, il paraît que le *solidus* valait 40 deniers d'argent (Le denier d'argent valait dix as.). Charle-

---

(1) *Lex Alamannorum.* Tit. LV, p. 11. Walter, Berlin, 1834.

(2) *Lex Bajuvariorum.* Tit. VII, chap. XIV, p. 11.

(3) *Leges Longobardorum. Edictum Luitprandi*, ch. LXXXVIII.

(4) Il pouvait atteindre alors de 400 *solidi.*

(5) Du Cange. *Glossarium mediæ et infimæ latinitatis.* Verbo : *solidus.*

magne réduisit sa valeur à 12 deniers d'argent, après le concile de Reims (1).

Chez les Lombards, à l'époque de Boër et de Lindenbrog, les éditions diverses des lois lui attribuent une valeur de 60 deniers d'argent ; mais, il y aurait erreur d'après Du Cange, et c'est 40 deniers qu'il faudrait lire.

Il en était de même chez les Angles.

Chez les Saxons, il y avait deux sortes de *solidi* : l'un valait un *aureus*, l'autre les 2/3 d'un *aureus*.

Chez les Burgondes et chez les Wisigoths, il avait la même valeur qu'à Rome. L'on sait, du reste, que ces peuples avaient beaucoup emprunté à la législation romaine, et que leurs recueils de loi étaient formés avec des fragments des œuvres des principaux jurisconsultes.

Ces détails nous étaient nécessaires pour posséder une notion précise de l'étendue et de l'importance du droit reconnu à la veuve sur le prix d'achat du *mundium*.

SECTION Ire.

Droit de la veuve sur le pretium nuptiale et la dos.

Le *pretium nuptiale* était, croyons-nous, à l'origine, un véritable prix d'achat payé au détenteur du *mundium* ou *mundoaldus* : mais, bientôt, le nom seul resta ainsi que la forme, et, ce qui le prouve, c'est que le taux en fût fixé à la somme dérisoire, si elle n'était purement symbolique, d'un sou et d'un denier (1).

---

(1) *Lex salica emendata*, liv. 4, ch. 75.

Tout d'abord, d'assez bonne heure, quelques lois barbares attribuèrent à la femme une partie du prix d'achat (1), et en effet, cela dut avoir lieu quand celle-ci dut donner son consentement au mariage, et ne fut plus un simple objet mobilier à l'entière disposition du *mundoaldus*. (*Lex Longobardorum. Edictum Luitprandi* LXXXVIII). Nous lisons aussi dans la loi des Burgondes, Tit. LXVI, p. 1 : « *Puella quæ marito tradilur, patrem et fratres non habens, nisi patruum et sorores, de willemon tertiam partem patruus accipiat.* » Le prix d'achat fut ensuite attribué en entier à la femme. (*Lex Longobardorum. Edictum Rotharis* CLXXVIII. Ce texte lui donna le nom de *meta* où *metha*). Enfin, toute idée d'un prix d'achat disparut, et il n'y eut plus qu'une dot, *dos*, constituée directement par le mari à la femme (2) ; il intervenait à cet effet une convention entre les époux à l'époque du mariage, et cette convention fut ensuite déclarée nécessaire, en ce sens qu'une constitution de dot devait intervenir pour la validité du mariage. — M. Guétat (3) prétend cependant que la dot n'avait aucun rapport avec le prix d'achat du *mundium*, et il tire argument de la loi des Lombards. — Tel pouvait être le système des Lombards, mais ce n'était pas celui des autres peuples Germains (4).

---

(1) Davoud-Oghlou. Hist. de la législ. des anciens Germains, t. I, p. 455. — Warnkönig, II, p. 234. Französische Staats und Rechtsgeschichte. Kœnigswarter nie ce fait. Revue de législ. et jurisp. XXXIV, 1849, p. 163-164. — Cf. aussi Gans. — Das Erbecht, IV, p. 55-56. — Laferrière, hist. du droit civil de Rome et de l'ancienne France, t. III, p. 158, admet qu'à l'époque de Charlemagne, un véritable achat avait encore lieu chez les Saxons.

(2) Davoud-Oghlou. L. c. p. 304. *Lex Alamannorum*, LV, LVI. L. Rip. XXXVII.— Gauthier, histoire du droit, p. 108.

(3) Précis de l'histoire du droit français, p. 159-160.

(4) Gide. Étude sur la condition privée de la femme, p. 329.

La veuve avait-elle la propriété ou seulement l'usufruit de sa *mela* ou *dos* ?

Avant de résoudre cette question, voyons quelles sont les dispositions des principales lois barbares.

La loi des Burgondes (Tit. 24, p. 2) fait une distinction entre le cas où il reste des *filii* du mariage, et celui ou il n'en reste pas. Au premier cas, la dot est acquise après sa mort à ses *filii*, au second cas, voici sa disposition : « *Si forte mulier filios non habuerit, quidquid ad eam de donatione* (1) *nuptiali pertinuit, post mortem mulieris medietatem parentes ejus, medietatem defuncti mariti donatoris parentes accipiant.* » La femme conserve ainsi toute sa vie le *pretium nuptiale* ou *dos*, mais n'a la propriété que de la 1/2 qui doit à sa mort retourner à ses propres parents ; elle a l'usufruit seulement de la 1/2 qui revient aux héritiers du mari.

La loi des Lombards conservait toujours la dot à la veuve, et celle-ci la transmettait à ses héritiers.

Chez les Wisigoths, la dot appartient en propriété à la femme, qui peut au cas d'absence d'enfants, en disposer par testament. Cette dot peut du reste comprendre chez ces peuples le 1/10 du patrimoine. (Rozière. — Form. Wisig. 17 à 20).

La loi des Saxons (Tit. VIII, p. 3 et 4) faisait une distinction analogue. Dans le cas où la veuve n'avait pas de *filii*, la dot fait retour au donateur, s'il est encore vivant, et, s'il est mort, à ses plus proches parents, du moins chez les Ostfaliens et les Angrarii ; chez les Westphaliens, elle en

---

(1) On remarquera que le mari est appelé donateur ; il n'y avait donc plus chez ces peuples à l'époque où la loi fut rédigée, achat réel du *mundium*, et l'opération quoique pouvant se décomposer en une vente suivie d'une donation, avait plutôt les caractères de ce second acte que ceux du premier.

retient la possession jusqu'à sa mort ; la dot retourne ensuite aux plus proches héritiers du donateur.

La loi Salique est muette : mais les Capitulaires des rois Francs ordonnaient dans tous les cas le partage par moitié entre l'époux survivant et les héritiers de l'époux prédécédé. M. Pardessus (1) prétend qu'il faut suppléer à son silence par la disposition du Tit. XXXVIII, p. 11 de la loi des Ripuaires ainsi conçue : « *Si per seriem scripturarum ei (mulieri) nihil contulerit, si virum supervixerit, quinqua ginta solidos in dotem recipiat.* »

Les règles n'étaient plus tout à fait les mêmes, si la femme devenait veuve d'un second mari. Celui qui épousait une femme veuve, devait, à l'origine, donner aux parents de cette femme, et dut ensuite donner à cette dernière, une dot ou *meta* d'une valeur supérieure à celle qui était due, lorsqu'on épousait une fille. Dans la loi salique, cette dot était du triple de la dot ordinaire, et s'élevait à 3 *solidi* et à 3 *denarii*. De là un droit plus considérable au profit de la veuve d'un second mariage. Loi salique. (Tit. XLVI. — *Chlodovœi Capitulum VII)* ; mais, d'autre part, elle devait payer aux parents de son premier mari, une valeur proportionnelle au montant de la dot qu'elle avait reçue, appelée *achasius*, et après l'avoir acquittée, retirait les 2/3 de la dot, autrement elle les perdait (2). Le taux de cet *achasius*, nous dit M. Pardesus (3), est déterminé en ces termes dans le manuscrit 4404 : « *Si vero LXIII solidos in dotis accipiat*

---

(1) PARDESSUS. Loi salique, page 406, note 12.

(2) Elle conserverait toute sa dot s'il y avait des enfants.

(3) Nous avons plusieurs manuscrits de la loi salique : le manuscrit n° 4404 est in-folio. Il existe, d'autre part, à la bibliothèque de l'Université de Leyde, deux autres manuscrits ; l'un porte le n° 119 et est in-4°, l'autre le n° 86 et est in-8°.

(accepit) solidos VI in achium (achasium) dentur. » (1) :
il est donc de 1/10ᵉ. La leçon du manuscrit de Leyde porte
solidos III ; ce serait donc 1/20ᵉ ; mais les deux manuscrits
portent ensemble : « *Hoc est V per decimus solidus.* » Il
y a donc évidemment erreur, conclut M. Pardessus ; au
lieu de V, il faut lire I, dans la leçon de 4404, ou le signe
de 1/2 dans celle du manuscit de Leyde.

La veuve devait aussi rendre à la famille de son premier
mari, le lit nuptial lorsqu'elle se remariait : cette restitution
était regardée comme une sanction de l'injure qu'elle faisait
à la mémoire de son mari, en convolant à de secondes
noces (2). Enfin, elle devait laisser les objets les plus nécessaires au ménage, et, en particulier, une table et un lit
garni. Ces restitutions faites, elle conservait la dot malgré
son remariage, si elle avait des enfants ; et en retenait les
2/3 si elle n'en avait pas.

En outre, le mariage des veuves était entouré de formalités très compliquées dans le détail desquelles nous n'avons
pas à entrer. Il était considéré, en effet, comme contraire
aux plus anciennes traditions germaniques. Tacite nous
disait déjà : « *Tantum virgines nubunt, et cum spe
votoque uxoris semel transigitur. Sic unum accipiunt
maritum, quomodo unum corpus unamque vitam, etc.* »

L'Église voyait aussi d'un très mauvais œil les seconds
mariages ; elle les regardait comme une marque d'incontinence, et certains théologiens allaient jusqu'à qualifier
d'adultère le second hymen de la femme, celle-ci violant la
fidélité qu'elle devait à la mémoire de son mari.

Comme on peut en juger par l'examen des diverses lois

---

(1) PARDESSUS. Loi salique, page 406, note 12.

(2) LABOULAYE. L. c. p. 165.

dout nous venons de parler, la législation sur la dot était très variable chez les différents peuples barbares.

Le mari constituait d'ordinaire une dot à sa femme, mais, au cas où il ne le faisait pas, nous savons que la loi des Ripuaires. Tit. 27, p. 2, accordait une somme de 50 sous. Cette règle était probablement aussi admise par la loi Salique (1).

La dot mobilière devait être la plus fréquente à l'origine ; il est même probable qu'on n'accorda tout d'abord à la veuve qu'une pension ou *leibschule*, et cela tenait à la position civile de la femme, et, en particulier, à son exclusion des successions immobilières. Laboulaye (2) pense qu'après la mort du mari, la veuve était propriétaire de la dot quand elle consistait en choses mobilières ; M. Ginoulhiac est du même avis ; il prétend même que le prédécès de la femme n'annulait jamais la dot. Warnkönig (3) dit aussi que la condition de survie n'était pas attachée à la dot ; elle constituait un patrimoine propre et séparé pour l'épouse, même sous la puissance maritale. L'opinion de ces deux derniers auteurs est, en ce dernier point, contredite par Kœnigs-warter (4). Si la mort de la femme arrivait pendant le mariage, et qu'il n'y eut pas d'enfants, dit-il, la famille de la femme ne pouvait rien exiger. En effet, toutes les lois des peuples germaniques ne parlent de la dot que dans le cas où le mariage se trouvait dissous par le prédécès du mari.

La loi des Allemans, T. LVI, sur laquelle Ginoulhiac se fonde, et qui dit que la dot après la mort de la femme revient

---

(1) Pardessus. Loi salique, p. 683, diss. 13ᵉ.

(2) Laboulaye. L. c. p. 121.

(3) Warkönig. L. c. t. II, p. 255-256.

(4) Revue de législ. et jurisp. 1843, t. 17, p. 405.

à ses héritiers et non à ceux du mari, ne parle que de la mort de la veuve, c'est-à-dire de la mort de la femme après la dissolution du mariage par le prédécès du mari. Quant à la form. 9, liv. II, de Marculfe, et aux divers capitulaires de Clovis, que ce jurisconsulte invoque encore, ils s'appliquent à une espèce où il y avait des enfants issus du mariage ; or, nous reconnaissons parfaitement que, dans ce cas, ceux-ci pouvaient réclamer la dot. Nous croyons, avec M. Rimasson, (p. 378, Revue de Légis. ancienne et moderne), que l'on ne peut donner une réponse absolue. En général, le droit de la femme qui ne laissait pas d'enfants, était un droit de propriété. Chez les Visigoths, l'autorisation qui est accordée à la femme de disposer de sa dot par testament, si elle ne laisse pas d'enfants, prouve qu'elle en avait la propriété. (Édit. Rozière. Form. Visig., 20)

Rimasson dit qu'il résulte de la loi des Bavarois, que la femme avait la propriété de la dot chez ces peuples, et que dans la loi des Lombards, la veuve retenait toujours sa dot, et la laissait à ses héritiers après sa mort. Enfin, conclut-il, (p. 386) le droit qui appartient à la femme sur la dot, est en général un droit de propriété indépendant de toute condition de survie, et nous ferons remarquer à cet égard que ce droit était une dérogation introduite en faveur de la femme au principe de la propriété que le droit germain reconnaissait à la famille..... Mais il y avait des exceptions dans la loi des Ripuaires qui suppose la femme survivant au mari (Pardessus, l. c., p. 683), des Alemans, et en partie dans la loi Salique. On ne peut donc ramener ces différentes lois à un principe uniforme et accorder toujours à la femme ou un droit de propriété ou, au contraire, un simple droit d'usufruit, un droit dépendant, ou au contraire, un droit indépendant de sa survie.

Toutefois, il semble bien résulter des nombreuses formules de constitution de dot que nous possédons, que la femme avait un droit absolu de propriété, au cas où elle ne laissait pas d'enfants du mariage.

SECTION II.

Droit pour la veuve de reprendre sa dot.

Le mot *dot* qui avait en droit romain un sens tout à fait précis, et ne s'appliquait qu'aux apports de la femme, perdit dans notre ancien droit sa signification particulière, pour désigner soit la donation du mari à sa femme (et c'est là son sens ordinaire), soit le morgengabe.

C'est une coutume très ancienne que celle pour la femme de faire un apport à son mari à l'époque du mariage ; mais, d'après les lois barbares, si la femme avait reçu de sa famille une dot quelconque, fut-ce un « chapel de roses », elle était exclue de toute succession même mobilière (2).

Sans remonter à la législation Hébraïque, où nous voyons Rebecca allant à la rencontre d'Isaac avec Éléazar, emmener sa nourrice, ses servantes et quelques bêtes de somme, nous en constatons déjà l'existence chez les Germains à l'époque de Tacite. Nous lisons en effet au par. XVIII de son ouvrage intitulé *de Moribus Germanorum. « Uxor accipitur, atque invicem armorum aliquid viro offert. »*

Cette donation, on le voit, se réduisait à peu de chose, mais le principe en était né ; le germe en était déposé dans le sein de l'antique société germanique, et celle-ci n'avait qu'à continuer de subsister, pour qu'il y puisât toute la vie nécessaire à son développement. Aussi, l'étendue de la donation faite par la femme s'accrut-elle de jour en jour, et elle

---

(2) *Lex Longobardorum. Edictum Rotharis CLXXXI. Lex Alamannorum,* tit. LV.

finit bientôt par acquérir assez d'importance pour qu'on put la considérer comme une anticipation sur ses droits héréditaires, un avancement d'hoirie. Elle consistait par exemple en troupeaux ; de là son nom de *faderphium*, de deux mots germains fader père, et fium (1) troupeau (2), expression qui fut plus tard remplacée par celle de *maritagium*, en français mariage.

L'apport de la femme fut même reconnu et consacré par l'église. Elle exigeait, en effet, une donation d'un époux envers l'autre, sinon le mariage n'était qu'une union irrégulière ; et lorsque le mari ne donnait aucun bien à sa femme, celle-ci devait se constituer une dot (3).

Même, lorsque la dot porta sur des immeubles, il paraît résulter des textes qu'elle était soumise aux mêmes règles que l'ancienne dot romaine, et devait être conservée aux héritiers de la veuve, ou seulement à ses enfants chez les Lombards (l. 121 *Rotharis*) (4) ; celle-ci la reprenait dans tous les cas. (*Cf. Lex Bajuvar*. Tit. XIV. 92. *Lex Alamannorum*. Tit. LV p. 1. *Lex Longob. Édict. Rotharis*. cap. CIC. et CLXXXIII) ; elle en était du reste saisie par le fait seul de la mort du mari, et avait sur les biens dont elle se composait, un droit de disposition actuel et absolu.

Chez les Lombards quand il n'y avait que des filles pour prendre part à la succession paternelle, la fille mariée rapportait son *faderfium* pour le partager avec ses sœurs ; s'il

---

(1) J'écris *fium* et non *phium* pour conserver l'orthographe du texte.

(2) *Lex Longobardorum. Edictum Rotharis*, cap. CIC, édition de Walter, p. 717.

(3) Form. de Marculfe. App. n° 52. Cap. VII, 179. *Decreta Burchardi*, l. XIX, ch. V.

(4) En cas d'absence d'enfants, elle faisait retour aux héritiers du donateur.

y avait des héritiers mâles, elle ne pouvait rien prétendre à
la succession, mais conservait intégralement ce *faderfium*.

SECTION III.

Droit au Morgengabe.

Le morgengabe, mot qui veut dire don du matin, était une
donation faite par le mari à sa femme. Cette libéralité semble
une superfétation à côté de celle qui était faite à cette dernière pour l'acquisition du *mundium*, je veux dire, la dot
au sens germanique. Pourquoi deux libéralités distinctes
émanant d'une même personne ; n'était-il pas plus simple de
n'en faire qu'une seule d'une valeur plus considérable ?

Cette objection tombe si l'on songe à l'origine de la dot
germanique, et si l'on remarque que l'institution du *morgengabe* est contemporaine de celle du *pretium nuptiale* qui
devint ensuite la dot.

Ce *pretium*, on le sait, n'était d'abord qu'un prix de
vente, représentant la valeur du *mundium* acheté. Or, s'il
est difficile de comprendre que deux donations qui ont le
même but soient distinctes, il n'y a rien d'anormal à ce
qu'une libéralité vienne se greffer sur un contrat à titre
onéreux.

Les coutumes qui font mention du morgengabe sont celles
des Alemans, des Lombards, des Bourguignons, des Francs
Ripuaires, des Saxons et des Anglo-Saxons.

Chez les Lombards, le mari recueille le morgengabe après
la mort de sa femme ; ce qui revient à dire que cette dernière n'en a que l'usufruit ; mais ce droit fut modifié, et le
morgengabe futdans la suite attribué aux héritiers de la
femme après sa mort. (Baluze App. 43).

Chez les Anglo-Saxons, la veuve non remariée conservait
le morgengabe pour elle et ses agnats.

Dans la loi des Burgondes, il est parlé du morgengabe sous le nom de donation nuptiale. Si la veuve mourait sans enfants, cette donation était partagée entre ses parents et ceux du mari défunt : dans le cas contraire, elle la conservait, si elle se remariait, pendant sa vie, pour la transmettre à ses enfants lors de sa mort.

La loi des Saxons renferme sur le morgengabe, qu'elle désigne sous le nom de *dos*, des dispositions très complexes. Il faut, en effet, distinguer entre la coutume des Angrarii et des Ostphalai, et celle des Westphalai.

Chez les Angrarii et les Ostphalai, le morgengabe revient aux enfants de la femme à la mort de celle-ci, et si les enfants sont morts, à ses plus proches héritiers. Au cas d'absence d'enfants, elle est acquise après la mort de la veuve, au plus proche héritier du mari.

Dans la coutume des Westphalai, la femme perd le morgengabe si elle a eu des enfants, et le conserve en usufruit pendant toute sa vie dans le cas contraire. A sa mort, il revient au donateur ou à ses plus proches héritiers.

Les législations Wisogothe et Bavaroise n'en parlent pas : la première avait, sous l'influence du droit romain, défendu les donations entre époux pendant le mariage, et confondu la dot avec le morgengabe pour en faire une seule donation antérieure au mariage. Cette fusion s'opéra sous l'influence de l'Église qui enleva à cette dernière libéralité ce qu'il y avait de grossier et de sensuel dans sa nature, comme nous le verrons ci-après. Du reste, la loi des Wisigoths, accordait à la veuve d'autres droits fort importants, et appliquait en particulier les règles de l'édit *unde vir et uxor*.

Quant à la loi des Bavarois (XIV. 6 et 9), elle accordait à la veuve sur les biens de son mari défunt, une part en usufruit qui lui tenait lieu du morgengabe.

Le morgengabe présente un caractère fort original qui en fait une donation d'une nature toute particulière. Il est le prix de la virginité. Chez tous les peuples barbares, on voit se manifester cette joie sensuelle et brutale du premier sacrifice consenti par une femme de sa pudeur de jeune fille, et de ses chastes appas. Déjà, les Grecs voluptueux du Bas-Empire nous offrent une donation analogue au morgengabe dans le θεωρετρόν qui était le *prœmium pulchritudinis* et dans l'υποβολόν qui était un *augmentum dotis Cf.* Du Cange, *Glossarium infimæ grœcitatis, his verbis.* Les Romains eux-mêmes paraissent avoir connu cette libéralité Juvénal dit, en effet, dans ses satires (1).

> .... *nec illud*
> *Quod primâ pro nocte datur, quum lance beatâ*
> *Dacicus et scripto radiat Germanicus auro.*

Nous trouvons aussi dans les pays de droit écrit une donation analogue dite *Osculum* ou *Oscle* (2).

Le morgengabe était connu de tous les peuples d'origine germanique ; et chez quelques-uns d'entre eux, il était même entouré de faveurs singulières. Chez les Alemans, par exemple (3), l'établissement du morgengabe ne se prouve pas par les moyens de preuve ordinaire; la femme doit en affirmer l'existence *per pectus suum;* son affirmation est réputée sincère même pour la détermination de son existence et de son étendue, du moins jusqu'à concurrence de *12 solidi* (4).

Du principe sur lequel reposait le morgengabe, il résulte qu'il n'était dû qu'à une jeune fille chaste. Si donc une jeune fille avait été convaincue de relations antérieures ,

---

(1) JUVÉNAL. Satire V. Vers 203, 205.

(2) LABOULAYE. L. c. p. 118.

(3) *Lex Alamemnorum*, tit. LVI, p. 2.

(4) Cette pratique se conserva en Suisse jusqu'au XVᵉ siècle.

elle n'aurait pu y prétendre. Il en était de même de la veuve qui se remariait.

Toutefois, la coutume d'Altorf autorisait une donation analogue au profit de la veuve ; et elle appelait cette donation, du nom ironique d'*Abend gabe* ou don du soir.

Quelle est l'origine du morgengabe ?

Schlegel (1) et Schlyter (2) soutiennent qu'il est né du *pretium nuptiale*, on en a constitué une portion. Ces auteurs disent qu'à l'origine il était donné aux parents de la femme, mais que, étant destiné à prouver l'affection du fiancé pour la fiancée, il devait finir par être réservé à celle-ci.

Cette thèse ne me semble pas admissible. A l'origine, en effet, le morgengabe n'était que le prix de la virginité d'une jeune fille, et n'intervenait par suite qu'après la célébration du mariage, *post noctem nuptialem* disent les textes, alors que la femme était déjà sous la puissance de son mari par suite de l'achat du *mundium*. Le *pretium nuptiale* et le morgengabe ne pouvaient donc être des actes contemporains. Il me semble plus juste d'admettre que sous l'influence de l'Église qui faisait pénétrer partout l'idée de l'égalité des deux sexes, et assignait au mariage un but religieux et moral à côté du but matériel et sensuel, le morgengabe finit par être constitué la plupart du temps au moment de la célébration du mariage, et se confondit avec la dot qui n'était elle-même que la transformation du *pretium nuptiale* (3).

Taux du morgengabe.— Le morgengabe se constituant par convention, le taux n'en était pas déterminé par les lois

---

(1) *Om. Morgangavens Oprindelse*, II, p. 189 et 190.
(2) Juridiska Afhlandlinger, I, p. 201.
(3) D'Olivecrona. Revue historique du droit français, t. XI.

barbares. « Cette donation, dit M. Laboulaye (p. 125, l. c.), était toute volontaire à l'origine, et rien n'empêchait de donner moins (que le maximum fixé par certaines lois (1).) mais de bonne heure, ce qui était faculté devint une obligation ; cela est si vrai que lorsque les Normands introduisirent les coutumes françaises dans le royaume de Naples , le douaire vint immédiatement prendre la place du morgengabe. »

Dans presque toutes les législations, le morgengabe se confondit avec la dot, devenue une simple donation (2), et c'est cette dot ainsi accrue qui devint le douaire (3).

Chez les Lombards, un maximum fut assigné au morgengade, qui devint ensuite légal ; mais il n'y eut de morgengabe légal que chez ce peuple. Du reste, ce droit avait plutôt le caractère d'un droit successoral, et il est probable que cette législation n'était qu'un emprunt aux règles de Justinien.

Quelle est la nature du droit conféré à la veuve sur les biens composant le morgengabe ?

---

(1) La loi saxonne limitait le taux du morgengabe à la 1/2 des biens du mari. La loi des Alemans et le Miroir de Souabe le proportionnaient à la fortune du donateur, mais il ne paraît pas que le morgengabe fût obligatoire chez ces peuples. La loi lombarde de Luitprand établit qu'elle ne pourrait dépasser le 1/4 des biens laissés par le donateur à son décès, mais nous présente encore cette libéralité comme facultative. *Lex Longobard. Luitprandi*, cap. I, l. VI, cap. CII, al. XLIX.

(2) « L'Eglise décréta la publicité et la consécration du mariage par le prêtre ; ce qui dut porter un coup mortel à la théorie du mariage par l'achat de la femme. Le mariage est placé sous l'invocation des grandes maximes morales de l'Evangile, en séparant par une distinction profonde l'union des corps et celle des âmes. » Rimasson, p. 395.

(3) Rimasson, l. c.

M. Ginoulhiac (1) soutient que la femme n'obtenait sur ces biens qu'un droit viager d'usufruit, auquel elle ne pouvait prétendre qu'au cas où elle survivait au mari : les héritiers de ce dernier en conservaient la nu-propriété. Le morgengabe n'existe qu'au profit de la veuve ; c'est un droit qui lui est propre, et est attaché à sa qualité même de femme veuve. On peut invoquer aussi en ce sens la formule LXXVIII de Lindenbrog Edit. Walter p. 435 : « *Hæc omnia, cum dies nuptiarum advenerit,* y est-il dit, *tibi sum impleturus vel traditurus, ita ut dùm advixeris... teneas atque possideas nostrisque qui ex nobis procreati fuerint, derelinquas.* »

En sens contraire, MM. Humbert, Laferrière, Klimrath, de Salvandy et Laboulaye pensent que le *morgengabe* assurait à la femme un droit de pleine propriété sur les objets dont il se composait. Point n'était besoin qu'elle survécut à son mari pour qu'elle en profitât ; ils faisaient partie de son patrimoine, et se transmettaient avec lui à ses héritiers.

Du Cange au mot *Morganegiba* présente le morgengabe comme une donation faite en propriété, et il cite dans son sens plusieurs plusieurs formules et diplômes (form. 75 Lindenbrogii). — Laferrière vient appuyer cette opinion par un passage du traité d'Andelot où il est dit que Chilpéric en épousant Galswinthe, sœur de Brunehaut, aura en propriété des villes et des territoires entiers tant à titre de dot que de *morgengabe.* (2)

M. Pardessus résout sa controverse par une distinction, et M. Rimasson pense aussi qu'on ne saurait donner une solution absolue ; le *morgengabe* consistait ordinairement en

---

(1) Ginoulhiac. Traité de la dot, p. 204 à 206.

(2) Grégoire de Tours, IX, 28,

usufruit, quand la veuve avait des enfants, et en propriété (1) quand elle n'en avait pas.

Enfin, M. Boissonnade (p. 142) propose un système nouveau qui est très ingénieux, et repose sur une observation parfaitement juste : « Ne pourrait-on pas admettre, dit-il, que le *morgengabe* lorsqu'il était encore dans sa franchise un peu crue, consistait en effets mobiliers d'une importance sinon minime au moins déterminée, mais qu'avec les progrès des mœurs et sous l'influence de l'Eglise, toujours prévoyante pour la femme, il finit par avoir pour objet une fraction des biens à venir du mari, c'est-à-dire de ceux qu'il laisserait à son décès. Dans ce dernier cas, il était impossible de ne pas exiger la survie de la femme, car elle se rapprochait d'une héritière. »

Dans les pays soumis à la législation romaine, dans l'Italie, par exemple, et dans cette partie de la France qui comprenait ce qu'on appela plus tard les Pays de droit écrit, le morgengabe rencontra un rival terrible devant lequel il succomba, la donation à cause de noces.

Il se maintint plus longtemps dans le Nord surtout en Allemagne, et, en particulier, chez les nobles ; mais chez les Francs, il se confondit avec la dot pour former ensuite le douaire. (3)

---

(1) Rimasson. l. c.—Varin. Arch. législ. de Reims, t. I, p. 687, §§ 4 et 8.

(2) Telle est du moins l'opinion que nous adoptons ; nous verrons plus loin que la question est controversée.

SECTION IV.

Droit au Douaire.

Laferrière (1) croit que le douaire est né du morgengabe. Laboulaye (2) prétend, au contraire, en trouver l'origine dans la dot germanique, l'ancien *pretium nuptiale.*

Nous croyons plutôt avec M. Ginoulhiac (3) que le douaire provient d'une fusion entre la dot et le morgengabe. « Les éléments de chacune d'elles furent mêlés et confondus, dit-il, sans aucun égard à leur origine, et il en sortit une institution nouvelle, différente de l'une et de l'autre. » « On peut, ajoute M. Rimasson, suivre au XI⁰ siècle dans plusieurs chartes, la confusion qui s'opéra entre le morgengabe et la dot. Comme preuve de cette confusion, nous voyons dans une charte de 827 la cause à laquelle se rattachait le morgengabe, c'est-à-dire la beauté de l'épouse servir de cause également à la constitution de dot. » Nous avons dit ailleurs que cette fusion dut s'opérer facilement sous l'influence de l'Eglise et pour quelles causes. (4).

Du reste, et c'est là la preuve de la double origine du douaire, dans certaines coutumes, il était acquis à la femme, dès le moment de la célébration du mariage, et dans d'autres,

---

(1) Hist. du droit civil de Rome et de Inst. Franç., t. III, p. 159-160. Revue du droit français et étranger, 1847, p. 861.

(2) Recherches sur la condition civile des femmes, p. 117.

(3) Traité de la dot, p. 207, 213, 325, 337.

(4) Pardessus. Loi salique , p. 673 , notes 2, et 684. Kœnigswarter, Revue de législ. et jurisp., 1843, p. 409 et 422. 1849, p. 158-179. Warnkönig. Französische Staats und Rechtsgeschichte Bâle, 1848, t. II, p. 254.

à partir seulement de la cohabitation, la « *companie carnelle* » comme dit Beaumanoir. Coutumes de Beauvoisis, Ch. XII, n° 25. Edition Beugnot.

A la mort de la femme, la double origine du douaire se manifestait de nouveau. Dans quelques coutumes où le douaire n'était que viager, il retournait aux héritiers du mari (Desmares. Décision 175); dans d'autres, (1) il formait une légitime des enfants, et à la mort de la mère, ceux-ci pouvaient renoncer à sa succession et s'en tenir à son douaire ; en ce cas, le père en avait l'usufruit, et la nu propriété en était réservée aux héritiers de la femme.

Avant l'invasion des races barbares, la dot comme le morgengabe ne comprenait guère que des choses mobilières comme des troupeaux ou de l'argent. Les Germains ne connaissaient pas alors la propriété privée, et la terre était commune à tous les habitants d'une même tribu. Mais, quand ils se fixèrent sur le sol de la Gaule, et que leurs habitudes nomades commencèrent à disparaître, l'histoire nous apprend que le chef d'une tribu donnait souvent à ses compagnons *(comites)*, des immeubles et même des domaines entiers en récompense de leurs services. Les conséquences de ce changement considérable dans la vie et dans les mœurs d'un peuple, durent se faire sentir dans les rapports privés, et exercer en particulier une influence sur la dot et sur le morgengabe. Ceux-ci portèrent donc sur des biens fonds, et même sur des villes et des provinces entières, comme le témoigne le traité d'Andelot : et à l'origine, ils conféraient à la femme la pleine propriété de ces biens. C'est encore le traité d'Andelot (2) qui nous en fait foi. Après l'énumération des

_____

(1) Normandie, art. 399. Calais, art. 50-51. Paris (art. 249). Melun, art. 239-98. Nivernais, XVII, 8.

(2) Le traité d'Andelot fut signé en 587 entre Childebert II, roi d'Austrasie, Brunehaut, sa mère, et Gontran, son oncle, roi de Bourgogne.

villes comprises dans la donation de Childebert à Galswinthe, on trouve, en effet, cette phrase : « *Dona Brunehildis de prœsenti in suâ proprietate percipiat ; in dominationem ejus heredumque suorum cum omni sodalitate, Deo propitio revertantur.* » Rimasson (p. 397 l. c.) fait observer, en s'appuyant sur les chartes de l'époque, que le douaire put alors porter sur une quote-part du patrimoine (1), et que nous voyons la femme consentir comme les enfants à l'aliénation des biens qu'il comprenait : il en conclut que celle-ci avait, sinon un droit de co-propriété, du moins un droit réel sur les biens soumis au douaire ; pour lui, les chartes marquent le point de départ de la transformation du douaire en un droit d'usufruit. (1) (IXe et XIe siècles). Mais cette transformation ne se fit pas en un instant, et plusieurs textes nous présentent cette donation comme consistant tantôt en un droit de propriété, tantôt en un droit d'usufruit. (Lindenbrogii, form. 75, 78 et 79). Il est cependant certain qu'elle s'était accomplie au XI siècle. (Chartes de 1040, 1069, 1092. Cart. de Saint-Hilaire de Poitiers. Ch. CI, p. 3. Baluze, t. 2, p. 398).

Cet état de choses n'était guère compatible avec les idées germaniques, et ne dut pas l'être plus tard avec les idées féodales qui reconnaissaient à la famille un droit sur les biens immobiliers. Aussi plusieurs lois barbares avaient-elles déjà limité le droit de la femme à un simple usufruit et, il est probable que d'assez bonne heure, le douaire ne comprit que l'usufruit des immeubles. On peut encore ajouter cette autre

---

(1) Bien des textes nous présentent cette règle comme étant devenue un usage. BALUZE, charte de 1040, reconnaît à la femme un droit à la 1/2 des biens du mari, et une autre charte de 1092 (cartulaire de Poitiers), lui donne l'usufruit de la 1/2 des mêmes biens. (Form. 240 suiv. de Rozière).

(2) Toutefois ce n'était pas là l'usufruit tel que le définissent les jurisconsultes romains à l'époque féodale.

onsidération que durant le mariage, la jouissance des biens possédés par les époux étant commune , il suffisait d'assurer le sort de la femme à la mort du mari ; or, pour atteindre ce résultat, une donation en usufruit était pleinement suffisante.

Du reste , le douaire conserve le même caractère que le morgengabe : comme lui , il est le prix de la virginité et une vieille maxime coutumière nous dit clairement qu'il n'est acquis à la femme qu'après la consommation du mariage, par cette phrase bien significative dans sa crudité : « au coucher ensemble gagne femme son douaire. » L'ancienne coutume de Bretagne dit également : « Femme gagne son douaire à mettre son pied au lit, puisqu'elle est espousée à son seigneur, ores qu'il n'eut jamais eu affaire avec elle. » (art. 331) , et Coquille fait spirituellement observer que « quand il se dit la femme avoir un pied dans le lit, il faut croire qu'il est malaisé que le reste ne s'en suive (1). » Nous savons déjà que ce caractère original du douaire finit par s'effacer sous l'influence de la législation canonique.

A quelle époque le douaire fut-il déclaré obligatoire ? Cette question est capitale. Pothier, dans son *Traité du Douaire* , s'exprime ainsi : « Nous apprenons de Philippe de Beaumanoir, dans ses Coutumes de Beauvoisis, au chapitre du douaire, que c'est le roi Philippe-Auguste qui , vers le commencement du XIII° siècle , a établi le douaire légal, en ordonnant que la femme serait douée de la moitié de ce que l'homme avait lorsqu'il l'épousa. » Loisel (3) et Troplong (4) soutiennent la même doctrine. Ils s'appuient sur ce que ,

---

(1) Cout de Normandie, 307.— Beaumanoir, XIII, 25.— Loisel, Institutes coutumières, l. I, tit. III, règle 5.

(2) Pothier. Traité du douaire, 1ʳᵉ partie, n° 2.

(3) Loisel. Inst. coutumières. Des douaires, l. I, tit. III, règle I.

(4) Troplong. Contrat de mariage. Préface, page CX.

d'après Beaumanoir, le douaire se constituait jusqu'au XIII° siècle, à la porte de l'église, en la présence du prêtre. Le futur mari adressait à sa fiancée les paroles suivantes : «Du douaire qui est divisé entre mes parents et les tiens, je te doue. » De là, ils concluent que le douaire légal n'existait pas, car autrement, disent-ils, à quoi bon toutes ces forma-- lités ?

Malgré toute l'autorité dont jouissent Beaumanoir et les jurisconsultes qui ont adopté son opinion (1), nous croyons que le douaire légal existait bien avant Philippe-Auguste. Des textes nombreux le disent, du reste, bien clairement. Nous trouvons la phrase suivante dans le *Formulaire de Bignon* : (*In charta libertatum Joannis Angliæ regis apud Matthœum Paridem*). « *Adsignetur viduæ pro dote suâ tertia pars totius terræ mariti sui, quæ sua fecit in vilâ, nisi de minore dotata sit ad ostium Ecclesiæ.* » — Les adversaires de notre opinion nous objectent que le roi anglais n'a joui sur la France que d'une autorité purement nominale et n'a pu, en pleine féodalité, édicter une loi générale pour tout le royaume, alors qu'aucun de nos rois n'a tenté de le faire avant Louis XIV.

Quoi qu'il en soit, à défaut de ce texte, nous pouvons en citer bien d'autres. Nous avons vu précédemment que les lois des Saxons, des Burgondes, des Bavarois, des Wisi- goths, des Alemans et des Francs Ripuaires assuraient à la femme, indépendamment de toute convention, un gain légal de survie. Ce gain était-il le morgengabe, le *pretium nup- tiale* ou le douaire ? C'est ce qu'il n'est pas possible de déter-

----

(1) M. Rimasson croit qu'il faut entendre l'opinion de Beaumanoir en ce sens, que si la consistance du douaire n'avait pas été fixée *ante ostium ecclesiæ*, la femme n'avait d'autres ressources que son droit de succession sur les biens du mari ou sa dot légitime, si sa coutume lui en recon- naissait une.

miner exactement pour la plupart de ces lois, puisqu'elles se servent du mot dot pour désigner chacune de ces libéralités. Toutefois, la loi des Burgondes, qui donne à la femme un droit d'usufruit sur le tiers des biens du mari, ajoute qu'elle perd cet avantage au cas de remariage, tout en conservant sa dot. Il ne s'agit pas, du reste, du droit aux acquêts, puisque cet usufruit, porte sur tous les biens du mari, et non sur certains biens déterminés. Cette loi veut donc désigner le douaire.

Les Assises de Jérusalem nous présentent aussi le douaire légal comme étant définitivement établi vers la fin du XIe siècle, et le fixent à la moitié des biens propres entre gens de condition noble. Un diplôme de l'an 1092, déjà cité, donne aussi à la femme en usufruit « *dimidietalem alodi.* »

Pour absoudre Beaumanoir du reproche d'avoir commis une erreur historique, on peut supposer qu'il a confondu avec l'établissement du douaire légal, l'élévation du taux de ce douaire (du tiers à la moitié), ou même, d'après M. Laboulaye, son extension aux fiefs. C'est, qu'en effet, la féodalité n'accepta pas sans résistance l'institution du douaire; aussi, lorsque celui-ci fut établi et reconnu par la Coutume, fit-elle admettre la règle que, si le mari avait à la fois des biens nobles ou fiefs, et des biens tenus en roture, ces derniers seraient affectés de préférence au douaire, qui s'appelait, dans ce cas, « douaire de la plus belle. »

La veuve était privée de son douaire, soit quand elle se rendait coupable d'adultère, soit simplement quand elle ne vivait pas avec son mari à l'époque où il était décédé. (Normandie, art. 377-378. Maine, art. 327. Bretagne, art. 451. Touraine, art. 336.) (1).

---

(1) Renusson. Traité du douaire, ch. XII, n°s 7 et suiv.

Elle en était encore privée quand elle négligeait de venger le meurtre de son mari, et convolait en secondes noces pendant l'année de deuil.

Du reste, ces causes de privation de douaire s'appliquaient aussi à la *dos*, au *maritagium* et au morgengabe.

SECTION V.

Droit de succession.

Les lois des Bavarois, des Lombards, des Wisigoths et des Bourguignons, plus imbues des idées romaines que les autres lois barbares, reconnaissaient à la veuve des droits de succession sur les biens de son mari, quand elle gardait fidélité à sa mémoire. Elles avaient, du reste, sur beaucoup de points, admis des règles empruntées à la législation justinienne, et dont l'ensemble devait constituer plus tard, dans cette partie de la France, dite pays de droit écrit, une législation différente de celle des pays de coutumes.

La loi des Bavarois donne à la veuve une part d'enfant en usufruit sur les biens du mari (1), et lui reconnaît un droit à la 1/2 de ces mêmes biens, s'il n'existe pas d'enfants.

La loi des Bourguignons lui reconnut d'abord un droit pur et simple à l'usufruit du tiers des biens du mari, et à l'usufruit du 1/4 si elle a plus de deux fils, et que ceux-ci ne veulent pas vivre avec elle, pourvu qu'elle ne se remarie pas. Plus tard, elle exigea pour qu'elle pût prétendre à ce droit

---

(1) Ces derniers peuvent d'ailleurs revendiquer cette part d'usufruit si elle se remarie.

9

qu'elle n'eut pas de ressources suffisantes. Savigny (1) fait remarquer que cette législation dérive du droit de succession reconnu à la veuve par les Novelles 53. et 115. cap. 6.

La législation des Wisigoths donnait une part d'enfant en usufruit dans la succession du mari, à la veuve qui ne se remariait pas.

Chez les Lombards, on accordait à la femme le droit au quart des biens du mari, droit que nous avons déjà rencontré sous le nom de morgengabe légal ; de là la question de savoir si, chez ce peuple, le morgengabe pouvaitse cumuler avec le droit de succession (2). Il faut, croyons-nous, résoudre cette question affirmativement. La loi des Lombards (comme celle des Allemans) ne reconnaît aucun droit à la veuve, si le mari ne lui a pas constitué de morgengabe, et nous remarquons, d'autre part, que ces deux droits avaient une nature différente, l'un consistant en un usufruit, l'autre en propriété. Nous croyons donc que le cumul existait, du moins sous les deux premières races de nos rois ; mais lorsque le douaire conventionnel fut devenu un droit d'usufruit attaché à la qualité de veuve, et porta sur une quote-part des biens du mari, il présenta les mêmes caractères que le droit de succession, et dut, par suite, se cumuler avec ce dernier ; leurs sphères d'application se confondirent ; du reste, le droit de succession constituait pour la femme un douaire légal, quand il n'en avait pas été stipulé de conventionnel.

---

(1) SAVIGNY. Histoire du droit romain au moyen-âge, t. I, p. 55, cap. 9.

(2) Chez les Wisigoths, une formule de M. de Rozière prouve que le morgengabe était connu, et nous croyons au cumul de cette donation avec le droit de succession. La même solution doit être admise pour les Saxons, comme cela nous paraît résulter de la combinaison du t. VIII § 4 avec le t. IX et même pour les Ripuaires. Quant à la loi des Burgondes, elle reconnaissait formellement le cumul.

Certaines coutumes, par exemple les coutumes d'Artois d'Anjou, du Maine, de Berry et de Touraine, se placent à la même époque pour déterminer l'objet du douaire et celui du droit successoral, ce qui prouve l'exactitude de cette idée. D'ailleurs, dans presque toutes les coutumes, les biens provenant au mari de successions en ligne directe échues pendant le mariage, étaient soumis au douaire.

Quant à la dot légitime du droit germanique, elle disparut sans doute aussi chez les peuples dont nous parlons, quand on considéra le droit de succession en usufruit comme une institution analogue dans sa nature et ses effets à celle du douaire conventionnel, et destinée à le remplacer. »

NOTA : 1° Le droit au quart en propriété des biens du mari, reconnu par la loi Lombarde, se confondit plus tard avec la donation *propter nuptias ;* il n'était, du reste, que le rétablissement de la quarte du conjoint pauvre.

2° Toutes les lois barbares, même celles qui sont les plus favorable aux privilèges de masculinité, sont unanimes à reconnaître à la femme un droit de succession sur la *Gerade* c'est-à-dire sur les choses et objets à son usage. Le Miroir de Saxe (1) s'exprime en ces termes : « *Ad ustensilia seu geradam cognatus ex parte fusi seu mulieris duntaxat admittitur.* » On doit comprendre sous le nom de *gerade* les vêtements de la femme, les étoffes découpées à son usage, les ustensiles du ménage, les ornements et joyaux (2).

---

(1) L. 3, art. 15.

(2) GRIMM. *Antiq. juris Germ.*, p. 556.— EICHHORN. *Inst. jur. privat. germ.* § 336.

SECTION VI.

Droits aux acquêts.

La femme germaine avait une part dans les biens acquis pendant le mariage avec les économies réalisées ; c'est ce qu'on appelait le droit aux acquêts.

La loi des Ripuaires (1) porte que, si la femme n'a rien reçu de son mari soit en vertu d'un testament, soit en vertu de tout autre acte, on lui attribuera, si elle survit, une dot de 50 sols et le 1/3 des biens que les époux ont acquis par leur travail commun « *tertiam partem de omni re quam simul conlaboraverint, sibi studeat vindicare.* » (Gide. Étude sur la condition de la femme.— *Aymoin. Gesta Dagoberti*).

D'après la législation Bavaroise, la veuve sans enfants avait la 1/2 des acquêts en usufruit.

La loi des Burgondes, après avoir dit qu'autrefois il était établi « *ut si mulier defuncto sine filiis marito suo, ad secundas nuptias non transiisset, tertiam hereditatis ejus partem usque in diem vitæ suæ propriis utilitatibus vindicaret* » ajoute : « *Jubemus ut illa tantum vidua hanc de quâ loquimur in hereditate mariti accipiat quantitatem, quæ patris aut matris non habuerit facultatem, aut si ei maritus suus aliquam in quâ vivere possit, successionis suæ non donaverit quantitatem* (2). »

La législation Wisigothique contient sur le droit aux acquêts des règles remarquables. La veuve, en effet, jouit d'un droit qui n'est pas, comme chez les autres peuples barbares,

---

(1) *Lex Ripu.* XXXVII, p. 2.

(2) Loi des Burgondes, LXXVI.

fixé à forfait à une certaine quote-part des biens du mari, mais, au contraire, proportionnel à l'importance de son apport, ou plutôt de tout ce qui a été acquis de son chef pendant le mariage. Comme, d'autre part, ces acquisitions étaient faites le plus souvent en pleine propriété, il semble en résulter, quoique la question soit discutée, que son droit aux acquêts lui conférait la pleine propriété des biens sur lesquels il portait.

La loi des Saxons ne contient que très peu de dispositions sur la question. Voici simplement ce qu'elle en dit dans son Titre IX « *De acquisitis.* » « *De eo quod vir et mulier simul conquisierint, mulier mediam portionem accipiat : hoc apud Westfalaos. Apud Ostfalaos et Angrarios nihil accipiat, sed contenta sit dote suâ.* » mais pour posséder une idée exacte de la situation faite chez ces peuples à la veuve, il faut combiner les règles que nous avons citées, avec celles qui sont contenues dans le Titre VIII *de Dote* de la même loi.

Les numéros III et IV de ce titre nous disent en effet, que, chez les Westphaliens comme chez les Ostfaliens et les Angrarii, la femme « *quœ filios non genuit* » perd sa dot qui revient au donateur : était-elle aussi privée de son droit aux acquêts ? Oui chez les Ostfaliens et les Angrarii ; mais chez les Westphaliens, les termes généraux dont se sert la loi nous portent à croire qu'elle conservait ce droit ; nous retrouvons, du reste, les mêmes règles dans le Miroir de Saxe.

Une formule de Marculfe liv. II-17 accorde à la veuve un droit au 1/3 des bénéfices faits en commun, disposition reproduite de la loi des Ripuaires, et un capitulaire de Louis le Débonnaire daté de 801, ne fait qu'appliquer une règle calquée sur cette loi. En effet, dans le liv. 4, chap. IX, ce capitulaire lui donne d'abord un droit aux tiers dans les *bénéfices* et possessions en dépendant, acquis pendant le mariage, et plus loin dans le liv. 5 ch. CCXCV, il ajoute : « *et de his rebus quas in illud beneficium habuit, aliunde*

*adduxit, vel comparavit, vel ei ab amicis suis conlatæ
sunt, has volumus tam ad orphanos defunctorum, quam
ad uxores eorum pervenire.* »

Ce texte a d'ailleurs été le sujet de deux interprétations.
Parmi les auteurs, les uns ont cru qu'il n'accordait à la
femme qu'une part d'enfant, les autres, qu'il indiquait un
partage à faire entre les *orphani* d'une part et l'*uxor* de
l'autre.

Les premiers ont tiré argument de la loi Wisigothe, liv. IV
tit. II par. 14; mais nous croyons que ce texte parle du
douaire et non du droit aux acquêts, car le droit qu'il confère
s'applique à tous les biens du mari sans en distinguer
l'origine.

Abordons maintenant une question de la plus haute importance, et qui divise encore les auteurs aujourd'hui. On
se demande si le droit aux acquêts est un privilège réservé
à la veuve, ou s'il n'existe pas déjà pour la femme avant le
décès de son mari. Si on répond par l'affirmative à cette
dernière question, on trouvera dans ce droit l'origine de
notre communauté d'acquêts ; si on adopte la solution inverse,
au contraire, il faudra assigner une autre origine à cette
institution.

Il est difficile de fixer d'une façon précise la date de la
naissance de la communauté ; mais quoi qu'il en soit, nous
croyons qu'elle a une origine germanique et non une origine
féodale. « La communauté, dit Paul Viollet (1), n'est que le
développement, la transformation de certains usages germaniques ; c'est un arbre dont il faut chercher la racine, ou, si
l'on veut, la semence dans le droit germanique. » (2).

---

(1) PAUL VIOLLET. Précis de l'histoire du droit français, p. 659. Paris,
1886.

(2) TOUILLER. Traité de droit civil, tome XII, p. 100. — MERLIN, au
mot Communauté de biens, page 157.

Les juriconsultes Allemands (1) soutiennent que la communauté était connue des Germains dès la plus haute antiquité ; seulement, disent-ils, ces peuples ne donnaient pas tous à la femme la même part dans les biens communs.

Nous croyons, au contraire, avec la plupart des auteurs, que la communauté n'était pas en usage chez les races germaniques à l'origine. Les anciennes sources n'indiquent nullement qu'il existait une communauté de biens entre le mari et la femme. La position subalterne de la femme et ses droits restreints dans les successions, s'opposaient, du reste, à la pratique d'une véritable communauté ; les femmes ne pouvaient, en effet, à cause de ces lois, apporter de grandes richesses à leur mari.

Quand donc cette institution prit-elle naissance ? C'est là une question qu'on ne peut trancher d'une manière absolue car, comme le dit fort bien M. D'Olivecrona (2) « le développement des institutions légales pendant le moyen âge a eu lieu principalement par la voie de la tradition, et n'a pas été simultané chez les différents peuples. »

Les plus anciennes traces de la communauté se trouvent, d'après nous, dans deux recueils de lois qui parurent entre le VII° et le IX° siècle (3), la loi des Visigoths et la loi des Saxons (rédigée vers 802). M. Odier dit aussi (4) : « La plupart des lois barbares rédigées au VII° et IX° siècles,

---

(1) MITTERMAIER. Grundsatze des Deutschen Privatrechts, t. II, §§ 384 et 385. — EICHHORN. Deutsche Staats und Rechtsgeschichte, t. I, p. 63-6.

(2) Revue hist., t. XI *ut. sup.*, p. 254 et suiv.

(3) Jusqu'à cette époque, le droit de la femme aux acquêts était un droit attaché au titre de veuve : nous devons donc examiner la question de l'origine de la communauté, puisqu'elle ne fait qu'une avec celle de savoir jusqu'à quand la veuve a joui de cette faveur particulière.

(4) L. II, p. 18 et 136. Traité du contrat de mariage.

assurent à la femme une part dans les gains et acquêts résultant de la collaboration commune et de l'administration du mari. »

Dans son histoire sur le droit de propriété foncière (1), M. Laboulaye avait admis que la communauté de biens était connue des tribus germaniques. « Le mari durant le mariage, disait cet auteur, fait les fruits siens et la femme en tutelle ne peut rien aliéner, mais à la mort du mari, la communauté apparaît. » Une partie des acquêts appartient à la femme : c'est la communauté d'acquêts. M. Laboulaye a ensuite changé d'opinion dans son ouvrage sur la condition civile et politique des femmes (p. 290-291).

Nous croyons que la nature du *mundium* annihilait les droits de la femme pendant le mariage ; mais son patrimoine restait cependant distinct de celui de son mari, et à la mort de ce dernier, elle avait un droit de communauté et non un simple droit de viduité sur les biens acquis en commun. Il n'existait pas, il est vrai, une communauté matérielle et de fait entre les époux, mais bien plutôt une communauté formelle qui ne se manifestait qu'à la mort du mari. M. D'Olivecrona (l. c.) dit aussi : « Il nous paraît évident que la veuve avait, non un droit de viduité ou de succession, mais un véritable droit de communauté, et que, ce que disent les lois barbares n'exprime pas un simple gain de survie, mais un droit réel existant pour la femme pendant le mariage à une quote-part idéale dans le fruit de la collaboration des deux époux et dans le revenu de leurs propres, quoique cette part ne fût détachée de la masse qu'à la mort du mari. » La loi des Wisigoths est bien explicite sur ce point. Elle donne à la veuve sur les acquêts un droit proportionnel à l'étendue de ses apports, et permet aux deux époux de léguer leur part à

_____

(1) Pages 399 et 400.

leurs héritiers respectifs, ou d'en disposer d'une autre manière. Klimrath (1), Ginoulhiac (2) et Odier (3) admettent qu'il en était de même dans la plupart des lois barbares, en particulier dans la loi des Saxons, dans celle des Wisigoths et dans celle des Ripuaires (4); ils s'appuyent, en outre, sur les formules de Marculfe et les capitulaires : enfin, ils font observer que les plus anciennes chartes locales consacrent la communauté (5).

Par contre, la loi des Burgondes liv. XII. 1. 2. et celle des Bavarois XIV-6, n'accordaient à la femme qu'un véritable droit de survie et de succession : la première loi lui donnait l'usufruit du tiers des biens du mari; la deuxième, une part d'enfant dans la masse. — Ces lois, du reste, sont considérées comme étant d'origine romaine (6).

Des auteurs très savants et dont l'autorité est considérable, ont soutenu que l'origine de la communauté, remontait à l'époque féodale, et devait être cherchée dans les *sociétés taisibles*, qui se formaient par la vie commune durant l'an et le jour entre gens de condition servile (7).

D'après le droit germanique, dit Troplong, la femme noble n'avait que le tiers des acquêts à titre de veuve et de gain

---

(1) KLIMRATH. Travaux sur l'histoire du droit français. Paris, 1843, t. I, p. 373-374.

(2) GINOULHIAC. Traité de la dot.

(3) ODIER. L. c. II, p. 18 et 36.

(4) La loi des Ripuaires ne reconnaît à la femme qu'un gain de survie, selon nous. Il en est de même de la loi Salique. — PARDESSUS, l. c., p. 686.

(5) BEAUMANOIR. Cap. XX, 52, édit. Beugnot.

(6) LABOULAYE. Cond. civile et pol. des femmes, p. 151-152.

(7) LAFERRIÈRE. Histoire du droit civil de Rome et des Inst. françaises, t. III, p. 164-166. — TROPLONG. Traité du contrat de mariage, préface, p. CXXXI et suiv. — LABOULAYE, *loco citato*.

de survie seulement. C'est là un principe de société introduit dans les intérêts des époux, société imparfaite sans doute, puisque les droits des époux étaient inégaux, mais principe fondé sur la collaboration et les efforts communs ; mais le droit de la femme n'était pas un droit de communauté car il n'était que conditionnel.

Il ne devint un droit de communauté que plus tard, et vers l'époque où apparurent les premiers monuments du droit coutumier (1). « On ne peut, fait ensuite remarquer Troplong, considérer le droit à la communauté comme corollaire du *mundium*, car les classes dans lesquelles la communauté a régné tout d'abord, étaient vouées à la main-morte et ne connaissaient pas le *mundium*, apanage exclusif du mari de franche condition (2). Le droit de la femme à la communauté ne pouvait naître, d'ailleurs, de son assujettissement même, et des pouvoirs conférés au mari, pouvoirs si étendus qu'ils anéantissaient tous les droits de la femme. » Cette objection s'adresse à l'opinion soutenue par plusieurs auteurs, et, en particulier, par les Allemands qui font dériver du *mundium* lui-même, et de sa nature d'autorité protectrice établie dans l'intérêt de la femme, le droit de celle-ci sur les acquêts.

Pour nous, nous reconnaissons que ce n'est pas le *mundium* qui, en formant des biens de la femme une masse indivise dont le mari était seul administrateur, a établi le droit de la femme sur cette masse : ce droit eut été trop directement contraire à l'organisation même du régime matrimonial chez les tribus germaniques, ainsi qu'à la réalité des faits. Nous pensons que le droit aux acquêts fut accordé

---

(1) BOUTHEILLER. Somme rurale, t. 98. — Établissements, liv. I, ch. 15. — Olim. T. I, p. 261, n° 8.

(2) LOISEL. Inst. coutumières, l. I, t. 2, 20.

à la femme grâce à l'influence sans cesse croissante de l'idée d'égalité prônée par l'Eglise, et de l'adoucissement même du *mundium* provoqué par les développements de l'industrie et du commerce.

M. Laboulaye prétend que les premiers monuments du droit coutumier eux-mêmes, ne nous parlent encore que d'un gain de survie. Il s'appuye sur l'ordonnance de 1219 (par. 38 art. 39), rendue par Philippe-Auguste ; mais, outre que cette ordonnance ne s'appliquait qu'à la Normandie, elle attribuait au mari seul, en déniant tout droit aux héritiers collatéraux de la femme, la propriété des acquêts, ce qui était nier précisément le droit de celle-ci à la communauté : et d'ailleurs, l'assertation du savant auteur est contredite très directement par l'art. 288 de la coutume d'Anjou et par les Etablissements de St-Louis (Chap. 134 et 136).

Un autre argument, invoqué à l'appui du même système, est tiré de cette considération que la veuve noble avait, dans certaines coutumes (1), le droit de prendre la totalité des meubles en payant les dettes. — M. Troplong (l. c. p. 124), voit, au contraire, dans ce fait, une preuve de l'existence de la communauté, mais de la communauté accompagnée de *préciput*, car comme il le fait remarquer, le droit dont parle Laboulaye était réciproque entre les époux, et il ajoute que dès l'époque des croisades, le droit de renoncer à la communauté, fut accordé aux veuves nobles.

L'auteur de l'ouvrage sur la condition civile et politique des femmes, répond en disant que le par. 78 du grand coutumier ne parle que de la renonciation aux meubles, permise à la femme survivante ; on ne peut donc en tirer d'argument.

---

(1) Coutumes de Champagne, art. 12. Touraine, art. 247. Chateauneuf, art. 60. Clermont, art. 189. Reims, art. 279 et 281. Cf. aussi dans ce sens. Grand Coutumier, 2, 29.

« Il n'en est rien dit M. Troplong, 1 c. p. 139, si la femme
n'eut eu qu'un droit de succession, comme le droit de renoncer à une succession est le droit commun, on n'aurait pas
considéré l'introduction du bénéfice de renonciation comme
une nouveauté insolite, comme un de ces privilèges qui ne
s'accordent qu'en vue de puissantes raisons d'équité ». Le
grand coutumier l'appelle un privilège, du reste.

Quoiqu'il en soit de ces divergences partielles, MM. Laboulaye, Troplong et Laferrière sont d'accord pour reconnaître
à la communauté une origine féodale. Ils ont confondu, dit
M. Kœnigswarter, la communauté avec les sociétés taisibles
d'an et de jour ; mais tandis que la première commençait dès
l'union même des époux, les secondes reposaient sur la
possession commune pendant l'an et le jour, conséquence
rigoureuse de la *gewher* ou saisine germanique.

En outre, l'origine féodale du régime de communauté ne
suffirait qu'à en expliquer l'existence chez les roturiers ou
gens de *poeste*, puisque c'était seulement entre ces personnes que la société taisible pouvait se former ; aussi M. Laferrière (Hist. du Dt. f. I. p. 180), cherche-t-il ailleurs que dans
la féodalité, l'origine de la communauté entre gens de condition noble. C'est qu'en effet, cette origine féodale se trouve
partout démentie, et M. Kœnigswarter le prouve suffisam-
samment quand il dit (1) : « Dans le droit coutumier de l'Allemagne où le régime féodal était cependant général, celui de
la communauté était loin d'être : Dans les Pays-Bas, au contraire, où cette communauté était la règle générale, elle ne
s'appliquait pas par une exception unique aux fiefs. En
Belgique et dans la France coutumière, la communauté ne
comprenait que les meubles et acquêts, on en excluait les
fiefs et les immeubles propres. Enfin, c'est surtout dans les

---

(1) Revue de législ. et jurisp., t. 17, p. 430, 1843.

villes où les progrès du commerce et de l'industrie, en
donnant une plus grande valeur aux fortunes mobilières,
avaient effacé les traces du régime féodal, que l'égalité des
époux relativement à leurs biens a été établie le plus tôt ».
Voyez dans le même sens Klimrath. Revue de Législ. et de
Jurisp. tome IV p. 59.

La coutume de Normandie est aussi invoquée à l'appui de
l'opinion que nous combattons. Cette coutume ne reconnaissait pas le régime de communauté : elle allait même
jusqu'à le prohiber, et cependant elle est empreinte plus que
toute autre des idées germaniques. « Les Normands, dit
Troplong (1) arrivant quatre siècles après la conquête des
Francs, apportaient avec eux toute l'énergie de l'esprit germanique déjà affaibli sur les sol des Gaules chez les premiers
vainqueurs. »

Klimrath fait observer que cet argument se retourne
contre ceux qui le proposent. La féodalité était en effet plus
fortement organisée en Normandie que partout ailleurs; c'est
dans cette province que nous en retrouvons les premiers
principes, purs de tout alliage avec le droit romain.

Enfin, M. Laferrière s'appuie encore sur un passage de
Grégoire de Tours (2) qui est ainsi conçu : « *Ibique thesau-
rus Dagoberti, pubente Nanthilde et Chlodovœo.... prœ-
sentatur et œquâ lance dividitur ; tertiam partem de quâ
Dagobertus adquisierat, Nanthildis regina recipit.* » Mais
l'argument ne prouve rien, car la reine Nanthile était veuve
quand ce partage eut lieu.

Pour ces raisons diverses, nous croyons devoir persister
dans l'opinion que nous émettions, en abordant l'étude de
cette grosse controverse. Nous invoquons, en outre, les

---

(1) L. c. p. CXLII.
(2) St-Grégoire de Tours. Œuvres, liv. 9, p. 57.

Formules XL de l'appendice de Marculfe, et 17, Liv. II, du même auteur.

M. Guillouard (1) trouve cette dernière formule (17, Liv. II) décisive dans le sens d'un droit de communàuté véritable. La formule 7 du livre II n'est pas moins claire, ajoute-t-il, quant au caractère de ce droit. Il s'agit d'une donation conjonctive entre le mari et la femme ; la disposition est faite par la femme pour le cas de survie du mari, et elle comprend les acquêts ; or, comment la femme aurait-elle pu disposer de ces biens, si elle n'avait eu sur eux qu'un droit éventuel de viduité ou de succession, et non un véritable droit de communauté ? Enfin, les *Gragas* (2), déclarent les époux communs en biens acquêts après trois ans de mariage, et donnent à la femme, à la dissolution de ce mariage, un droit d'un tiers dans ces derniers biens.

APPENDICE. — *Dispositions spéciales de la coutume de Normandie.*

La coutume de Normandie contenait des règles toutes particulières sur la matière des droits de la veuve, et ces règles tenaient au caractère du peuple normand qui, dit Troplong (3), « se montre, dès l'origine, prévoyant, avisé, parcimonieux et formaliste. Les femmes étaient placées sous la dépendance de leur mari d'une façon beaucoup plus étroite que dans les autres pays coutumiers. La communauté entre

---

(1) GUILLOUARD. Traité du contrat de mariage, t. I, p. 21, 22.
(2) GRAGAS. Traduction de Schlegel, section VI, *de fœdere conjugali.*
(3) L. cit. p. 143.

époux, en particulier, y était formellement prohibée ».
(Art. 389) (1).

Le mari constituait une dot à sa femme, comme chez les
anciens Germains ; en outre, cette dernière avait droit aux
biens par elle apportés lors de son mariage, et qui s'appelaient *maritagium*, en français, *mariage*, d'où le nom de
bref de mariage encombré, dont on qualifiait l'action accordée à la femme quand son mariage avait été indûment aliéné
par le mari. Il fut admis, en effet, dès le XIII° siècle, que le
mari ne pourrait vendre les biens de la femme sans son
consentement. « Le droit public Normand, dit Troplong (2),
considérait la conservation des propres comme une base
essentielle des intérêts domestiques. » Bien plus, il fut même
établi par la suite, que la femme aurait une action de remploi
contre son mari, dans le cas où la vente aurait été faite avec
son consentement, et on alla jusqu'à décider que si les biens
du mari ne suffisaient pas à l'exercice du remploi, le consentement donné par la femme serait considéré comme inutile,
(art. 539-540). Toutefois son action n'était que subsidiaire, et
non principale et directe (3). « Bien de femme ne doit pas
se perdre », disait Basnage.

Ce qui caractérisait encore la coutume de Normandie,
c'est que la femme avait des droits de succession sur les
acquêts et sur les meubles ; elle était véritablement héritière de son mari (art. 389, 394).

Durant le mariage, les acquêts appartenaient au mari
seul, et la femme n'y avait aucun droit ; mais à la mort du
mari, elle succédait à la moitié des acquêts faits en bourgage,

---

(1) Houard. Dictionnaire du droit normand *verbo* : Communauté.

(2) L. c. p. 147.

(3) Littleton. Collection des anciennes lois des Français de Houard,
ch. 5, t. I, p. 43.

c'est-à-dire des biens acquis dans les villes, faubourgs et banlieues (1) et au tiers des conquêts faits hors bourgage ; mais ordinairement son droit ne consistait qu'en usufruit, et elle pouvait y renoncer.

D'autre part, la veuve obtenait la moitié des meubles, s'il n'y avait pas d'enfants (sinon elle n'avait droit qu'au tiers), mais à la charge de payer les dettes hormis les frais des funérailles et les legs testamentaires (art. 392). — Laferrière. Hist. du Droit civil de Rome et des Inst. Franç. t. VI, p. 638 et suivantes.

SECTION VII.

Droits de la femme sur ses enfants.

Tutelle. — La législation des peuples d'origine germanique renferme peu de textes sur ce sujet ; mais les autres peuples barbares se sont inspirés des lois romaines, et n'ont fait, en réalité, que conserver les règles sur la tutelle que nous connaissons déjà.

Chez les Germains, une solidarité très étroite existe entre les membres d'une même famille : le fort protège le faible, et le représente ou, plutôt, se substitue à lui dans l'exercice des droits. La femme était placée, par suite de ce principe, sous le pouvoir, ou *mundium*, de ses parents, pendant toute sa vie (Lex. Long. Liv. II, 10. 1. Burg. Add. 1,

---

(1) Il faut toutefois reconnaître qu'il existait entre les époux normands, mais seulement pour les immeubles acquis en bourgage durant le mariage, une société d'acquêts. La femme avait sur ces biens un droit de communauté, car son droit passait à ses héritiers, si elle décédait avant son mari.

(2) POTHIER. Communauté, n° 7.

Ch. 13) ; il arrivait même, assez souvent, qu'elle se trouvait sous le *mundium* de son propre fils ; elle ne pouvait donc prétendre ni à l'exercice de la puissance paternelle, ni à l'administration de leurs biens (1). Toutefois, l'Église s'occupa de bonne heure de son sort, et y apporta d'importantes modifications ; elle fut, du reste, puissamment aidée par le pouvoir royal dans cette mission.

Le *mundium* germain est organisé dans l'intérêt du tuteur. « Le tuteur, ou mieux le *mainbour*, dit Viollet (2), est souvent le loup qui dévore la brebis. » Il jouit des revenus du pupille et de tous ses meubles, à la charge, toutefois, de payer les dettes. Il ne le représente pas, du reste, en justice, (cette règle ne fut admise que depuis Louis-le-Débonnaire), et ne peut aliéner ses immeubles comme le tuteur Romain. Les véritables défenseurs du mineur sont les membres mâles de sa famille et de sa tribu.

Chez les Visigoths et les Burgondes, la tutelle romaine se retrouve de toutes pièces ; toutefois, chez le premier de ces peuples, le tuteur obtenait le dixième des revenus, ce qui semble être une trace des usages germains. (Viollet, l. c. p. 451.)

A la mort du mari, la veuve devenait tutrice légale de ses enfants, et cette tutelle primait même celle de tous les autres parents. (Lex. Burg. T. LXXXV, p. 2. Lex. Visig. IV. I. 2.) Elle devait, avant d'entrer en fonctions, faire un inventaire exact des biens du mineur, et perdait son droit à la tutelle en cas de remariage.

Le pupille, parvenu à l'âge de vingt ans, recevait la moitié de ses biens ; il en était de même lorsqu'il se mariait ;

---

(1) Kœnigswarter. Revue critique de lég. et jurisp., t. XIII, p. 339.

(2) Viollet. L. c. p. 451.

la mère, sous la condition de ne pas convoler à une seconde union, conservait pendant toute sa vie l'usufruit de l'autre moitié. (Toulotte, Lois du Moyen-Age. T. I, p. 125.)

Puissance paternelle. — En cette matière, comme en beaucoup d'autres, les rois de la première race autorisèrent les Gaulois à suivre les règles de la législation romaine qu'ils avaient toujours respectée et chérie. Il paraît même, qu'insensiblement, on cessa de distinguer les conquérants d'avec les vaincus, et que tous admirent les effets de la puissance paternelle, telle qu'elle était organisée à Rome. Les anciennes chartes montrent clairement que cette institution n'avait rien perdu de sa rigueur primitive. (Du Tillet, Recueil des lois des rois de France, p. 297. Édition de 1603.)

Les femmes ne possèdent pas sur leurs enfants la puissance paternelle telle que l'organise la loi civile : cependant, il faut leur reconnaître une certaine autorité sur eux, surtout lorsqu'ils sont mineurs, et, par exemple, le droit de consentir à leur mariage.

CHAPITRE II.

Période féodale.

Avec la féodalité apparaît un principe nouveau ; le principe de la territorialité des lois. Le sol de la France se couvre d'une infinité de châteaux-forts qui sont les palais d'autant de seigneurs féodaux, vivant indépendants dans leurs terres, comme le roi dans ses domaines.

Le trait caractéristique de cette nouvelle société, c'est l'isolement ; le pays est divisé en autant d'États qu'il y a de seigneurs, et les sujets d'une seigneurie sont des étrangers pour ceux de la seigneurie voisine. Le résultat immédiat de cet état de choses, est l'existence d'une multitude de lois et de coutumes, dont la sphère d'application est restreinte par les frontières même des propriétés seigneuriales sur lesquelles s'étendent leur empire. De là une très grande variété dans les lois et usages féodaux, et une difficulté non moins grande de déterminer le droit commun de la législation à cette époque, les règles admises par la majorité des coutumes. Aussi, les jurisconsultes anciens durent-ils dépenser une somme considérable de travail, pour frayer un premier sentier à travers ce dédale de règles souvent contradictoires, avant la rédaction des coutumes et la publication des ordonnances. C'est en mettant à contribution les principaux ouvrages qu'ils nous ont laissés, que nous allons essayer de jeter quelque lumière sur le ténébreux monument de la législation féodale.

PREMIÈRE DIVISION.

LÉGISLATION DES PAYS DE COUTUMES.

SECTION Ire.

Du Douaire.

Cette institution fut formée de règles empruntées au droit romain et au droit canonique.

Le droit de succession en usufruit admis au profit de la veuve par les lois barbares, et emprunté aux lois romaines, fut l'origine la plus immédiate du douaire légal. C'est aussi en vertu des mêmes lois que furent établies l'inaliénabilité des immeubles soumis au douaire, et l'impossibilité pour la femme de renoncer à son douaire. Enfin, par application de la loi des Wisigoths (L. III, Tit. 5, l. 5), le douaire fut, à l'origine, proscrit entre roturiers, et remplacé par une dot en argent. Nous verrons cependant que, plus tard, on admit dans certaines coutumes, un droit dit de vivelotte entre gens de condition roturière, droit qui équivalait à un véritable douaire.

D'autre part, c'est par application des règles du droit canonique qu'on fit de la constitution du douaire, une condition préalable et nécessaire du mariage. C'est encore à l'influence de l'Église que nous devons l'abrogation du principe de l'achat de la femme qui concerne, comme nous l'avons

vu, la fusion de la dot et du morgengabe, la distinction entre
le *matrimonium ratum* et le *matrimonium consommatum*
qui fit disparaître ce que renfermait de grossier l'institution
primitive du morgengabe, enfin le respect pour le serment,
grâce auquel on empêcha la femme de revenir sur l'aliénation des biens de son mari, comme le droit civil le lui permettait, lorsqu'elle avait fait serment de les respecter.

Nous diviserons cette étude en six paragraphes et un appendice.

§ Ier. — *Fondement du douaire.*

L'Église considérait le douaire comme un secours nécessaire à accorder aux veuves, afin de les garantir contre les
conséquences désastreuses qu'entraînait pour elles la mort
de leur mari. Beaumanoir nous dit, en effet, dans son style
du XIIIe siècle, que cette mort les rend « toutes esbahies et
desconfortées. » Cette manière de voir se justifiait par cette
considération que les femmes n'étaient point dotées dans
cette partie du royaume qu'on appelait la France coutumière, et, au cas même où elles l'étaient, elles ne pouvaient
prétendre aucun droit sur l'héritage de leur père. Il était
donc juste, qu'en cas de viduité, elles eussent de quoi
subsister.

§ II. — *Compétence en matière de douaire.*

Trois espèces de juridictions se déclaraient compétentes
pour connaître des questions intéressant le douaire : la juridiction ecclésiastique, la juridiction royale, et la juridiction
seigneuriale.

Le concile d'Arles avait remis en vigueur le célèbre principe romain, posé par Majorien : « *Nullum sine dote fiat*

conjugium. » Ce principe fut plus tard étendu au douaire,
dont on fit une condition nécessaire du mariage. Par suite,
les tribunaux ecclésiastiques, compétents pour connaître de
toutes les questions concernant cette union, étendirent leur
juridiction sur toutes les causes nées du douaire, qui s'y
rattachaient intimement.

Quant aux seigneurs, ils invoquaient leur droit de justice
ordinaire et l'intérêt des fiefs, pour justifier la compétence
de leurs tribunaux en cette matière. Enfin, le roi s'appuyait
sur la protection dont il couvrait les veuves.

Nous apprenons, par le texte d'une convention passée
entre Philippe-Auguste et les Hauts-Barons (1), que la
femme pouvait choisir entre les trois juridictions celle à
laquelle elle voulait s'adresser. Cela avait été admis, nous
dit ce texte, « à cause qu'en cour d'Église il faut de trop
longs délais pour obtenir le douaire, à cause des appels de
l'archidiacre à l'évêque, de l'évêque à l'archevêque et de
l'archevêque à l'*apostoile* (pape). »

§ III. — *Personnes qui peuvent prétendre au douaire.*

On ne reconnaissait de douaire, ni à la reine de France,
ni à la veuve des Hauts-Barons, c'est-à-dire des seigneurs
dont les fiefs relevaient immédiatement de la couronne,
parce que, pas plus que le domaine royal, les grands fiefs
ne pouvaient être divisés (2).

Le douaire appartenait, au contraire, aux veuves nobles,
aux veuves roturières et aux veuves bourgeoises, du moins

---

(2) Assises de Jérusalem. — Jean D'IBELIN, ch. CLXXVII. — BEAU-
MANOIR. Coutumes de Beauvoisis, ch. XIII-12. — LOISEL. Inst. coutumières, III, règle 186.

à l'époque féodale (1), et, pour ces deux dernières, la quotité en était même plus forte.

Quant aux veuves serves, on ne leur reconnaissait primitivement aucun douaire. Cela résulte d'un passage du roman d'Artus, cité par Du Cange, au mot *dos* :

> Le prêtre fut appareillé
> A leur entrée les a seigné
> Ains n'y fut Douaire nommez
> Ne seremens, ung seul jurez
> Fiance faite, ne pleuvie ;
> Mais le vassal reçut sa mie.

Toutefois, cette règle n'était pas partout appliquée, et dans le Nivernais, un douaire de moitié était reconnu aux veuves serves sur les héritages vilains, autres que bordelages (2). Ce droit leur était discuté quand la société taisible, qui existait entre gens de condition servile, se trouvait dissoute, et dans la plupart des coutumes, le départ d'un seul associé ou « *comparsonnier* », suffisait à produire cet effet.

En règle générale, le douaire est dû à toutes les femmes qui ont contracté mariage de bonne foi, quand bien même le mariage aurait été déclaré nul ensuite, mais, il faut que la femme se soit prêtée à l'acte conjugal. Il n'est pas précisément nécessaire qu'on prouve l'accomplissement même de cet acte, ni même la présence des deux époux dans le même lit. « Il suffit, dit Guyot (3), qu'ils aient été depuis la célébration du mariage dans le cas de se trouver quelques

---

(1) Établissements de St-Louis, l. I, ch. XIII et CXXXIII. Livre de jostice et plet., X, 21, I.

(2) LABOULAYE. L. c. p. 339.

(3) GUYOT. Répertoire alphabétique de jurisprudence. *Verbo*, douaire p. 10.

moments seuls dans un endroit retiré, pour qu'on doive présumer que la femme a gagné son douaire. » (C'est ce
qu'exprime l'art. 450 de la coutume de Bretagne, que nous
avons déjà cité).Le même auteur fait observer que si immédiatement après la bénédiction nuptiale, le mari venait à mourir
subitement, cette présomption, ne pouvant s'établir, la
femme ne pouvait prétendre à aucun douaire.

Toutefois, il en serait autrement si le mari avait eu
des relations charnelles avec sa femme avant le mariage :
celle-ci gagnerait dans ce cas son douaire, à cause de l'effet
rétroactif attaché à la célébration du mariage.

Le douaire est encore du aux femmes étrangères qui ont
épousé des Français ou même des étrangers, si elles ont
contracté mariage en France ; les règles sur cette matière
sont, en effet, de statut réel et, on est présumé suivre la loi
ou l'usage du pays dans lequel on se trouvait à l'époque du
contrat. « *In contractibus veniunt ea quæ sunt moris et
consuetudinis.* » (1) C'est du moins l'avis de Pothier combattu par Renusson.

§ IV. — *Quotité du douaire.*

Dans le partage d'une succession composée de biens nobles,
les deux tiers des biens demeuraient affectés d'une façon
indivisible aux services féodaux : les veuves nobles n'avaient
donc que le douaire du tiers des biens de leur mari prédécédé.

C'est, en effet, la décision que donnent les Etablissements
de Saint-Louis (2) ; mais les Assises de Jérusalem élèvent la

---

(1) Les étrangers pouvaient d'ailleurs contracter en France, le droit
de contracter étant considéré comme faisant partie du *jus gentium.*

(2) Ch. XV. « Si ele veuille prendre douaire en la terre de son seignor,
ce est la tierce partie. »

quotité du douaire à la moitié pour les veuves des croisés (1)
et Beaumanoir prétend d'autre part que Philippe-Auguste
fixa à ce chiffre le taux du douaire légal : « La général cous-
tume des douaires est, dit-il, de ce que la feme emporte la
moitié de ce qui li hons a au jor qu'il l'espouse, si comme j'ai
dessus ; si commenche par l'établissement le bon roi Philippe... et cet établissement commenda il tenir par tout le
roiaume de France. »

S'il faut en croire cet auteur, la coutume dont il nous
parle aurait donc été modifiée dès l'époque des Établissements de Saint-Louis.

En outre, les anciennes coutumes d'Anjou (art. 42) et de
Bretagne fixent à un tiers la quotité du douaire, et les Olim
(2) rapportant deux décisions des Parlements l'une de 1264,
l'autre de 1267, citent encore le même chiffre. L'innovation
de Philippe-Auguste se serait par suite maintenue fort peu de
temps. Quoiqu'il en soit, le douaire est resté définitivement
fixé à la moitié des biens du mari. (3)

§ V. — *Biens soumis au douaire.*

L'institution du douaire ne se conciliait guère avec la
nature de la propriété féodale. Cette dernière tirait son origine du Bénéfice, concession faite par un puissant à l'un de
ses fidèles, en récompense de ses services, et à titre viager :
elle se présente donc sous l'apparence d'un droit essentielle-
ment personnel, au même titre, par exemple, que l'usufruit.
Ce qui accentuerait encore ce caractère étroit et restrictif de

---

(1) Jean d'Ibelin. Ch. CLXXVII.

(2) Olim. P. 190 et 676.

(3) Grand coutumier. Liv. II, ch. XXXII. Jean Desmares, Décision,
217 et 283. Nouvelle coutume de Paris, art. 249.

la propriété féodale, c'est qu'elle n'était concédée qu'à la charge de certains services qu'un homme seul pouvait accomplir (on les appelait droits de *cour plaid et ost*).

Il résultait de ces règles que le douaire ne pouvait porter sur les biens nobles : et, en effet, la veuve ne pouvait accomplir les conditions de la concession (1) ; et, du reste, son mari ne pouvait lui transmettre un droit qui s'éteignait avec lui. C'est ce que constatent les premiers documents de l'époque féodale. (2).

Cependant, sous l'influence de l'Eglise, le sort des veuves s'améliora, et, les seigneurs finirent par consentir, non sans difficulté, il est vrai, à laisser le douaire s'étendre aux biens nobles (3). Les biens nobles comprenaient les fiefs, les bénéfices et généralement tous autres biens donnés par le roi ou les seigneurs à charge de services féodaux.

Sous le bénéfice de cette observation, nous pouvons poser en règle générale que le douaire grevait ceux des biens du mari qui ne faisaient pas partie des acquêts. Toutefois, à défaut de biens propres, la coutume d'Orléans le faisait porter sur le quart de la portion qui revenait au mari dans ces biens, et même sur le quart des biens meubles à leur défaut : la coutume de Tourraine contenait une décision analogue ; mais ces deux coutumes ne prévoient que l'hypothèse où le douaire était conventionnel.

Il nous reste maintenant à indiquer à quelle époque on se plaçait pour déterminer les biens qui devaient être grevés du douaire.

---

(1) Il eût été, d'autre part, inique d'exiger ces services des nu-propriétaires qui ne retiraient pas grand profit de leur droit.

(2) Décrétales d'Innocent III à l'abbé d'André, en Écosse.

(3) Miroir de Saxe. Miroir de Souabe. Schwabensp, art. 188.

A l'origine, le douaire conventionnel existait seul. Or, une convention ne produisant ordinairement d'effets que relativement aux biens sur lesquels on possède un droit actuel, le douaire ne devait porter que sur les biens propres présents. C'est ce que décident les Etablissements de Saint-Louis. Ch. XX. L, I. Le grand coutumier de France. Liv. II. Ch. XXXII. Beaumanoir. L. c. Ch. XIII. 2.

Quant au douaire légal, pour bien faire connaître les règles qui le régissaient, il n'est pas inutile de dire quelques mots de l'influence que le droit de succession reconnu par plusieurs lois barbares à la veuve, exerça sur son élaboration. Lorsque le douaire conventionnel fut devenu un droit viager, ce qui eut lieu du IXᵉ au XIᵉ siècle, le droit de succession présentant les mêmes caractères dut être regardé comme un douaire légal assuré à la femme au cas où le premier n'avait pas été stipulé. « Sans doute tant que le douaire conventionnel consista en un droit de pleine-propriété, dans la plupart des cas, indépendant de la survie, comprenant des biens isolés, le cumul de ce douaire avec le droit de succession put se maintenir, observe M. Rimasson (l. c. p. 403), puisque ce dernier avait une sphère d'application différente ; mais quand on en fut venu à décider que le douaire de la femme ne consisterait plus qu'en un droit d'usufruit subordonné à la condition de survie...; quant aussi, ce que plusieurs chartes attestent, on eut fait porter dans certains cas ce douaire conventionnel sur une quote-part du patrimoine, ces deux droits ne purent sans doute se maintenir l'un à côté de l'autre : leurs sphères d'application se confondirent. »

Plusieurs coutumes fidèles à cette origine historique du douaire, le faisaient porter sur tous les biens propres appartenant au mari au jour de son décès. S'il faut en croire Loisel, cette règle aurait été admise sous l'influence d'Eudes de Sens, légiste du XIVᵉ siècle ; mais une note des Olim citée parmi les arrêts rendus en l'année 1268, nous apprend qu'elle est beaucoup plus ancienne.

La coutume de Paris, art. 248, ne déclarait soumis au douaire que les biens advenus au mari en ligne directe « depuis la consommation du mariage et pendant icelui. » (1).

La coutume de Normandie, art. 367, contient une disposition semblable, mais elle ajoute : « Si le père ou ayeul du mari ont consenti le mariage, ou s'ils y ont été présents, la femme aura son douaire sur leur succession, bien qu'elle échée depuis le décès du mari, pour telle part et portion qui lui en eu pu appartenir, si elle fut avenue de son vivant. » Dans bien d'autres coutumes on se plaçait aussi au jour du mariage pour déterminer l'assiette du douaire (2).

Au reste, M. Boissonnade fait remarquer qu'il ne faut pas attacher une trop grande importance à cette différence entre les coutumes, car les textes qui prennent le jour du mariage pour la détermination du douaire, y font rentrer les successions échues au mari sa vie durant, en ligne directe ascendante, mais en excluent les successions collatérales : or, les textes qui se placent au jour du décès, paraissent bien aussi exclure ces derniers. D'autre part, les acquêts sont dans presque toutes les coutumes soustraits au douaire : le résultat auquel on aboutit est donc presque toujours le même.

Quoi qu'il en soit, comment expliquer le principe admis par la coutume de Paris et celle de Normandie ?

---

(1) Les biens substitués étaient-ils soumis au douaire ? Oui, si le mari les tenait d'un de ses ascendants, quoique par l'intermédiaire d'un étranger ; non, s'ils venaient d'une autre personne. En tous les cas, pour que ces biens fussent grevés, il fallait que le mari n'eût pas une quantité suffisante de biens libres pour assurer un douaire convenable à la femme.

(2) Très ancienne coutume d'Artois, ch. XXXIII, p. I. Grand coutumier de Normandie, ch. XI et CI.

On sait que le douaire provient d'une fusion entre la dot et le morgengabe. Le droit de succession dont nous parlions plus haut exerça sans doute son influence sur cette dot : il dut notamment y avoir une influence considérable sur sa modification et son étendue, et en particulier sur son extension à une quote-part du patrimoine.

« Mais réciproquement, ajoute M. Rimasson, cette dernière institution (la dot) dut aussi le pénétrer lui-même, dans une certaine mesure, de son influence, et entra peut-être pour quelque chose dans le changement relatif à l'époque choisie autrefois pour l'évaluation du patrimoine, sur lequel une quote-part était prise. Dans le droit de succession primitif, c'était sur le patrimoine laissé par l'époux à son lit de mort, que la femme prenait une moitié ou un tiers. Dans notre douaire coutumier du moyen-âge, ce fut sur le patrimoine du mari tel qu'il se comportait au moment du mariage.

§ VI..— *Effets du douaire*.

Le douaire ne portant que sur une fraction des biens du mari, il y avait à la mort de ce dernier un partage à opérer entre ses héritiers et sa veuve. Quelques coutumes l'autorisaient à choisir les biens à sa convenance, et Beaumanoir ne fait qu'appliquer cette règle quand il nous dit que la femme « emporte en son douaire le chief manoir, tout soit ce que soit forterece, et tout l'enclos, tout soit ce qu'il soit tenu de plusieurs seigneurs. »

L'ancienne coutume de Normandie ne lui permet ce choix qu'au cas d'insuffisance des biens du mari.

Quelle était la nature du droit conféré à la veuve sur les biens objets du douaire ?

Nous avons dit plus haut à partir de quelle époque environ, le douaire put porter sur une quote-part du patrimoine, et ne conféra plus un droit de propriété ; quelle était donc la nature du droit qu'il donnait ?

C'était un droit analogue à celui qu'on reconnaissait au concessionnaire d'un fief : la veuve avait le domaine utile des biens, le domaine direct étant réservé aux héritiers comme il l'était au suzerain donateur du fief. Il est vrai qu'elle n'avait pas sur les biens fonds sujets à son douaire, un droit complet de propriété, car elle ne pouvait ni ruiner le fonds, ni l'aliéner ; mais, tous les autres droits inhérents à la qualité de propriétaire lui étaient reconnus, et notamment celui de jouir des produits qui n'avaient pas le caractère de fruits. Sa situation était analogue à celle d'un grevé de substitution relativement aux biens substitués.

Quand le douaire portait sur les fiefs, les héritiers du mari supportaient toutes les charges féodales, et la veuve était notamment affranchie de l'hommage et de toute redevance ; Bracton nous dit en effet : « *Libera debet esse dos : nihil enim confert uxor de dote suâ ad debita marita acquitanda ; item heres tenetur defendere et pro eâ sequi comitatus, hundredas, etc.* » (1). Toutefois elle supportait les charges usufructuaires ordinaires, et devait contribuer au ban et à l'arrière ban (2), ainsi qu'aux rentes foncières ordinaires. (Rénusson. Traité du douaire. Ch. 8, art. 262. Cᵗᵉ de Châlons, art. 53.)

Lorsqu'à la suite de la rénovation des études de droit

---

(1) Très ancienne coutume de Normandie , édit. — RICHEBOURG, ch. XXXI à XXXIII.

(2) « L'arrière-ban, dit Loisel , est la convocation des sujets et vassaux qu'on appelle à cri public pour aller à la guerre, quand le roi le commande, y envoyer hommes exprès ou payer certaines finances. »

romain, les lois du Digeste et du Code de Justinien pénétrèrent en France, il se produisit de graves changements dans les règles sur le douaire. Les principes de la législation romaine, objets d'admiration pour tous les jurisconsultes de l'époque, furent infusés comme un sang nouveau dans les veines du corps juridique de l'époque coutumière, et en modifièrent le tempérament. L'antique division du droit de propriété en *jus utendi, jus fruendi* et *jus abutendi* reparut, et le droit de la veuve sur le douaire devint un véritable droit d'usufruit.

Dès lors, la douairière fut assujettie à la caution de jouir en *paterfâmilias ;* mais cette obligation fut tempérée par l'usage qui se répandit dans quelques coutumes, de n'exiger qu'une simple caution juratoire ou sous serment. Dès lors, elle eut à supporter les réparations d'entretien qui survenaient pendant la durée de sa jouissance, acquitter les charges foncières ordinaires, comme le cens, les rentes foncières, dîmes et champarts, ou extraordinaires, comme les tailles d'Église, les dixièmes et autres impositions de même nature. Elle supporta aussi le droit de franc fief, mais les devoirs du fief ne pesèrent pas sur elle, et continuèrent à grever les héritiers. (Coutume de Paris, art. 240.) Cependant, si ceux-ci négligeaient de prester la foi et l'hommage pour le fief soumis au douaire, le seigneur n'était pas forcé de laisser la douairière entrer en jouissance ; on n'accordait à cette dernière qu'un simple recours contre l'héritier. C'est encore par application des règles romaines, que la veuve ne gagnait pas les simples produits qui n'avaient pas le caractère de fruits, ni les droits honorifiques du fief. En un mot, elle était dans la situation d'un usufruitier ordinaire ; aussi, n'étudierons-nous pas davantage la nature et l'étendue de ce droit, les règles n'en étant pas spéciales à cette matière.

Dans le plus grand nombre des coutumes, la veuve était saisie de plein droit de douaire, sans qu'elle eut à en demander la délivrance aux héritiers ou à la justice. « Douaire, soit coutumier ou préfix, dit la Coutume de Paris, art. 236, saisit, sans qu'il soit besoin de le demander en jugement, et courent les fruits et arrérages du jour du décès du mari. » La femme pouvait se mettre d'elle-même en possession des héritages soumis au douaire, et intenter la complainte en cas de trouble.

En Normandie, le douaire n'est dû que du jour où il est demandé. Beaumanoir, Ch. XIII. 25, nous dit que « par le fait de la compaignie carnele », elle a acquis droit à la saisine, et Loisel, (I. 3. p. 5. l. c.), ajoute qu'elle obtient son douaire du jour du bénédiction nuptiale. Ces idées sont exactes et ne font que reproduire l'ancienne règle « au coucher ensemble gagne femme son douaire »; mais la saisine ne lui est utile qu'au décès, puisque en vertu du *mundium*, elle est incapable d'exercer aucun droit utile pendant le mariage; aussi Loisel nous dit-il très bien, l. c. I. 3. 5, que « tant que la femme vit, son douaire est égaré ». Il faut observer, cependant, qu'une fois la condition de survie accomplie, il se produisait une véritable rétroactivité en faveur de la veuve, en ce sens du moins, que les aliénations effectuées au préjudice de son douaire, se trouvaient résolues (1), les fruits perçus pendant le mariage, restant définitivement acquis au mari et à la communauté, car ils sont destinés à supporter les charges du mariage.

Cette résolution des aliénations n'était qu'une conséquence du droit de suite, reconnu à la veuve contre les tiers acquéreurs.

---

(1) N'était-il pas plus simple de défendre ces aliénations au mari ? Cette prohibition se serait difficilement conciliée avec le pouvoir ou *mundium* qui lui appartenait ; et d'ailleurs la mort de la femme pouvait survenir pendant le mariage, auquel cas elle perdait tout droit au douaire.

Loisel explique cette règle, en disant qu'on reconnaissait à la femme une hypothèque tacite, ou nantissement, sur les biens sujets au domaine. « Douaire, dit-il, a taisible hypothèque et nantissement. » (l. c. L. 1, t. III, art. 20.) Ricard (1) et plusieurs auteurs après lui, ont parlé longuement de cette hypothèque, de son rang et de sa valeur. Cependant, pour expliquer la résolution des aliénations faites par le mari sur les biens objets du douaire, il suffit de reconnaître à la femme un droit d'usufruit soumis à la condition suspensive « si elle survit au mari » ; la condition suspensive une fois réalisée, produit, en effet, des effets rétroactifs, et le mari est censé n'avoir jamais été propriétaire des biens aliénés (2).

Dans les Assises de Jérusalem, les coutumes du Bourbonnais et du Berry, le douaire n'est qu'un droit de succession sur le patrimoine du mari, et la veuve est tenue de prendre ce patrimoine dans l'état où il se trouve. Cela, du reste, n'a rien qui doive surprendre, étant donnée l'origine de cette institution. C'est, en effet, au douaire conventionnel que fut empruntée, d'après M. Rimasson, (p. 495. l. c.) la prohibition pour le mari, d'aliéner les immeubles grevés du douaire ; aussi la femme ne fut-elle investie que plus tard, et avec difficulté, du droit de rechercher les immeubles entre les mains du tiers acquéreur.

Du reste, il ne faudrait pas s'imaginer que toute aliénation de biens, consentie pendant le mariage, est nulle ; il faut, en effet, distinguer entre les aliénations nécessaires ou consenties par la femme, et les autres.—L'aliénation était-elle forcée ? Le fonds restait définitivement acquis à l'adjudica-

---

(1) Ricard. Coutumes de Senlis, t. 14, art. 273, 274, nos 9, 10 et 11 — Guyot, l. c. t. XXI vo, douaire, 46-51.

(2) Dunod. Prescrip. IIIe part., ch. III. — Lebrun, Communauté, liv. III, ch. II, no 12.

taire, mais le droit de la femme se trouvait transporté sur le prix d'adjudication. La femme intervenait-elle dans le contrat d'aliénation passé par son mari? Pour perdre tout droit à son douaire sur l'immeuble vendu, il fallait, en outre, qu'elle y renonçât formellement et avec serment fait et renouvelé devant le juge ecclésiastique (1). D'ailleurs, cette renonciation ne produisait d'effets, que si elle obtenait assignation de son douaire sur un immeuble équivalent (2).

Nota. — 1° La veuve peut ne pas jouir par elle-même des biens sujets au douaire, car il lui est permis d'affermer et même de vendre son droit d'usufruit. Toutefois, plusieurs jurisconsultes avaient pensé que le nu-propriétaire devait, en ce dernier cas, obtenir la préférence, quand il le demandait avant que l'acquéreur ou le preneur s'en fussent mis en jouissance. Cette manière de voir a laissé des traces dans les coutumes du Berri, (article 18, Tit. 8.) Sedan, de Péronne, Calais, etc.;

2° La veuve d'un second mariage ne pouvait obtenir qu'un douaire égal à la moitié (3) de ce qui était resté disponible entre les mains de son mari après la perte de sa première femme, c'est-à-dire à un quart.

Appendice. — *Droit de Vivelotte.*

C'était un droit d'usufruit accordé à la femme sur la totalité des biens que le mari tenait en main ferme ou roture :

---

(1) La violation de ce serment était punie de l'excommunication et de la perte du douaire.

(2) Laboulaye. L. c: p. 268.

(3) La quotité du douaire resta fixée définitivement à ce chiffre dans la plupart des coutumes. — Giraud. Précis de l'ancien droit coutumier français, p. 70. Il était du tiers en Normandie.

la femme gardait ce droit qui constituait un véritable douaire, tant qu'elle demeurait veuve, qu'elle eut ou non des enfants, mais en perdait la moitié lorsqu'elle se remariait.

Cet avantage se fondit sans doute assez tôt dans le douaire, car il a laissé bien peu de traces (1) ; cependant, au dire de Merlin, on retrouve encore dans les usages de la châtellenie de Lille et au XVIIIe siècle, un droit dit de vivenotte ne portant que sur les fiefs et n'appartenant qu'à la femme commune.

SECTION II.

Droit de succession.

Les documents sont très peu nombreux en cette matière, Loisel l. c. t. II p. 125 appelle à la succession du mari prédécédé le seigneur haut justicier, dans le cas où il n'existe pas de parents successibles, et il est fort probable qu'à cette époque où la féodalité était dans toute sa puissance, la veuve était écartée par le seigneur.

Nous lisons en vérité dans les assises de Jérusalem (2) « Nul home n'est si droit heir au mort, come est sa fame espouze », mais il est fort probable que cette disposition n'était applicable que dans les pays occupés par les croisés (3).

---

(1) BOUTHEILLER. Somme rurale, t. XCVIII, p. 559.

(2) Assises de Jérusalem. Cour des bourgeois, ch. CLXXXVI.

(3) Quant à l'authentique *prœterea* elle n'était applicable que dans les pays de coutume.

Le droit aux acquêts étant devenu à cette époque un véritable droit de communauté, d'après l'opinion que nous avons admise, nous n'avons pas à nous en occuper ici ; car il ne présente plus le caractère d'un avantage attaché au titre de veuve.

SECTION III.

Droit d'habitation.

Les établissements de St-Louis, liv. I ch. XVI, reconnaissaient à la veuve le droit d'habiter l'une des maisons du mari. — Nous étudierons cette question avec plus de détails, dans la période monarchique, car le droit dont nous parlons n'existait qu'en germe à l'époque féodale, et n'acquit son véritable développement que plus tard.

SECTION IV.

Droit aux linges et hardes.

Beaumanoir dans son traité sur les coutumes de Beauvoisis (1), reconnaissait à la veuve le droit de reprendre parmi les meubles de la communauté, quelques menus objets à son usage personnel. Des abus s'étaient même introduits en cette matière, nous dit-il, et les exécuteurs testamentaires laissaient la veuve prendre « le plus bel lit fourni, et parmi les joyaux le plus bel anep, et le plus bel henap. »

---

(1) BEAUMANOIR. L. c. p. XIII, 21.

En sa qualité de bailli de Clermont, Beaumanoir ayant eu à se prononcer sur cette question, décida qu'on devait permettre à la veuve d'emporter lorsqu'elle renonçait à la communauté « tant seulement sa robe de case, sa robe de chascun jor, la dernière qu'elle est accoustumée à vêtir cascun jor, et le lit telle comme elle l'avait accoustumé pour son gésir. »

SECTION V.

Droits de la veuve sur ses enfants.

L'institution du *mundium* que nous avons rencontrée sous la période précédente, s'est conservée sous le nom de bail, garde ou mainbournie. Toutefois, le droit de bail ne s'appliqua longtemps qu'aux fiefs. « Bail si est de fié, » disent les établissements de Saint-Louis (1), et même ce n'est guère que sous la période suivante qu'il put porter sur les autres biens et ne fut plus attaché qu'à la qualité des personnes ; il devint alors la garbe-noble.

Lorsqu'un vassal meurt laissant pour lui succéder un enfant mineur, le seigneur suzerain, à qui les services féodaux ne peuvent plus être prestés, peut, à la rigueur, exercicer la commise ou retrait du fief. Cependant, cette solution rigoureuse ne fut pas admise ; les seigneurs se contentèrent de jouir par eux-mêmes du fief pendant la minorité du vassal, et d'en percevoir les revenus ; c'est ce qu'on appelait le bail seigneurial.

Cette institution disparut d'assez bonne heure ; « Le droit commun, dit Viollet, accordait aux ascendants l'exercice

---

(1) Établissements, l. II, ch. 18. — Beaumanoir, ch. XV, n° 7.

des droits de leurs enfants. Les ascendants se présentèrent armés du droit héréditaire des enfants et de leur propre capacité (1) ».

La mère eut donc le bail des biens de ses enfants mineurs, et si elle devait l'hommage au seigneur suzerain, du moins elle n'était pas tenue, comme les autres baillistres, au paiement du droit de rachat. A la différence des collatéraux, les ascendants, en outre, avaient en même temps la garde de leurs enfants et le bail de leurs biens. Leur affection garantissait, en effet, le sort de l'enfant, et on n'aurait pu leur appliquer cette vieille maxime :

> « Ne doit mie garder l'agnel.
> Qui en dit avoir le peil. »

Le baillistre ou bail jouit des revenus des biens immobiliers, et acquiert la propriété des meubles ; il peut exercer tous les droits attachés au fief, et concéder sur les biens qui le composent, des droits temporaires comme sa jouissance même ; en revanche, il ne peut aliéner les immeubles, est tenu de remplir tous les services féodaux et de payer toutes les dettes du mineur. « Qui bail prend quitte le rend », dit un ancien principe.

Les frais de nourriture et d'éducation lui incombent, mais la formation morale de l'enfant, son éducation, regardent le gardien. En résumé, sa situation est à peu près celle d'un usufruitier ordinaire (2).

---

(1) VIOLLET. L. c. p. 455. — D'ARBOIS DE JUBAINVILLE. Recherches sur la minorité et ses effets dans le droit féodal français (bibliothèque de l'école des chartes, 3ᵉ série, t. II, p. 417).

(2) DEMANGEAT. Revue Fœlix, t. II, page 659. — LAURIÈRE, Vᵒ Bail.

La veuve est toujours libre de renoncer au bail ; celui-ci est alors confié aux parents collatéraux, et elle conserve la garde de ses enfants. Lorsqu'elle cumule les droits de bail et de garde, le mineur ne peut faire aucun acte sans son autorisation, relativement à ses biens, et à la fin du bail, elle lui rend compte de sa gestion. — Plus tard, on admit un bail pour les biens du côté paternel et un second bail pour les biens maternels, sous l'influence de la règle appliquée en matière successorale : *Paterna paternis, materna maternis*. La veuve n'eut plus alors le bail de tous les biens de son enfant.

Le bail prenait fin par la majorité de l'enfant (et cette majorité variait beaucoup suivant les coutumes), par l'émancipation, par le remariage de la veuve dans plusieurs coutumes (d'autres se contentaient d'exiger d'elles des garanties), enfin, quand le mineur était une fille, par son mariage. Toutefois, en ce dernier cas, quand il y avait lieu à la garde seigneuriale, celle-ci ne cessait pas, si le mari de la mineure (la demoiselle, disent les textes de l'époque) était lui-même mineur, mais cette solution rigoureuse ne fut pas conservée.

Il existait dans certaines communes et pour les bourgeois, un droit analogue au bail appelé garde bourgeoise, mais la majorité étant fixée à un âge beaucoup moins avancé pour les bourgeois que pour les nobles, puisqu'elle s'arrêtait à douze ans pour les filles et à quatorze ans pour les mâles, cette institution avait, en fait, moins d'importance. A part cette exception, elle était, du reste, régie par les mêmes règles.

Tutelle. — La tutelle, institution romaine dans sa nature, existait aussi dans l'ancienne France, mais elle était souvent appelée garde dans les pays coutumiers (Cte d'Auxerre, art. 254 et 259) où elle avait pénétré. La tutelle testamentaire déférée par le mari défunt était admise dans toute la France en général ; mais sauf en Auvergne, dans le Bourbonnais et dans le Nivernais , la nomination du tuteur devait être confirmée par le juge.

La tutelle légitime de la mère survivante était en vigueur dans les pays de droit écrit , mais dans les coutumes elle était remplacée par le bail et la garde , sauf à Auxerre. En tous les cas , la mère avait besoin de la confirmation du juge pour l'exercer, sauf dans les trois coutumes d'Auvergne, du Bourbonnais et du Nivernais. — Les causes d'extinction de la tutelle étaient, du reste, les mêmes que celles du bail que nous avons indiquées plus haut.

« Peu de matières , conclut M. Viollet (l. c. p. 462), sont plus complexes et plus emmêlées. Le bail et la garde bourgeoise se croisent et se confondent ; puis, la tutelle, entendue en un sens de plus en plus romain , intervient et augmente la confusion. Inextricable labyrinthe où luttent stérilement deux ou trois institutions parallèles ! »

Puissance paternelle. — En pays de droit écrit, la législation romaine s'est conservée. La puissance paternelle n'appartient qu'au père, et dure toute la vie de l'enfant. Mais en pays de droit coutumier, elle a lieu en faveur de la mère comme du père. Les lois du Hainaut , par exemple , la rendent absolument commune aux deux époux (1), mais le père l'exerce seul pendant sa vie, la mère ne peut en jouir qu'à l'instant où elle devient veuve. La coutume de Liège renferme des dispositions analogues.

---

(1) Par suite d'une singularité remarquable , ces lois ne l'accordent qu'aux roturiers et aux nouveaux nobles.

DEUXIÈME DIVISION.

LÉGISLATION DES PAYS DE DROIT ÉCRIT.

On sait que l'époque féodale se caractérise par le caractère territorial des lois et coutumes. La France est divisée à ce point de vue en deux parties : le Nord et le Midi. Dans le Nord, on suivait les règles apportées par les peuples d'origine barbare, dans toute leur pureté primitive : dans le Midi, au contraire, le droit romain était appliqué d'une façon générale. Cette division est mentionnée dans un capitulaire qui remonte à Charles le Chauve, et qui est ainsi conçu « *In illâ terrâ in quâ judicia secundum legem Romanam terminantur, secundum ipsam legem judicetur, et in illâ terrâ in quâ judicia secundum legem romanam non judicantur, monetarius sicut supra diximus, falsi denarii, manum dexteram perdat* » (1).

Ce n'étaient pas simplement les lois romaines du code Théodosien, du Digeste, du code de Justinien et des Novelles que ces pays suivaient. La féodalité avait apporté des usages nouveaux qui étaient en vigueur partout, parce qu'ils se rattachaient aux principes même dans lesquels elle prenait sa source. La division des biens en propres et acquêts était partout connue, par exemple, ainsi que les réserves coutumières, la règle *paterna paternis, materna maternis* ; mais, les règles romaines formaient le fond même de la

---

(1) *Edictum Pistense, anno* 864. — WALTER, l. c. t. 3, p. 144.

législation dans cette partie de la France, et c'est pour cette raison qu'on appelait pays de droit écrit tout le territoire qu'elle comprenait (1).

Du reste, ce fait n'a rien qui doive trop nous surprendre. Après la chûte du Bas-Empire, les peuples barbares qui s'étaient établis dans le Midi de la Gaule, soumis depuis long-temps à la législation romaine, loin d'imposer immédiate-ment leurs lois aux peuples vaincus, avaient au contraire réuni les principales règles du droit romain dans des recueils destinés à régir leurs rapports sociaux (2). Telles sont le bréviaire d'Alaric, la loi Gombette, *les Petri excerptiones*, grâce auxquels le droit romain se conserva pendant l'époque barbare et pendant une grande partie de l'époque féodale dans les provinces méridionales de la France (3). Ces pro-vinces comprenaient une étendue de territoire supérieure au tiers de celui de tout le royaume ; si l'on veut, du reste, se faire une idée exacte de l'étendue relative des pays de coutumes, et des pays de droit écrit, il suffira de consulter les œuvres de Klimrath (t. II, p. 220. Œuvres complètes), et en particulier sa belle carte coutumière. Je dirai seulement que, d'une façon générale, la Loire semble sur une très grande partie de son cours avoir servi de limite entre ces deux parties de notre sol.

Dans les pays de droit écrit, nous retrouvons l'institution

---

(1) Ce mot se trouve pour la première fois dons des lettres patentes de St-Louis, datées de 1250.

(2) Ces recueils dits « *leges romanæ barbarorum*, » étaient pour la plupart composés des règles du code théodosien, de quelques fragments des jurisconsultes anciens, des sentences de Paul, des règles d'Ulpien et de l'Epitome Juliani.

(3) SAVIGNY. Hist. du droit romain au Moyen-Age, ch. V et VI, ch. VII à XV.

de la dot avec le caractère et la nature qu'elle avait en droit romain, ainsi que les droits successoraux de la veuve tels qu'ils étaient à l'époque de Justinien. En outre, le nouvel état des choses et les besoins nouveaux de la société avaient donné naissance à d'autres avantages légaux au profit de la veuve ; mais nous croyons que l'étude en sera mieux placée dans la période suivante, à cause du peu de développement qu'ils avaient atteint à l'époque féodale.

CHAPITRE III.

Période monarchique.

Nous avons rencontré à l'époque féodale une diversité si grande dans la législation, et un nombre de coutumes si considérable, que Voltaire a pu, sans trop d'exagération, affirmer qu'un voyageur parcourant la France, changeait de lois aussi souvent que de chevaux de poste.

A l'époque où nous sommes arrivés, les armes royales sur les champs de batailles, les efforts des légistes dans le domaine du droit, ont fortement ébranlé la puissance de la féodalité qui bientôt succombera sous les ruses de Louis XI et les efforts de Richelieu... Elle disparaîtra comme institution politique, mais non sans laisser dans notre sol juridique de nombreuses et profondes racines que sept siècles d'existence avaient développées. C'est ainsi, par exemple, que subsisteront les règles sur les droits d'aînesse, les subtitutions, le préciput légal du conjoint noble, etc.

Les rois ayant définitivement triomphé des seigneurs, songèrent à soumettre à la même administration et à l'empire des mêmes lois toutes les parties de la France. Ils eurent recours, pour établir cette unité, aux ordonnances et règlements généraux, ainsi qu'à la science des jurisconsultes à laquelle ils surent donnner une heureuse direction en décrétant la rédaction des coutumes. En outre, comme le dit M. Gauthier (1), « un souffle nouveau anime ces jurisconsultes qui, avec le secours d'une admirable érudition, vont chercher dans l'étude du droit romain et y retrouver les principes éternels du droit. »

Tel est le caractère de l'époque monarchique, durant laquelle un pas immense fut fait vers l'unité de la législation française.

Nous allons successivement passer en revue les conséquences diverses de ce changement dans les choses et dans les mœurs sur les institutions que nous avons étudiées jusqu'ici, ainsi que les règles nouvelles dont nous lui sommes redevables.

PREMIÈRE DIVISION.

LÉGISLATION DES PAYS DE COUTUMES.

SECTION Ire.

Du Douaire.

Nous diviserons cette section en six paragraphes.

§ Ier, — *Nature du douaire.*

De même qu'à l'époque féodale, le douaire a encore la nature et le caractère d'une convention ordinaire ; il est

---

(1) GAUTHIER. Précis de l'histoire du droit français, p. 286.

soumis aux mêmes principes, et notamment dispensé de l'insinuation. C'est ce que Pothier nous explique très clairement. « Une donation est, en effet, nous dit-il, une libéralité qu'on fait à quelqu'un, sans y être obligé, *liberalitas nullo cogente facta.* » Or, on ne peut pas dire la même chose du douaire. « Suivant nos mœurs, au contraire, ajoute Pothier, un homme, en épousant une femme, contracte l'obligation de pourvoir sur ses biens après sa mort, à la subsistance de cette femme, au cas qu'elle lui survive. »

Les règles qui gouvernaient la matière du douaire étaient des statuts réels ; aussi, pour savoir sous l'empire de quelle coutume on devait se placer envisageait-on la situation des immeubles du mari, et non le lieu de son domicile. Il en résultait plusieurs conséquences :

1° Quand le douaire portait sur des meubles corporels ou incorporels, on suivait la loi du domicile du mari : « *Mobilia ossibus personæ inhærent,* disait Dumoulin. »

2° Quand les immeubles grevés du douaire se trouvaient situés sur plusieurs territoires régis par des coutumes différentes, on appliquait simultanément les dispositions de ces coutumes.

Le douaire enfin était un droit réel, et pouvait s'exercer par suite contre les tiers détenteurs ou les acquéreurs des biens aliénés par le mari depuis le mariage. Toutefois, si le mari avait laissé des héritages suffisants pour assurer le douaire, la veuve ne pouvait agir contre eux. D'autre part, elle ne pouvait critiquer les aliénations auxquelles elle avait consenti, et il n'était même plus nécessaire, comme sous la période féodale, qu'elle eut accompagné son adhésion du serment, ou reçu en échange une assignation de son douaire sur d'autres immeubles du mari ; mais on lui accordait une indemnité que les héritiers du mari étaient obligés de payer. — On la privait de tout recours contre les tiers, quand elle

avait accepté la communauté, par application de la maxime :
« *Quem de evictione tenet actio, eumdem agentem repellit
exceptio.* » La garantie dont elle était tenue était, en effet,
considérée généralement comme indivisible ; cependant
Pothier permettait à la femme d'agir pour moitié.

La veuve jouissait sur les biens soumis au douaire de tous
les droits d'un usufruitier ordinaire : elle était, d'autre part,
soumise aux mêmes obligations. Cependant, elle ne devait
donner, pour garantir les restitutions à opérer à la fin du
douaire, qu'une caution juratoire et non des fidéjusteurs
(art. 264, Coutume de Paris).

§ II. — *A qui appartenait le douaire.*

La plupart des coutumes l'accordaient à la veuve roturière aussi bien qu'à la veuve noble (1). M. Boissonnade (2)
fait remarquer que les coutumes d'Anjou et du Maine n'accordaient pas le douaire à la femme noble qui avait
hérité de ses père, mère ou autres lignagers, non au moment
de la mort du mari, mais au moment du mariage. Il en
conclut, et ceci vient à l'appui de ce que nous avons dit plus
haut, que le douaire était considéré moins comme une donation que comme un moyen d'assurer la subsistance de la
femme.

Le douaire était accordé à toutes les femmes mariées sans
distinguer si elles étaient ou non communes en biens ; cependant la coutume du duché de Bourgogne privait de son
douaire la femme qui renonçait à la communauté.

---

(1) Coutume de Paris, art. 247. *Contra*, coutumes de Saintonge, d'Anjou, art. 300 et du Maine, art. 314.

(2) Boissonnade. L. c. p. 211.

§ III. — *Quotité du douaire.*

Le taux du douaire n'était pas le même dans toutes les coutumes. La coutume du comté de Bourgogne accordait à la veuve un douaire d'une importance proportionnelle à celle de la dot qu'elle avait apportée, et le fixait au tiers de la valeur de cette dot.

La coutume de Touraine le réglait d'après la condition des personnes, art. 326.

Dans la coutume de Calais le taux du douaire variait avec la nature des biens sur lesquels il portait : il était de moitié pour les biens roturiers, et du tiers pour les fiefs (art. 49). La règle inverse était suivie dans la coutume du Boulenois.

En Normandie (art. 317), en Bretagne (art. 455), et dans les coutumes de l'Anjou (art. 299), du Poitou (art. 256) et du Maine (art. 313), la quotité en était fixée au tiers des biens du mari. Ce chiffre, selon Pothier, doit être considéré comme un souvenir des dispositions portées par les rois d'Angleterre pendant la durée de leur domination sur la France.

Enfin, dans les coutumes d'Orléans (art. 218), et de Paris, (art. 248) ainsi que dans la plupart des autres coutumes, le douaire était de la moitié des biens du mari.

Quelques coutumes (Orléans, art. 221), reconnaissent à la veuve un douaire subsidiaire dans le cas où le mari n'aurait eu aucun héritage propre à l'époque du mariage. Ce douaire était du quart en usufruit des conquêts échus aux héritiers de ce dernier, et à défaut de conquêts, de meubles échus aux mêmes héritiers, déduction faite des dettes dans les deux cas, suivant l'adage romain : « *Non sont bona nisi deducta œre alieno* ». Dans le Bourbonnais, la veuve obtenait pour son douaire subsidiaire l'usufruit de la moitié des meubles et conquêts échus aux héritiers du mari. En tous cas, la veuve n'ayant droit qu'à une fraction des biens en usufruit, devait en demander la délivrance aux héritiers du mari. Elle n'était pas saisie de plein droit de son douaire, et on n'appliquait pas au douaire le principe : « La douairière lotit et l'héritier choisit ».

§ IV. — *Biens soumis au douaire.*

Les deux principes que nous avons posés sous cette même rubrique dans l'époque féodale, sont encore en vigueur.

Certaines coutumes faisaient porter le douaire sur tous les biens laissés par le mari à l'époque de son décès, les conquêts exceptés (1). Elles reconnaissaient du reste le régime de communauté, et la femme avait déjà sur ces conquêts un droit de moitié. D'autres coutumes qui suivaient la même règle, retranchaient encore de l'objet du douaire les successions collatérales.

Au contraire, dans la plus grande partie des pays coutumiers, on se plaçait pour déterminer l'étendue du douaire au moment du mariage. Le douaire portait sur les biens propres que le mari possédait à cette époque, et auxquels on ajoutait les successions qui lui étaient advenues en ligne directe pendant le mariage.

Voici comment s'exprimait la coutume de Paris (art. 248), « Douaire coutumier est de la moitié des héritages que le mari tient et possède au jour des épousailles et bénédiction nuptiales, et de la moitié des héritages, qui depuis la consommation dudit mariage, et pendant icelui, échéent et aviennent en ligne directe au mari ».

La coutume de Tremblevif ne faisait porter le douaire que

---

(1) Coutumes du Berry et du Bourbonnais (art. 250).

sur les immeubles tenus en roture, et celle de Dunois le fixait à 60 sous tournois.

REMARQUES 1° Le douaire ne pouvait grever les biens du mari que dans l'état où ils se trouvaient. Toutefois il grevait les immeubles acquis en échange ou en remploi d'autres immeubles, en vertu de la règle «*Subrogatum capit naturam subrogati* ». La veuve devait respecter les droits que les tiers possédaient sur les biens soumis au douaire, par exemple, ceux d'un usufruitier ou d'une personne appelée à une substitution. Cependant, s'il n'existe pas une quantité suffisante de biens pour assurer à la veuve son douaire, les biens affectés à cette substitution en sont grevés dans deux cas :

(a). Quand l'auteur de la substitution est le père, la mère ou un autre parent du mari, en ligne directe ascendante (1).

(b). Quand l'auteur de la substitution est un des collatéraux ou un étranger, pourvu que ce soit les enfants du grevé qui se trouvent appelés à la substitution, ou que, si la substitution est faite au profit d'autres personnes, le grevé meure sans enfants. La raison en est, dit Pothier (2), que l'auteur de la substitution ayant dans l'un de ces deux cas, appelé les enfants du grevé à la substitution et les ayant dans l'autre cas préférés aux substitués, a suffisamment témoigné, dans l'un et l'autre cas, que sa volonté était que le grevé eut des enfants, et qu'en conséquence son intention a été de lui laisser les moyens de trouver à faire un mariage convenable qui lui en procurât, et d'excepter, à cet effet, de la substitution, ce qui serait nécessaire pour assigner un douaire, à défaut de biens libres, à la femme qu'il épouserait.

---

(1) POTHIER. Du douaire, n° 61, p. 338. Ord. de 1747, ort. 45.
(2) Idem idem n° 64.

2° Un douaire ne pouvait avoir lieu au préjudice d'un autre douaire. Ce cas se présentait :

(a). Quand le mari était veuf d'une première femme et qu'il y avait des enfants de cette union (ils étaient en effet subsistués au douaire de leur mère).

(b). Quand le mari tenait ses biens de son père, et que ceux-ci se trouvaient déjà grevés du douaire de sa mère.

§. V. — *Effets du douaire.*

A. — EN QUOI CONSISTENT CES EFFETS.

1° *Principe*. — De même qu'à l'époque féodale, le droit de la veuve une fois ouvert par le décès du mari, celle-ci n'avait pas besoin de demander à la justice ou aux héritiers, la délivrance des biens soumis au douaire. Voici ce que dit, en effet, la coutume de Paris, art. 236, et la plupart des autres coutumes adoptaient les mêmes règles : « Douaire soit coutumier soit préfix saisit, sans qu'il soit besoin de le demander en jugement, et courent les fruits et arrérages du jour du décès du mari ». En d'autres termes, la veuve avait la saisine.

2° *Conséquences* — Ce principe conduit immédiatement aux conséquences suivantes :

(a). Les fruits tant naturels que civils des biens soumis au douaire, nés ou perçus depuis le décès du mari, ainsi que les arrérages des rentes sujettes au douaire, et qui ont couru depuis la même époque, appartiennent à la veuve douairière.

(b) La veuve peut se mettre d'elle-même en possession des héritages grevés du douaire. Elle n'a aucune demande à adresser aux héritiers du mari.

(c) Si elle est troublée dans la possession des biens sur lesquels porte son droit. elle peut immédiatement agir par l'action en complainte.

3° *Tempéraments.* — Quelques coutumes apportaient des limitations au principe que la femme est de plein droit saisie de son douaire. Ainsi, les coutumes de Montargis et du Berri, tout en déclarant que la femme a la *saisine* du douaire, ajoutent : « Quoiqu'elle en soit saisie de plein-droit, si elle ne s'est pas mise de fait en possesion, elle ne peut demander aux héritiers du mari plus de cinq années de jouissance de son douaire pour le temps passé. » Pothier, Douaire nos 165, 166 et 167.

4° *Exceptions.* — Les coutumes d'Estaples, Senlis et Chateauneuf donnent à la veuve la *saisine* du douaire coutumier et lui refusent celle du douaire *préfix*.

Celle de Blois dit à l'inverse que « le douaire préfix est dû du jour du trépas, et le douaire coutumier le jour qu'il en est requis et non plus tôt. »

Voici, d'autre part, les dispositions de la coutume de Normandie qui n'accordait jamais la *saisine* « Douaire n'est du seulement du jour qu'il est demandé, s'il n'est autrement convenu par le contrat de mariage. »

Quant à la coutume d'Orléans, il y a controverse sur le point de savoir si elle admettait ou non la *saisine.* Après avoir dit que la femme à qui il a été accordé un douaire préfix, ne peut choisir entre ce douaire et le douaire coutumier que si ce choix lui a été réservé par le contrat de mariage, voici comment cette coutume s'exprime (art. 219) : « Si le douaire coutumier est choisi, se doit demander, et jusqu'à ce qu'il soit demandé n'est dû. » La décision de cet article ayant été donnée à l'occasion du cas particulier auquel la femme a le choix entre le douaire coutumier et le douaire conventionnel, on se demande si elle doit être restreinte à cette hypothèse seulement, ou si, au contraire, elle s'applique aussi au cas où il n'y a pas de douaire conventionnel.

Pothier décide après Lalande que la règle de l'ar. 219 est générale. La coutume d'Orléans, en déclarant que la femme doit faire la demande de son douaire, montre clairement qu'elle a rejeté le principe suivi par les coutumes qui la saisissent de plein droit de son douaire coutumier. Il est vrai que, dans le cas où la femme a le choix entre les deux douaires, la coutume a pu se fonder sur cette raison particulière qu'elle ne peut être saisie de son douaire tant que la question de savoir lequel elle obtiendra demeurera incertaine, mais, dit Pothier, cette raison mène seulement à décider que la femme, en ce cas, n'est pas saisie de son douaire dès le décès de son mari, et qu'elle ne l'est que lorsqu'elle a opéré son choix ; mais il ne suit pas de là qu'elle ne puisse demander son douaire.

B. — A PARTIR DE QUEL MOMENT LE DOUAIRE PRODUISAIT-IL SES EFFETS ?

Les coutumes de Normandie, art. 252, et de Bretagne, art. 450, fidèles aux anciennes règles germaniques sur le morgengabe, faisaient acquérir le douaire à la veuve dès le moment de la cohabitation charnelle, du *concubitus*.

Dans la plupart des autres coutumes, semblables en cela à celle de Paris (art. 248), on envisageait simplement le moment de la célébration du mariage. La coutume d'Orléans parle, il est vrai, art. 218, de la célébration du mariage, mais Pothier (l. c. p. n° 41) nous explique que ce mot doit s'entendre de la bénédiction nuptiale. Cette règle avait été admise depuis longtemps sous l'influence de l'Eglise, qui trouvait l'ancien principe « au coucher ensemble gagne femme son douaire, » peu compatible avec la dignité du mariage, et le caractère de sacrement reconnu à cette union.

Toutefois, pendant toute la durée du mariage, la femme n'acquérait pas son douaire. L'acquisition du douaire était soumise à l'accomplissement de la condition suspensive de la survie de la femme au mari, puisqu'il s'agissait d'un droit spécial à la veuve.

§ VI. — *Causes d'extinction du douaire.*

Ces causes sont de deux espèces. D'abord toutes les causes qui mettent fin à l'usufruit mettent aussi fin au douaire qui ne consiste qu'en un droit d'usufruit ; il y a, en outre, des causes spéciales à cette institution.

Voyons d'abord ces dernières :

CAUSES SPÉCIALES.

(*a*) La principale est l'adultère, mais il faut que la femme en ait été déclarée coupable par la sentence du juge, et non seulement par son mari.

(*b*) On peut rapprocher de cette cause, la débauche pendant l'année de deuil. Il suffit même que la veuve soit durant cette année convaincue d'une simple fornication (1) « *Mulier si infra annum luctûs commiserit stuprum, perdit donata et relicta, et hoc manet in viridi observantia.* » dit Dumoulin.

(*c*) En Bretagne, la veuve qui se remariait avec son domestique ordinaire, perdait son douaire.

(*d*) Enfin en Normandie (art. 361) et en Bretagne (art. 354 et 450), l'abandon qu'une femme avait fait de son mari, sans cause légitime et sans son autorisation, lui faisait perdre son douaire. « Femme n'a douaire sur les biens du mari si elle n'était avec lui lors de son décès » dit la coutume de Bre-

---

(1) RENUSSON. Du douaire, ch. XII, n° 18, journal des audiences, t. I, l. 5, ch. 25, arrêt, 7 fév. 1648.

tagne, et les textes qui suivent, expliquent qu'il s'agit simplement d'un abandon sans cause raisonnable.

(e) La douairière mésusait-elle des héritages sur lesquels portait son droit, ou les dégradait-elle ? Elle était alors dans quelques coutumes tenue de dommages-intérêts, et privée soit en totalité, soit seulement en partie, de ces héritages. (1)

2° CAUSES GÉNÉRALES.

La mort naturelle et la mort civile sont des causes d'extinction du douaire comme elles le sont de tout usufruit. Il en est de même de la remise que la femme fait du douaire aux héritiers du mari, de la consolidation (qui se produit, quand la femme acquiert la propriété du bien soumis au douaire) de la résolution du droit que le mari avait dans l'héritage (quand elle se produit *ex causâ antiquâ et necessariâ*), du non usage pendant le délai légal, enfin de la perte du bien objet du douaire.

DU PRÉCIPUT.

Ce droit existait déjà pour la veuve à l'époque féodale, mais il n'avait guère d'importance alors. Il consistait dans la faculté, pour le survivant de deux conjoints nobles, de prendre les meubles étant hors la ville et les faubourgs (du moins à Paris), à la charge de payer les dettes et les obsèques, pourvu qu'il n'y eut pas d'enfants.

Il n'était, du reste, accordé qu'à la veuve commune en biens, et pourvu qu'elle acceptât la communauté ; ce n'était donc pas un droit attaché à la qualité de veuve, mais bien à la qualité de femme commune en biens. Par

---

(1) La femme est considérée comme mésusant d'un immeuble, quand elle le vend comme si elle en était propriétaire.

suite, nous n'avons pas autrement à nous en occuper. Nous dirons la même chose de l'entravestissement de sang qui n'existait que dans quelques coutumes du Nord de la France (Valenciennes, Douai, Lille et Calais).

SECTION II.

Droit d'habitation.

Dans beaucoup de coutumes, la veuve avait le droit d'habiter une des maisons du mari, sans distinguer en général, si la communauté avait existé ou non entre les époux. Toutefois, les coutumes de Paris et d'Orléans étaient muettes sur ce point, mais, par une interprétation constante, on lui reconnaissait ce droit pendant les délais pour faire inventaire et délibérer ; on lui accordait, en outre, sa nourriture et celle de ses domestiques sur les provisions de la communauté. Ces règles ont été conservées par le Code civil (art. 1465).

Quelques coutumes, comme celles du Maine et de l'Anjou, ne conféraient le droit d'habitation qu'à la veuve noble ; d'autres le donnaient aussi aux veuves roturières (Coutumes de Sedan et de St-Quentin).

Sur quoi portait le droit d'habitation ? La coutume de Montreuil ainsi que les coutumes du Boullenois et d'Amiens ne donnaient à la veuve aucune part « au château et forteresse » de la seigneurie sur laquelle elle avait son douaire, sauf à lui laisser prendre son habitation dans les édifices en dépendant.

La coutume de Saint-Quentin faisait porter son droit sur une des maisons sujettes au douaire (art. 95). Les coutumes de Laon, Châlons et Noyon lui permettaient de choisir la maison qu'elle désirait habiter ; d'autres ne lui donnaient ce choix, que quand l'héritier avait déjà exercé le sien.

Qu'arrivait-il si le mari défunt ne laissait qu'une maison ? Les coutumes de Noyon et de Péronne la donnaient toute entière à la veuve ; en général, on ne lui reconnaissait que le droit d'en occuper la moitié, mais les coutumes de Châlons et de Sedan ajoutaient que si cette partie n'était pas assez spacieuse pour lui fournir un logement suffisant, elle obtenait la maison toute entière (1).

Le droit d'habitation était un droit réel, un démembrement du droit de propriété, comme les servitudes. Il était, par suite, soumis aux mêmes causes d'extinction (2) et aux mêmes charges que ces dernières.

SECTION III.

Deuil de la veuve.

Ce droit consistait dans une créance accordée à la veuve contre la succession du mari. Son importance variait suivant la fortune du défunt et sa condition sociale, peut-être même suivant la condition de la veuve. Ainsi, le droit d'une veuve noble, dont le mari était roturier, aurait eu plus d'étendue, que celui de la veuve roturière d'un mari noble.

SECTION IV.

Linges et Hardes.

Sous la période féodale, nous avons vu en quoi consistait

---

(1) Cette règle était exceptionnelle. La plupart des coutumes ne lui donnaient, en ce cas, aucun droit d'habitation.

(2) Non-usage, perte de la chose, résolution du droit du constituant, etc.

ce privilège. L'usage qui existait alors, se généralisa, mais tout en le reconnaissant, les coutumes étaient plus ou moins libérales envers la veuve. Plusieurs ne lui accordaient que le droit de reprendre une seule robe, sans même lui per-; mettre de choisir la meilleure ; Pothier nous dit qu'à son époque on lui accordait un habillement complet.

SECTION V.

Droits de succession.

A l'époque féodale, le seigneur haut-justicier succédait à l'époux décédé sans parents. A l'époque monarchique, les règles romaines de l'Édit *unde vir et uxor*, étaient en vigueur dans toutes les coutumes qui ne renfermaient pas de dispositions contraires. C'est ce qui avait lieu notamment dans les coutumes d'Orléans et de Paris ; il en était autrement en Normandie (art. 146), dans l'Anjou (art. 268), et dans le Maine (art. 286). Il faut, en outre, remarquer que les enfants naturels ne jouissaient d'aucun droit successoral, ce qui améliorait la position de la veuve, et que cette dernière avait la saisine (1).

M. Boissonnade (N° 357, p. 272, 1. c.), fait judicieusement observer que d'ailleurs la séparation entre les fortunes des époux était moindre dans les pays de coutumes que dans les pays de droit écrit, puisque le régime de communauté assurait au conjoint le plus pauvre une portion des acquêts.

---

(1) Pothier. Introduction à la coutume d'Orléans, t. XVII, n° 35. — Lebrun, des successions, liv. I, ch. VII.

DEUXIÈME DIVISION.

LÉGISLATION DES PAYS DE DROIT ÉCRIT.

Nous allons examiner les gains de survie reconnus à la veuve dans le Midi de la France, et dont nous avons jusqu'ici ajourné l'étude, à cause du peu de développement qu'ils avaient atteints sous la période précédente. Ces gains sont très nombreux et variaient, du reste, dans leur étendue, parfois même dans leur nature, avec les coutumes locales et la jurisprudence des Parlements.

Nous nous occuperons seulement des règles généralement admises.

SECTION Iʳᵉ.

Dot et Augment de dot.

En l'absence de toute stipulation, la veuve avait le droit de reprendre sa dot, quels que fussent les héritiers du mari, fussent-ils même ses propres enfants. On appliquait purement et simplement les principes du droit romain; mais, en outre, on donnait presque partout à la veuve une portion des biens du mari, qu'on appelait l'augment de dot. Cet augment de dot n'était autre, en réalité, que l'ancienne. donation à cause de noces qu'on sous-entendait, et que la loi accordait à la femme, indépendamment de toute convention (1). On a prétendu cependu cependant que l'origine s'en trouvait dans l'ὑπόδολόν des Grecs du Bas-Empire, mais nous croyons bien que cette institution n'était elle-même qu'une variété de la donation à cause de noces. D'ailleurs, la jurisprudence s'écartait des règles romaines, en décidant que si la dot s'augmentait pendant le mariage, l'augment de dot croissait dans la même proportion ; cependant, ce point avait fait quelque temps difficulté.

Dans la Bresse et le Mâconnais, ainsi qu'à Grenoble, l'augment devait être établi par convention. Il pouvait alors être constitué en l'absence de dot, ce qui est très remarquable, car il semble bien que l'existence de l'accessoire doive être intimement liée à celle de la chose principale.

Quelques coutumes donnent à l'augment de dot une valeur proportionnelle à celle de la dot apportée par la femme ; la coutume de Bordeaux, au contraire, la fixait au double de celle de la dot (2).

Le Parlement de Toulouse donnait un augment égal à la moitié de la dot, et en propriété ; il en était de même des coutumes de Muret, Foix, Forez, Comminges, Beaujolais et Lyonnais.

SECTION II.

Droit d'insistance et de tenute.

Il convient de rapprocher de la dot et de l'augment de dot, les droits d'insistance et de tenute, qui sont plutôt des

---

(1) Ce mot augment est peut-être la traduction du mot *agentiamentum* ou *adjaneamentum*, qui signifie arrangement ; ou même est-il simplement un diminutif du mot augmentation, puisqu'il n'est qu'un supplément ajouté aux reprises légales ; mais Boucher-d'Argis fait observer que ce mot ne s'appliquerait alors exactement qu'à l'augment conventionnel.

(2) BOUCHER-D'ARGIS, p. 26 et 31.

garanties de la restitution des premiers, que des droits propres de survie.

On appelle de ce nom, non pas deux choses distinctes, mais un seul et même avantage ; seulement, l'expression « *tenule* » était plutôt usitée dans le Roussillon, tandis que le mot « *insistance* » était surtout employé dans le ressort du Parlement de Toulouse.

C'était le droit pour la veuve d'habiter une des maisons du mari, et de jouir de tous ses biens, jusqu'à ce que la dot lui fut payée, même après l'année de deuil (1). C'était, dit Boissonnade, une sorte de *missio in possessionem rei servandæ causâ,* dont le but était de hâter, en dehors de toute voie judiciaire, l'exécution par les héritiers de leurs obligations. Les coutumes de Bourges (art. 17. Ch. 4) et de Bourgogne, accordaient à la veuve le droit de jouir des biens sur lesquels la dot était reconnue, sans imputer les fruits sur le principal.

D'autres coutumes lui donnaient le même droit sous le nom d'assignat.

Dans la coutume de Bordeaux, les héritiers du mari pouvaient abandonner à la veuve en paiement une partie des biens dudit mari, fixée par estimation d'experts d'après le montant de sa dot, ou les lui abandonner seulement à titre de nantissement. Au premier cas, elle les prend en paiement, et il s'opère une *datio in solutum* ; au second, elle les obtient seulement à titre de gage, et cesse de faire les fruits siens à partir du jour des offres, mais elle n'est forcée d'accepter celles-ci que s'il ne se trouve dans la succession ni meubles ni argent comptant, ou s'il s'en trouve en quantité insuffisante pour la remplir de sa dot.

---

(1) FABER. *Rationalia,* l. 5, t. 7, def. II.—ROUSSILHE. De la dot, p. 419, note I.

SECTION III.

Du droit de bagues, joyaux et coffre.

Dans les pays de droit écrit comme dans les pays de coutumes, la veuve a le droit de reprendre les linges et hardes à son usage. On entend par cette expression les habits, linges et hardes que la femme apporte en se mariant ; en Provence, on se sert du mot *Coffre* parce que les linges et hardes sont serrés dans un coffre.

Si le trousseau a été estimé à une certaine somme, cette somme fait partie de la dot, et la veuve peut la revendiquer indépendamment des robes et joyaux à son usage. L'estimation faite pendant le mariage ne produit les mêmes effets que si on est expressément convenu qu'elle aurait lieu ; sinon, elle produit les effets d'une vente faite par la femme au mari, et il faut en conséquence qu'elle ne dépasse pas la juste valeur des choses qui composent le trousseau, sinon l'acheteur exercerait l'action *ex empto*.

Le droit aux bagues et joyaux qui est spécial aux pays de droit écrit, est analogue au préciput légal des pays coutumiers. (L'on entend par bagues et joyaux les colliers, coiffures, pierreries, montres, bagues et habits) (1).

Ce droit est dû sans avoir été stipulé, dans le Forez, le Beaujolais et le Lyonnais. Si la valeur n'en a pas été déterminée, on la fixe pour la veuve noble au dixième de la dot, et pour la veuve roturière au vingtième. La femme qui n'a apporté aucune dot ne peut y prétendre, mais il n'est pas nécessaire que la dot ait été payée intégralement. D'autre part, ce droit n'est accordé à la veuve que pour lui

---

(1) BRETONNIER. Questions alphabétiques, *his verbis*.

tenir lieu des parures que le mari est dans l'usage de lui fournir : aussi, si celui-ci les a effectivement données, la femme n'en jouit-elle que sauf imputation sur la somme à laquelle la coutume lui permet de prétendre, de la valeur des objets composant cette donation.

La veuve reprend tous les habits qu'elle a apportés en se mariant, et, en outre, tous ceux que son mari lui a achetés ou qu'elle s'est fait faire elle-même pendant le mariage, quand bien même elle en aurait au-delà de ce qui lui est nécessaire. Il en est de même des parures, pierreries, diamants, colliers, anneaux, croix d'or et autres bijoux, qu'elle a reçus de son mari. On ne distingue pas entre les objets qui sont à son usage personnel, et ceux qui servent à la parer. (Il n'en serait plus de même aujourd'hui. Dalloz, 1847. 2.78).

SECTION IV.

Droit d'habitation.

En général, ce droit n'était accordé qu'en vertu d'une stipulation expresse (1), contrairement à ce qui avait lieu dans les pays coutumiers où il était généralement légal (2).

La veuve qui ne voulait pas habiter la maison de son mari pouvait, du reste, affermer son droit : c'était même là une différence entre le droit d'usage et le droit d'habitation (3).

---

(1) Il en était autrement dans certaines provinces, par exemple dans le Maine.

(2) Ceci n'est plus admis dans la jurisprudence actuelle.

(3) ROUSSILHE. L. c. p. 434.

SECTION V.

Droits de deuil et de viduité.

A Rome, la veuve devait porter le deuil de son mari pendant une année ; elle était même notée d'infamie lorsqu'elle ne le faisait pas. A la fin de l'Empire, elle fut dispensée de l'obligation de porter les ornements extérieurs du deuil, et on se contenta de lui défendre le remariage pendant l'année de deuil. L. 1 p. 8. Dig. *De his qui notantur infamiâ.*

En tous les cas, les frais du deuil se prenaient sur la succession du mari. « *Mulier non debet sumptibus suis virum lugere* » disait un proverbe. »

Cet avantage s'est perpétué non-seulement dans les pays de droit écrit, mais aussi, nous le savons déjà, dans les pays de coutume, où l'on appliquait la maxime : « *Feminis lugere honestum est, viris meminisse* » ; mais il avait reçu un développement tout particulier dans les provinces méridionales de la France.

Il consiste en une somme d'argent ou en denrées qu'on fournit à la femme pour les linges et hardes, habits, meubles et équipages auxquels on lui donnait droit pendant l'année de deuil, tant pour elle que pour ses domestiques. Cette somme est plus ou moins forte suivant la condition du mari ; si les parties ne l'ont pas déterminée par convention, elle est arbitrée par le juge.

Pothier soutenait que les femmes du peuple ne jouissaient pas du droit de deuil et de viduité (1), mais Roussilhe (2)

---

(1) Pothier. Traité de la communauté, p. 678, t. VII.

(2) Roussilhe. L. c. p. 439.

pense, au contraire, que toutes les veuves sans distinction pouvaient y prétendre.

On admettait généralement que la valeur de l'habit de deuil faisait partie des frais funéraires et que, par conséquent, elle était privilégiée comme ces frais eux-mêmes ; on avait même étendu cette solution à tous les frais de deuil.

La plupart des auteurs soutenaient que le droit de deuil n'était pas un véritable gain de survie. Il est vrai qu'il n'y avait pas augmentation du patrimoine, ou si l'on veut enrichissement direct de la veuve ; mais du moins cette dernière gagnait *quatenus pecuniæ suæ peperceral.*

On accordait encore à la veuve sa nourriture durant l'année de deuil aux frais de la succession du mari. Les héritiers de ce dernier avaient d'ailleurs le même délai pour restituer la dot, et ne lui devaient pas les intérêts de celle-ci. Le motif de cette faveur était donc d'opérer une compensation entre les intérêts et les frais de nourriture et d'entretien (1).

Cependant, la veuve, quand bien même elle n'aurait pas apporté de dot, avait le droit d'exiger des héritiers du mari qu'ils lui servissent pendant un an, une pension dite viduelle. Pour se la faire payer, elle n'avait pas de privilège comme pour les frais funéraires, mais jouissait des mêmes suretés que pour la restitution de sa dot, (c'est-à-dire avait la même hypothèque).

Pour fixer le montant de la pension, on avait égard suivant les cas, soit au montant des sommes et à la valeur des objets apportés en dot, soit au revenu des immeubles à restituer.

---

(1) En outre, dit Roussilhe, le mariage est présumé subsister encore pendant l'année de deuil, puisque la femme ne peut se remarier.

Pothier. Successions. — Duperrier, V° Dot.

SECTION VI.

Droit de succession ab intestat.

« La règle admise en pays de droit écrit sur la succession *ab intestat* entre époux est, dit Boucher d'Argis, une des plus belles, des plus justes, et des plus conformes au droit divin et au droit naturel. »

.Ces règles n'étaient autres que celles du droit romain sur l'édit *Unde vir et uxor* et la quarte du conjoint pauvre. Nov. 53 et 74. *Auth. Præterea* au code, tit. *Unde vir et uxor.*

Quand les biens de la veuve, y compris ses reprises et autres avantages à elle assurés par contrat de mariage, étaient insuffisants pour lui permettre de mener une vie conforme à sa condition, elle obtenait le quart en pleine propriété des biens de son mari (1).

Pour y prétendre, la veuve devait ne pas avoir de quoi vivre d'après son état ; il n'était pas nécessaire qu'elle fut privée de tout secours et hors d'état de gagner sa vie ; la ressource d'un travail manuel peut, en effet, lui être ravie d'un instant à l'autre par la maladie ou les infirmités.

Toutefois, si la veuve recueillait peu de jours après le décès de son mari une succession opulente, la quarte ne lui était point due ; à l'inverse, elle devait être payée si une veuve riche se trouvait ruinée par l'effet d'un cas fortuit.

Tout d'abord, le droit à la quarte était en vigueur dans tout le pays de droit écrit ; mais, on résista ensuite à la

---

(1) Ce droit ne lui était pas accordé dans les pays coutumiers, car outre son douaire, la femme possédait la moitié des biens communs. Il ne lui était pas non plus reconnu en Provence. — Cf. MERLIN, Vᵒ, quarte du conjoint pauvre, nᵒ X, p. 694, édition 1838.

Nov. 53 dans le ressort des Parlements de Toulouse, de Grenoble et de Bordeaux (1) ; on n'accordait à la veuve qu'une pension viagère en rapport avec les facultés du mari.

Le mari prédécédé sans enfants ni parents, laisse pour héritière sa veuve, conformément à l'édit prétorien « *Unde vir et uxor.* » (C. liv. VI, t. 18).

Les bâtards n'avaient d'autres parents que leur femme et leurs descendants ; par suite, leur veuve avait plus de chance de leur succéder (coutume de Bretagne art. 245. Bourbonnais art. 328).

La veuve était privée de son droit de succession et de sa quarte :

1° Quand elle était séparée de corps d'avec son mari pour cause d'adultère ;

2° Quand ce dernier était mort de mort violente, et qu'elle ne vengeait pas sa mort ;

3° Quand le mariage avait été contracté soit clandestinement, soit *in extremis vitæ momentis* ;

4° Quand elle avait abandonné son mari pour en suivre un autre, ou ne l'avait pas secouru dans ses besoins durant sa vie.

NOTA. — Les causes de perte du droit de succession sont aussi applicables aux autres droits légaux de la veuve soit en pays de droit coutumier, soit en pays de droit écrit.

REMARQUES.

1° Dans les pays de droit écrit, de même qu'en Normandie,

---

(1) ROUSSILHE. L. c. p. 447 et 448, affaire Laurence Bellon , arrêt du 11 mars 1781.

les avantages légaux étaient acquis à la veuve du jour de la célébration du mariage, ou tout au moins de la co-habitation, mais ne s'exerçaient qu'à l'époque du décès ;

2° Ces avantages n'étaient pas, du reste, des droits réels, mais de simples créances contre la succession du mari, payables au décès. La veuve n'avait pas par suite la saisine, et les causes d'extinction de ses droits étaient moins nombreuses. Elle ne jouissait, en outre, que d'une hypothèque générale sur les biens du mari, et non d'un privilège, la loi *assiduis* ne s'appliquant qu'à la dot ;

3° L'idée d'une association pécuniaire entre les époux était inconnue dans les provinces du Midi de la France ; et il y avait isolement complet entre leurs intérêts. Aussi les droits de la veuve étaient-ils envisagés comme résultant de donations et non d'actes à titre onéreux, et soumis à ce titre à l'insinuation.

SECTION VII.

Droits de la veuve sur ses enfants.

L'ancien droit de bail est devenu la garde noble, qui dans la plupart des coutumes cesse à l'âge de vingt ans pour les mâles et à l'âge de quinze ans pour les filles. La garde noble est un privilège de la noblesse, sauf dans quelques coutumes (Berry, Montfort, Amaury, etc.), où nous trouvons une garde bourgeoise.

Toutes les coutumes qui admettent la garde, la défèrent au survivant des père et mère. La mère même mineure peut y prétendre, mais elle est libre de la refuser.

Comme sous la période féodale, quelques coutumes ne donnent au baillistre ou bail que la jouissance des fiefs et tenures nobles. D'autres lui accordent celle de tous les biens du mineur (Orléans 25) (1). Celle de Paris (et sa disposition, formait le droit commun de la France) soumettait également au bail tous les biens du mineur, mais ne conférait au titulaire de ce droit que l'administration et non la propriété des meubles. Il devait les conserver en nature, ou les vendre à charge d'en employer le prix en achat d'héritages ou de rentes. —(Demangeat. Revue Fœlix. Tit. II). 1845.

Le gardien est chargé de la nourriture et de l'entretien de la personne soumise à sa garde : il doit, dit la coutume de Blois « les monter en chevaux s'ils sont mâles, et s'ils sont filles les vêtir selon leur état et condition. »

A la mort du père, la mère doit dresser un inventaire, mais la question de savoir quel délai lui était accordé à cet effet, était très agitée entre les jurisconsultes. Le mineur pouvait, en tous les cas, s'opposer à l'inventaire en demandant la continuation de la communauté ayant existé entre le conjoint survivant et son auteur décédé. Elle doit aussi fournir caution à son enfant quand elle se remarie.

L'acceptation de la garde noble ou de la garde bourgeoise était constatée soit par un jugement soit par un acte du greffe. Dans les deux hypothèses, l'acte étant authentique, emportait hypothèque générale sur les biens de la personne acceptante au profit du mineur. (Renusson, ch. III, n° 19). (Garde noble).

Nous en référons à ce qui a été dit à l'époque féodale, en ce qui concerne la tutelle ; aucune innovation importante n'est à signaler.

La jouissance accordée de nos jours au survivant des père et mère sur les biens de ses enfants jusqu'à l'âge de 18 ans

---

(1) Il ne s'agit que des biens déjà recueillis par lui lors de l'ouvertu e de la garde. Contra : Coutume de Paris, art. 99 et 100. Ancienne coutume art. 267 (nouvelle coutume).

ou jusqu'à leur émancipation (art. 384), paraît avoir son origine dans l'ancien droit de bail et garde-noble. Viollet, l. c., p. 455.

Puissance paternelle. — Les règles sont restées les mêmes que sous la période précédente.

LÉGISLATION DE L'ÉPOQUE RÉVOLUTIONNAIRE OU INTERMÉDIAIRE.

La Révolution de 1789, qui introduisit de si graves modifications dans l'ordre politique et social, exerça aussi une grande influence sur le droit privé, et apporta notamment de graves changements aux droits pécuniaires de la veuve.

Nous savons que depuis la rédaction des coutumes, bien des efforts avaient été tentés pour établir l'unité de législation ; il suffit de songer, pour s'en convaincre, aux résultats considérables qu'avaient déjà produits, à ce point de vue, les ouvrages des jurisconsultes et les grandes ordonnances de nos rois.

Le dernier pas vers cette unité ne fut franchi définitivement que par le Code civil. Toutefois, cet effet avait été préparé par l'œuvre de l'Assemblée Constituante, qui abolit toutes les anciennes institutions; « mais absorbée toute entière par l'établissement de libertés politiques éphémères, dit M. de Salvandy (1), elle négligea l'organisation dn droit privé ; aussi ne nous est-il rien resté d'elle, rien que quelques principes généraux et beaucoup de ruines (2) ».

---

(1) SALVANDY. Essai sur l'histoire et la législation des gains de survie entre époux, p. 220.

(2) DE BARANTE. Hist. de la Conv. t. IV, p. 260.

En tous les cas, disons, dès à présent, que l'abolit:on des deux législations qui se partageaient la France, et la fusion de toutes les classes sociales en une seule, dut tout naturellement produire une foule de conséquences tant dans le domaine du droit privé que dans celui de la politique, et de l'organisation même de la nation. Nous ne trouverons plus désormais de privilèges successoraux ou autres fondés sur l'âge ou sur le sexe : les successions seront partagées également entre tous les enfants d'un même père et les filles dotées n'en seront point exclues ; les substitutions disparaîtront, ainsi que la garde noble et la garde bourgeoise. La puissance paternelle' et le mariage ne seront même pas respectés ; on enlèvera à la première toute sa force en lui donnant un droit de sanction dérisoire, et on fera du second un simple contrat civil ordinaire.

Dans la matière qui nous occupe, la loi du 17 nivôse an II, complétant le décret du 5 brumaire de la même année, déclare simplement que toutes les lois, coutumes, usages et statuts relatifs à la transmission des biens par succession ou donation sont déclarés abolis. Il résulte, croyons-nous, des termes généraux de cet article, que les droits de survie légaux (1) ne peuvent être réclamés par les époux qui se sont mariés postérieurement à la loi de nivôse, car les dispositions des usages et statuts locaux n'étant plus en vigueur, les époux ne peuvent être censés avoir stipulé à leur profit les avantages auxquels ils donnaient droit. La question n'est plus discutée, du reste, mais elle avait été très controversée jusqu'à l'arrêt solennel du (8 janv. 1813, Cass.), et la doctrine contraire à celle que

---

(1) On put jusqu'à la rédaction du code civil, stipuler tous les anciens gains de survie qui n'étaient pas incompatibles avec les règles introduites par les lois nouvelles ; mais l'art. 1390 de ce code défendit expressément de se référer aux anciennes coutumes et statuts locaux.

nous indiquons, avait été défendue par de savants auteurs et admise par plusieurs Cours et Tribunaux. (Metz, 21 juin 1808. Nancy, 2 mars 1812).

L'art. 14 de la loi de nivôse an II, disait-on, est ainsi conçu : « Les avantages légalement stipulés entre époux seront maintenus au profit du survivant, » or, les avantages assurés par les anciens statuts et usages sont censés provenir d'une convention tacite.

D'autre part, l'art. 61 de la même loi n'abolit que les droits déférés à titre de succession ou de donation, tandis que ceux dont nous nous occupons le sont à cause de la qualité de conjoint, et comme condition de l'association conjugale. Telle était enfin l'opinion de plusieurs rédacteurs de la loi de nivôse, en particulier, Cambacérès et Berlier.

La Cour de Cassation répondit à cette argumentation par les raisons suivantes. Les gains de survie (et droits légaux de la veuve), sans pouvoir être rangés dans la classe des donations ou des successions proprement dites, participent cependant de ces deux espèces de transmissions (1). Pour ceux qui ne dépendent pas de la communauté et ne résultent pas du partage des biens qui la composent, ils opèrent, en effet, une transmission de biens de l'époux prédécédé en faveur de l'époux survivant.

L'art. 24 de la loi du 9 fructidor an II a, du reste, déclaré le douaire contumier aboli par l'art. 61 de la loi du 17 nivôse an II.

Enfin, cette loi, en établissant des règles nouvelles sur les avantages entre époux, désire que les anciennes ne restent plus en vigueur.

---

(1) Le droit que l'art. 390 de la coutume de Normandie donnait à la veuve sur les meubles et acquêts appartenant à son mari, fut considéré non comme un droit de succession qui, par suite, aurait été aboli par la loi de nivôse, mais au contraire comme un droit de collaboration et de propriété.

La question est plus délicate en ce qui concerne les époux qui se sont mariés antérieurement à la loi du 17 nivôse an II, sous l'empire d'une coutume qui accordait à la veuve des droits de survie légaux. Celle-ci peut-elle, dans ce cas, réclamer ces droits, si la succession de l'époux prédécédé ne s'est ouverte que postérieurement à cette loi ? (1).

Les changements opérés par le législateur dans les lois qu'il édicte, doivent respecter les droits acquis sous l'empire des lois ou coutumes antérieures ; ils peuvent, au contraire, anéantir les droits qui n'étaient que de simples espérances, des avantages éventuels.

Pour en revenir à notre question, elle se réduit à celle-ci. Les gains légaux de survie sont-ils des droits acquis à partir de la célébration du mariage, ou de simples expectatives ?

Pour soutenir cette dernière opinion, on fait observer qu'aucun droit, tant que dure le mariage, n'est assuré à la veuve, car on ne peut savoir lequel des deux époux survivra

---

(1) La loi du 22 frimaire an VII sur l'enregistrement, est-elle applicable aux gains de survie assurés par les anciens usages et statuts ? Nous ne le pensons pas, car si ces gains ne s'ouvrent qu'à la mort de l'un des époux, ils existaient jusqu'à cette époque à titre de droits conditionnels ; ils sont donc antérieurs à la loi de frimaire. La condition accomplie produit des effets rétroactifs et la transmission de propriété est censée s'être opérée dès le moment même du mariage des époux. Contra, cass. 23 floréal an XIII ; 5 nov. 1806, 27 mai 1807.

Une disposition législative de la Convention faisait remonter au 14 juillet 1789 l'autorité de la loi de nivôse an II, mais dans la matière qui nous occupe, cette rétroactivité fut écartée par les lois des 12 vent. an II et 9 fruct. an II du moins implicitement, par cette considération que le fait pour les époux de s'en rapporter, en ce qui concernait leurs gains et droits de survie, à une ancienne coutume, équivalait à une stipulation expresse de ces gains et droits eux-mêmes, et cette stipulation était permise par l'art. 14 de la loi de nivôse an II.

à l'autre ; jusqu'au décès de son mari, elle n'a donc que des espérances et non des droits.

Quant à l'objection tirée de ce fait que les époux en ne faisant aucune stipulation pour leurs gains de survie, sont censés s'en être rapportés aux dispositions de la coutume locale qui les régissait à l'époque du mariage, elle n' a, dit-on, aucune valeur : car, lorsque des époux adoptent, dans ces circonstances, les dispositions d'une coutume, cela doit s'entendre des dispositions qui seront en vigueur lors de la dissolution du mariage, époque à laquelle leurs droits prendront véritablement naissance.

En tous les cas, quant aux gains de survie qui n'étaient déférés qu'à titre successif, ils sont incontestablement abolis par la loi du 17 nivôse an II, car ces droits sont régis par la loi en vigueur à l'époque de l'ouverture de la succession (succession *unde vir et uxor*, quarte du conjoint pauvre).

Nous sommes sur ce dernier point parfaitement d'accord avec les partisans de l'opinion que nous venons d'exposer ; mais, nous croyons que contrairement à ce qu'ils soutiennent, les autres avantages légaux assurés par la coutume à la veuve à l'époque de son mariage, doivent lui être accordés, quand même les dispositions de cette coutume auraient été abrogées dans la suite.

Et, en effet, lorsque ces avantages ont été stipulés d'une façon expresse dans le contrat de mariage, la veuve en jouit indubitablement ; or, n'est-il pas hors de doute que les époux, en se mariant sans contrat, étaient convenus de laisser la coutume en vigueur à cette époque, régir les effets civils de leur union. Leur soumission à cette coutume équivalait à une convention formelle, et leur situation était tout-à-fait la même que s'ils en avaient fait écrire les dispositions dans un contrat de mariage. Déjà Dumoulin et Pothier érigeaient en principe cette manière de voir. « Les conventions matrimoniales, disait Pothier, sont invariables, non-seulement à l'égard des conventions expresses qui sont portées par un contrat de mariage, mais encore à l'égard des conventions virtuelles et implicites, qu'on suppose intervenues entre les personnes qui ont contracté mariage. » Ces auteurs ne faisaient, du reste, que suivre la tradition et appliquer la règle romaine : « *In contractibus veniunt ea quæ sunt moris et consuetudinis.* » Pour se conformer aux règles juridiques, on doit donc, selon nous, décider que les gains de survie légaux sont acquis du jour du mariage, comme les gains de survie conventionnels. De plus, les gains de survie étaient irrévocables du jour du mariage dans l'ancienne jurisprudence, et un droit irrévocable est un droit acquis. Or, il n'y a aucune raison pour qu'ils aient changé de nature.

Les partisans de l'opinion contraire ont confondu l'époque à laquelle le droit est ouvert et celle à laquelle il est acquis.

Or, si les gains de survie ne sont ouverts qu'au prédécès d'un des époux, ils peuvent très bien être acquis dès la célébration du mariage. D'ailleurs, ils devaient être régis par la loi en vigueur lors de ce prédécès, la même règle devrait pour la même raison être appliquée aux avantages qui ont été stipulés. Ils ne changent pas, en effet, de nature suivant qu'ils sont ou non l'objet d'une convention ; ou bien, ils ne constituent dans tous les cas que de simples expectatives, ou bien ils sont toujours des droits acquis. Si un droit n'est pas acquis à partir du mariage, par ce motif qu'il est incertain et peut s'évanouir, les gains de survie conventionnels ne le sont pas eux-mêmes, et cependant tout le monde reconnaît qu'il en est autrement. (1)

On sait que les coutumes n'avaient pas établi les mêmes règles sur les divers gains de survie. Nous trouvons, en effet, des distinctions nombreuses, soit quant à la nature des biens,

---

(1) GRENIER. Don. et test. t. 2, p. 470. — MERLIN. Conclusions de l'arrêt du 29 messidor an XII.

soit quant à la qualité des personnes, soit enfin quant à la quotité du droit concédé. Parmi ces distinctions, les unes ont été conservées : par exemple, la distinction des biens en meubles et immeubles, en propres et acquêts (1) ; les autres ont été abolies par les lois révolutionnaires, par exemple, la division des biens en nobles et roturiers, et la distinction des personnes nobles et des personnes roturières.

Sous l'Empire du Code civil, comment doivent s'exercer les gains de survie, et, en particulier le douaire, sur les biens situés dans les ressorts de coutumes différentes, dont les unes les font porter seulement sur les biens nobles, les autres au contraire sur tous les biens, ou bien dont les unes ne les accordent qu'aux nobles, tandis que les autres les donnent aussi aux roturiers ?

Pour résoudre cette question, il faut examiner les décrets rendus par l'Assemblée Constituante sur les droits féodaux.

L'abolition du régime féodal date du fameux décret du 4 août 1789. D'autres décrets vinrent compléter l'œuvre de ce dernier ; ce sont ceux des 15 mars et 19 septembre 1790. L'art. 13 du Titre I du décret du 15 mars déclara supprimés « tous les effets que les coutumes, statuts et usages avaient fait résulter de la qualité féodale ou censuelle des biens, soit par rapport au douaire, soit pour la forme d'estimer les fonds, et généralement pour tout autre objet. » Voici, d'autre part, les termes de l'art. 2 du décret du 19 septembre 1790 : « Dans les pays et les lieux où les biens allodiaux sont régis,

---

(1) Sans doute, ces divisions ne sont plus admises aujourd'hui en matière de succession *ab intestat* ; mais elles le sont encore en ce qui concerne le règlement des intérêts pécuniaires des époux. Il suffit de lire les textes du code civil sur le contrat de mariage pour en demeurer convaincu. On y a égard, notamment pour déterminer l'actif de la communauté et en régler le partage.

Il faut encore, sous l'empire du code civil, suivre la même règle pour fixer l'étendue et la composition des droits de survie établis antérieurement par les anciennes coutumes, statuts, ou règlements locaux.

soit en succession, soit en disposition, soit en toute autre
matière, par des lois ou statuts particuliers, ces lois ou statuts
régissent pareillement les biens ci-devant féodaux ou
censuels. »

Il résulte de ces dispositions que tous les biens sans distinction sont désormais régis par les lois sur les francs alleux et
les héritages en général ; les lois spéciales, soit aux fiefs, soit
aux censives, ne sont plus applicables. Il faut en conclure
que les règles des coutumes qui faisaient porter le douaire sur
les biens allodiaux, s'appliquent désormais à tous les autres
biens, même aux fiefs et aux censives.

Cependant, le législateur n'a pas détruit tous les effets des
conventions qui étaient intervenues sur ces espèces de biens,
à l'époque où il a édicté les deux décrets des 15 mars et du
19 septembre 1790. Il n'a pas touché aux effets qui s'étaient
déjà produits ; mais il a simplement décidé qu'elles n'en produiraient plus dorénavant.

Soit, par exemple. une coutume qui ne grève du douaire
que les biens nobles, et supposons qu'une personne domiciliée
sur le territoire de cette coutume, possède à la fois des biens
nobles et d'autres biens. La veuve de cette personne
pourra revendiquer l'usufruit des biens nobles, si son
mari prédécède avant le décret du 15 mars 1790 ; s'il meurt,
au contraire, après cette époque, elle ne pourra faire porter
son usufruit sur aucun des biens du mari.

Dans les coutumes qui pour l'établissement du gain de
survie s'attachaient à la qualité des personnes, (1) quels
furent les effets des lois révolutionnaires ?.

La nobilité des personnes ayant été abolie comme celle
des biens, les veuves nobles durent être traitées comme les

(1) Coutumes de Tours et de Bourgogne (moitié aux veuves nobles ;
tiers aux veuves roturières).

veuves roturières. L'art. 9 du décret du 15 mars 1790, en parlant des successions, décide qu'elles seront désormais partagées entre les héritiers, selon les lois nouvelles, *sans égard à l'ancienne qualité noble des biens et des personnes;* et cet article devait s'appliquer aux gains de survie, à cause du motif sur lequel il se fondait.

Enfin, que devons-nous décider quant à la quotité des gains de survie ?

Si une coutume fixait par exemple le douaire de la veuve à l'usufruit de la moitié des héritages ordinaires, et du tiers des fiefs et censives, elle pourra dorénavant exercer son droit sur la moitié de tous les biens du mari sans distinction. Elle subirait, à l'inverse, une réduction si la quotité qui lui était reconnue sur les biens nobles était plus forte que celle qu'on lui attribuait sur les autres biens. Enfin, elle ne pourrait rien réclamer si les biens nobles seuls étaient soumis à son droit.

La veuve n'avait plus la saisine des biens soumis à son droit de douaire, et devait en demander la délivrance aux héritiers, car cette saisine est accordée par la loi qui ne la donne qu'à l'héritier institué ou au légataire universel.

———

La puissance paternelle finit désormais à la majorité de l'enfant ; et même la loi ne laisse plus au père et mère qu'un ombre d'autorité sur leurs enfants mineurs. L. 16-24 août 1791, t. X, art. 15 et 16. L. 28 août 1792. L. 31 janvier 1793. L. 6 janv. 1794, art. 9.

La garde-noble disparut en tant que portant sur les fiefs, avec la distinction des biens féodaux et des biens roturiers : il en fut de même de la garde bourgeoise, mais le père conserva l'usufruit que les pays de droit écrit lui donnaient sur les biens de ses enfants ; et cette législation fut étendue à la mère. L'usufruit légal lui est reconnu comme étant un des droits de la puissance paternelle, à l'exercice de laquelle elle peut prétendre quand elle est veuve.

La mère conserva également le droit de garde-noble ou bourgeoise dans les coutumes qui la font porter sur tous les biens de l'enfant ; et plus tard, cette garde-noble devint la jouissance légale de notre code civil.

DEUXIÈME PARTIE.

OBLIGATIONS DE LA VEUVE.

Les peines prononcées par les lois romaines contre les secondes noces intervenues avant l'expiration du délai d'un an, se retrouvent, bien qu'affaiblies, dans les législations barbares qui s'en sont inspirées, et plus tard dans les usages des pays de droit écrit (1). Au contraire, chez les peuples d'origine germanique et dans la France coutumière ensuite, la loi romaine n'était pas appliquée.

La législation canonique qui y était en vigueur permettait le mariage immédiat, tout en le regardant comme une marque d'incontinence, et en prononçant des pénitences publiques contre ceux qui le contractaient. Dans certains cas, il est difficile, en effet, d'attendre l'expiration du délai d'un an ; c'est ce qui se présente quand la femme reste chargée d'un gros labeur ou d'un commerce important, qu'elle ne peut soutenir sans le secours d'un second mari (2).

---

(1) Parlements de Toulouse, Aix, Grenoble, Dijon: la peine de l'infâmie n'est pas, en général, appliquée à la veuve.

(2) En ce cas la veuve perdait pourtant ses habits de deuil, car elle est censée avoir oublié son premier mari lorsqu'elle en prend un second.

GUYOT, répertoire V° noces (secondes). — DUMOULIN, ancienne coutume de Paris, § 30, n° 143.

Si les secondes unions sont permises dans les conditions que nous venons d'indiquer, la débauche de la femme, lorsqu'elle est prouvée, est toujours inexcusable. L'injure qu'une femme fait à la mémoire du mari en s'y livrant, est considérée comme étant beaucoup plus grave que celle qui peut résulter du remariage; aussi, dans toute la France applique-t-on à la femme coupable les dispositions pénales du droit romain.

L'institution du curateur au ventre se retrouve avec ses principaux caractères, mais dépouillée de sa rudesse primitive. Le curateur était nommé par le juge sur l'avis des parents (Nouveau Denizart. T. V, Vº curatelle § 8 nº 1).

Il avait l'administration générale des biens composant l'hérédité du père, et devait rendre ses comptes soit au tuteur du posthume, soit aux héritiers du mari, suivant les cas.

Les règles sur la curatelle au ventre ne furent guère modifiées pendant l'époque intermédiaire, et passèrent dans la législation de notre code civil, telles qu'elles étaient dans l'ancienne France. L'art. 288 C. c. actuel a aussi maintenu le délai de viduité du droit romain primitif, c'est-à-dire le délai de dix mois.

BIBLIOGRAPHIE DE LA LÉGISLATION FRANÇAISE ACTUELLE.

MERLIN. — Répertoire alphabétique de Jurisprudence. V^{is} Tuteur. Privilège. — Noces (secondes). Curateur.

GRENIER. — Des donations et testaments. T. II. p. 470.

MALPEL. — Traité élémentaire des successions ab intestat. n° 175.

DELVINCOURT. — Explication du Code Civil, t. I. p. 93, note 8. page 103 n. 4. t. II. j. 63.68 69.

MALLEVILLE. — Analyse raisonnée de la discussion du Code civil au Conseil d'Etat, t. 2. p. 147, sur l'art. 1465.

PROUDHON. — Traité des droits d'usufruit, d'usage personnel, d'habitation et de superficie, t. I. p. 250 et suiv. t. IV. n°s 1818-1819, t. VI, n°s 2752, 2799, 2880 à 2803.

Etat des personnes t. II, p. 147.

DURANTON. — Cours de Code Civil. Edition de 1822, t. II, n°s 375, 343, 379, 407. T. III, n°s 254, 388, 425. 439, 343. — T. VI, n°s 190 à 202. T. XIV. n°s 466 à 510.

MARCADÉ. — Cours de Droit civil. Sur l'art. 202 n° 3, sur l'art 337 n° 4, sur les articles 205, 206, 207 n° 6, sur l'art. 1403 n° 5, sur l'art. 382.

RICHEFORT. — Etat des femmes, t. II. n°s 280-283.

MAGNIN. — De la minorité, t. I, n° 222 et p. 586.

TOUILLIER. — Traité de Droit civil, t. II, n°s 959, n° 1057, n° 651, t. I. p. 429, t. IV, p. 526, 612, 116, t. XIII, p. 269-282.

DEMANTE et COLMET DE SANTERRE. — Cours analytique du Code Napoléon, t. I, n° 291 bis II, t. II, n° 65 bis I, 126 bis, t. VI, n° 122 bis.

MOURLON. — Répétitions écrites sur le Code civil, t. I, p. 482, t. III, p. 74.

ALLEMAND. — Traité du contrat de mariage. t. II, n° 850, n° 109.

DU COURROY, BONNIER et ROUSTAING, art. 337, n° 489, t. I, p. 394, n° 59, n° 191.

VALETTE sur PROUDHON. T. II, n° 247, note A. T. I. p. 404.

VALETTE. — Explication sommaire du Code civil, t. I, p. 226.

ZACHARIÆ. — Cours de Code civil, §§ 507, 552, 640.

VAZEILLE. — Du mariage, t. I, n° 102, 120. T. II, p. 525-526.

TROPLONG. — Privilèges et hypothèques, t. I, n° 136.

— Contrat de mariage, t. I, n° 433, t. II. n° 1599, t. III, n°s 1821, 1822. t. III, n°s 1715-1716.

MORILLOT. — Bulletin de Législation comparée. Année 1877, p. 457.

FLOURENS. — Du droit de propriété littéraire, p. 55, 79, 105.

RENOUARD. — Du droit de propriété littéraire, t. II, p. 250 251.

DUVERGIER. — Revue critique de Législation et de Jurisprudence. — 1866.

LABOULAYE. — Revue critique de Législation et de Jurisprudence. — 1852.

POUILLET. — Traité théorique et pratique de la propriété littéraire et artistique. — Passim.

COLMÉT D'AAGE. — Procédure civile, t. III, art. 592 et 593, n° 3.

RODIÈRE et PONT. — Traité du contrat de mariage, t. I. n° 363, p. 442, t. II, n° 686, n° 795, t. III, n° 1954, 2078.

MASSÉ et VERGÉ sur ZACHARIÆ. — T. IV, p. 69, t, I, p. 374.

DUFOUR. — Cours de droit administratif, t. VII, n° 318.

BATBIE. — Traité théorique et pratique de droit public et administratif. Paris, 1885, T. VII, Ch. 43.

DUVERGIER. — Collection des Lois. Année 1853, p. 201.

Des droits du conjoint survivant par M. Victor Lefrancq.

Revue critique de Législation et de Jurisprudence. Année 1851, t. 41.

H. DUVERGEY. — Etude sur la proposition de loi ayant pour objet de modifier les droits de l'époux survivant sur la succession de son conjoint prédécédé, présentée par M. Delsol. Revue critique de Lég. et Jurisprud. Année 1872.

LÉOPOLD THÉZARD. — Les droits du conjoint survivant d'après un nouveau projet de loi. Revue critique de Lég. et Jurisp. 1877. Nouvelle série. T. VI.

DOMAT. — Traité des lois. Ch. III, p. 3.

SÉRIZIAT, — Régime dotal, n°ˢ 265, 260, 290.

LAURENT.— Cours de Code civil, t. IV, p. 493, 494, t. XXII, n°ˢ 435, 437, 442, 412.

ODIER. — Du contrat de mariage. T. I. p. 82, n° 574, n° 487.

PERSIL. — Questions sur les privilèges. t. I p. 22.

GRENIER. — Traité des Hypothèques. T. II, n° 301.

OUDOT. — Droit de famille, p. 270.

LOCRÉ. — Explication du Code civil, art. 228, 337.

ROLLAND DE VILLARGUES. — Répertoire du Notariat, V° Frais funéraires, n° 4.

DEMOLOMBE. — Cours de Code civil. T. III, n° 370, t. IV, n°ˢ 32, 315, 316, t. V, n°ˢ 95, 460, 461, 464, t. VI, n°ˢ 349, et pages 261, 357, 554 et suiv.. t. VII, n°ˢ 92, 93, 98, 259, t. IX, p. 439, t. XV, n° 573.

AUBRY et RAU. — T. I, p. 403, note II, p. 364, p. 559-562, § 517, t. IV, p. 105, p. 605, § 521, 568, t. V, p. 47, t. VI, § 639.

Moniteur, 16 mai 1839.

Le Droit, 12 janvier 1878.

Journal officiel des 20-21-26 mars 1873.

Gazette du Palais, 26 et 29 octobre 1886, Article de Ludovic Beaucrant.

Le Temps, 7 juin 1886.

LÉGISLATION FRANÇAISE ACTUELLE.

PREMIÈRE PARTIE.

DROITS DE LA VEUVE.

Nous avons vu qu'à Rome et surtout dans l'ancienne France, la position de la veuve avait été l'objet de mesures favorables.

Les anciennes coutumes ne lui reconnaissaient, il est vrai, que des droits successoraux peu étendus, mais elles lui accordaient un grand nombre d'avantages qui rachetaient suffisamment l'infériorité de son rang héréditaire.

Notre Code lui reconnaît des droits de tutelle et de puissance paternelle ; mais il n'a conservé ni la succession du conjoint indigent à l'époux opulent établie par Justinien, et en vigueur dans les pays de droit écrit jusqu'à la Révolution (1), ni le douaire légal ou coutumier (2).

---

(1) MALPEL. N° 175, traité élémentaire des successions. — MALEVILLE, analyse raisonnée de la discussion du code civil au Conseil d'État, t. II, p. 247. — DELVINCOURT, t. II, p. 68, Cours de code civil.

(2) PROUDHON. Traité des droits d'usufruit, d'usage personnel etc., t. I, p. 250 et suiv. — MERLIN, Rép. de juris. V° Douaire.

Le but fondamental du système successoral qu'il a établi, est la conservation des biens dans les familles, et l'histoire nous démontre que cette pensée a toujours préoccupé les législateurs. C'est, qu'en effet, l'ensemble des familles constitue la société ; leur nombre et leur puissance, ainsi que l'union entre les membres qui la composent, sont, pour l'État lui-même, une garantie de force et de concorde, un gage d'homogénéité et de cohésion. Or, la femme n'est pas unie à son mari par les liens du sang et la communauté de l'origine ; en l'appelant à la succession de celui-ci, on ferait donc passer les biens d'une famille dans une autre famille, à moins de ne lui accorder qu'un simple droit d'usufruit. C'est ce que déjà le préteur romain avait compris quand il n'appelait la veuve à la succession de son conjoint qu'au dernier rang, par la *bonorum possessio unde vir et uxor*. Dans l'ancien droit français, du moins à l'époque féodale, on allait encore plus loin, et on préférait à la veuve le seigneur haut justicier ou le fisc, mais, en cela, on ne faisait que suivre les règles particulières du droit féodal, et dans quelques coutumes qni reconnaissaient à l'époux survivant un droit successif préférable à celui du fisc ou du seigneur, cet époux était investi du bénéfice de la saisine.

Le Code civil, à l'instar du préteur romain, appelle la veuve au dernier rang des successibles à la succession de son mari, mais à part quelques autres droits de peu d'importance qu'il lui reconnaît encore, il ne lui a conservé aucun des anciens avantages qui lui étaient donnés, et n'a introduit, en sa faveur, aucun avantage nouveau ; aussi, la situation qu'il lui fait est-elle très rigoureuse.

On a, il est vrai, essayé de soutenir qu'il lui accordait une créance d'aliments contre la succession de son conjoint, mais cette opinion ne peut être admise en présence de l'art. 301 du Code civil, duquel il résulte bien que l'obligation alimentaire est éteinte pour l'époux contre qui le divorce a été prononcé. Or, le divorce opère entre les conjoints une rupture moins définitive encore que la mort. Cette théorie, en outre, est contraire à l'esprit de la loi qui fait de la parenté ou de l'alliance une condition essentielle du droit aux aliments ; or, les époux ne sont ni parents, ni alliés.

D'autre part, on a fait observer, pour justifier le Code, et c'est M. Troplong, en particulier, qui a présenté cet argument dans toute sa portée et dans toute sa force, que le régime de la communauté légale étant le régime matrimonial de droit commun, sera, le plus souvent, celui que les époux auront adopté. Or, d'après les règles admises en cette matière, la veuve obtient la moitié des biens communs ; mais nous verrons plus loin les objections qu'on peut faire à cette manière de défendre la loi, et ce qu'on doit en penser.

Quoi qu'il en soit, il faut dire à la décharge des rédacteurs du Code civil que s'ils se sont montrés si rigoureux à l'égard de la veuve, c'est malgré eux et à leur insu, par suite d'une méprise de M. Treilhard. Sur l'observation faite par M. Malleville que l'on avait omis d'accorder une pension à l'époux survivant, lorsqu'il ne recueillait pas la succession de son conjoint, celui-ci répondit que l'art. 55 du projet lui accordait l'usufruit du tiers des biens. Cela était absolument faux, car cet article parlait de l'usufruit accordé au père ou à la mère sur la part des collatéraux ; mais, sur le moment, l'erreur de M. Treilhard passa inaperçue, et personne ne s'avisa de contrôler sa réponse dans la suite de la discussion.

Depuis cette époque, divers essais ont été tentés pour réagir contre la situation fort dure que le Code civil a faite involontairement à la veuve. Différents projets de loi ont été mis à l'étude par les Chambres, mais, jusqu'ici, ils n'ont pas encore reçu la sanction législative. Nous possédons, en outre, sur des points particuliers, plusieurs lois qui sont

empreintes d'un esprit de faveur pour la veuve, spécialement les lois des 14-19 juillet 1866 sur la propriété littéraire,
des 25-28 mars 1873 sur la condition de la veuve des
déportés, et un grand nombre d'autres sur les pensions
civiles et militaires.

Après avoir étudié les droits de succession de la veuve
d'après les règles du Code, nous prendrons rapidement
connaissance de ces différentes lois, pour aboutir à l'examen
des projets de réforme, avant de passer à l'étude des autres
gains de survie. Chacun de ces points fera l'objet d'une
section. Nous terminerons enfin par l'examen de ses droits
de tutelle et de puissance paternelle, et de ceux qu'on est
convenu d'appeler droits de viduité.

CHAPITRE Iᵉʳ.

Droits de succession.

Ce chapitre, qui est de beaucoup le plus important de cette partie de notre thèse, sera divisé en trois sections. Nous verrons dans la première les droits de succession de la veuve d'après les règles du Code civil, dans la seconde, les différentes lois spéciales dont nous parlions tout à l'heure, dans la troisième, enfin, les projets de réforme générale des art. 767 et suivants.

SECTION Iʳᵉ.

Droits de succession de la veuve d'après le Code civil.

Nous étudierons, sous ces deux paragraphes, les deux questions suivantes :

1° A quelles conditions la veuve succède-t-elle ?

2° A quel rang la veuve succède-t-elle ?

§ Iᵉʳ. — *A quelles conditions la veuve succède-t-elle ?*

Il ne suffit pas qu'une femme survive à celui qui a été son

conjoint. pour qu'elle puisse lui succéder, il faut ; de plus, qu'elle n'ait pas divorcé. Ceci nous est indiqué par l'art. 767 du Code civil lui-même : « Lorsque le défunt ne laisse ni parents au degré successible, ni enfants naturels, les biens de sa succession appartiennent au conjoint non divorcé qui lui survit. »

Il n'y a pas à distinguer, du reste, si le divorce a été prononcé contre la femme, ou si c'est elle, au contraire, qui l'a obtenu contre son mari. Le droit héréditaire qui lui est reconnu est, en effet, basé sur son titre d'épouse, et le divorce mettant le mariage à néant, dans tous les cas, ce titre disparaît.

L'ancienne jurisprudence excluait de la succession du mari la femme séparée de corps, et celle qui l'avait abandonné pendant son mariage. Aujourd'hui, la séparation de corps, et à plus forte raison l'abandon, ne produiraient plus les mêmes effets, l'art. 767 ne faisant mention que du conjoint divorcé.

Cependant, quelques auteurs soutiennent l'opinion contraire ; la veuve perd, disent-ils, son droit de succession, du moins quand la séparation de corps a été prononcée contre elle. La matière des successions *ab intestat* entre époux repose sur une présomption d'affection entre le défunt et son héritier, et cette présomption s'évanouit dans cette hypothèse. Cette opinion a, du reste, été soutenue au Conseil d'État, lors de la rédaction du Code, par Treilhard et Berlier.

A cette argumentation, nous répondons que la séparation de corps laisse subsister le mariage, et, par suite, la qualité d'époux ; qu'en outre, l'art. 767, restreint au cas de divorce l'exception qu'il apporte au droit héréditaire de la veuve ; or, les dispositions qui dérogent au droit commun ne doivent pas être étendues par voie d'anologie : « *Exceptiones sunt strictissimæ interpretationis.* »

Enfin, comme le fait remarquer M. Duranton (1), les droits
de successibilité sont en général fondés sur le principe de
la réciprocité. Il faudrait donc décider que l'époux innocent
a perdu, par le fait de la séparation de corps, le droit de
succéder à l'époux coupable, ce qui serait inique, et en
outre contraire à la loi elle-même, qui ne lui a pas retiré le
droit qu'elle lui avait conféré. C'est l'idée qu'exprimait déjà,
au Tribunat, M. Malleville, quand il prononçait ces mots :
« On a considéré que l'exclusion de la succession en cas de
séparation de corps, pourrait tomber sur l'époux qui n'a rien
à se reprocher. »

Le mariage nul, et même le mariage putatif, mais annulé
avant le décès du mari, ne donnent pas à la veuve de droit sur
la succession de son mari (2). Il est vrai que l'art. 201 du Code
civil attribue au mariage putatif tous les effets civils d'un
mariage valable, à cause de la bonne foi des époux ; mais
lorsque ce mariage putatif est annulé, les époux deviennent
étrangers l'un à l'autre, et, dit M. Chabot, « comme s'ils
n'avaient jamais été conjoints (3). »

On objecte que le mariage putatif confère des droits
éventuels, comme les gains de survie et l'institution contrac-
tuelle ; le droit de succéder a la même nature, et tout doit
se passer comme si les époux l'avaient eux-mêmes stipulé
par convention (4). — Il n'en est rien, les époux n'ont
pu compter sur un droit qui ne leur était pas accordé,

---

(1) DURANTON. T. III, n° 343, p. 390, édition de 1832.

(2) A l'inverse, si le mariage putatif avait subsisté jusqu'à la mort du
mari, la veuve lui succéderait, pourvu qu'elle fût de bonne foi.

(3) DURANTON. L. c. t. II, n° 379. — DEMOLOMBE, t. III, n° 370. —
MARCADÉ, sur l'art. 202, n° 3. — AUBRY et RAU, t. V, pag. 47 et suiv.

(4) En d'autres termes, l'art. 767 ne fait que suppléer au silence des
époux ; or, la convention tacite et présumée doit produire les mêmes
effets qu'une convention expresse.

par la loi. C'est en vain, dit M. Demolombe, qu'on oppose cet argument, « car il n'y a rien de contractuel dans la vocation purement légale dont il s'agit ; c'est une dévolution de biens dont la loi est maîtresse, et qui n'a été de la part des époux l'objet d'aucune stipulation, ni expresse ni tacite…. Or, il résulte du texte de la loi qu'elle ne le défère à l'époux, qu'autant qu'il est encore et actuellement époux à l'époque du décès. »

§ II. — *A quel rang succède-t-elle ?*

L'art. 767 répond : « Lorsque le défunt ne laisse ni parents au degré successible, ni enfants naturels : » mais cette réponse n'est pas exacte dans tous·les cas, et nous devons distinguer deux hypothèses :

1° Celle où le défunt était un enfant légitime ;
2° Celle où………… id. ……………naturel.

Article I. — LE MARI DÉFUNT ÉTAIT UN ENFANT LÉGITIME.

Alors, il est vrai de dire que la veuve ne succède qu'en l'absence de tout parent au degré successible, et d'enfants naturels.

Telle est sa situation d'après le Code civil, situation immorale et contraire à la dignité même du mariage, puisqu'elle semble donner une prime aux unions irrégulières, situation blessante pour l'épouse, situation désastreuse pour elle enfin, si elle n'a pas adopté le régime de communauté. On a fait observer, il est vrai, que le législateur en faisant de ce régime le régime du droit commun, l'a par cela même recommandé tout particulièrement aux époux, et, qu'ils sont en faute de ne pas l'adopter. Quoiqu'il en soit, il ne leur a pas imposé, et on ne saurait faire subir une peine aux époux qui ont stipulé un autre régime matrimonial, puis qu'il·leur est permis de le faire, et même de déroger aux règles de la communauté légale.

Ce dernier régime n'est presque point pratiqué en Normandie et dans le Midi d'ailleurs, et en supposant même que les époux l'aient adopté, la communauté peut être pauvre, et alors la situation de la veuve n'est pas assurée.

On a dit encore que les époux sont dans l'habitude de garantir leur sort pour l'époque qui suivra le mariage par des donations faites soit dans leur contrat, soit par acte postérieur ; mais, la mort peut les surprendre à l'improviste, alors qu'ils n'ont pas encore songé à prendre de mesures pour l'hypothèse du prédécès de l'un d'eux. « Quel étrange système que celui de la loi ! fait remarquer M. Boissonnade. Les époux se doivent pendant leur vie secours et assistance, et c'est au moment où le secours est devenu indispensable, qu'il leur est refusé ! Les enfants naturels, adultérins ou incestueux, ont aussi droit à des aliments, mais ce droit ne cesse pas à la mort de leurs auteurs ; il subsiste à l'état de créance alimentaire contre leur succession. » Art. 762-763, Code civil.

La veuve ne succède aujourd'hui qu'à défaut de parents au degré successible ; cependant, il importe de remarquer :

1° Que s'il existe des parents au degré successible, mais que ceux-ci renoncent à la succession, la veuve y sera appelée ; et, en effet, par l'effet de la renonciation, ils est censé n'avoir jamais eu qualité pour succéder ;

2° Que la veuve peut parfois succéder malgré la présence d'enfants naturels.

En effet, l'article 337, alin. 1 est ainsi conçu : « La reconnaissance faite pendant le mariage par l'un des époux au profit d'un enfant naturel qu'il aurait eu, avant son mariage, d'un autre que son époux, ne pourra nuire ni à celui-ci, ni aux enfants nés de ce mariage. »

Quel a été le but du législateur ? M. Labbé, commentant
un arrêt de la Cour de Paris, du 23 janvier 1860, dans le
Journal du Palais de la même année, dit que ce but a été
de prévenir ou de réprimer la mauvaise foi d'un époux qui
aurait, avant le mariage, caché à son conjoint l'existence
d'un enfant naturel et voudrait le reconnaître après la célébration. « Le législateur a voulu, disait déjà M. Delvincourt,
qu'un père ou qu'une mère ne vînt pas, par une reconnaissance tardive, nuire aux droits résultant du mariage en faveur
de son conjoint, et tromper par là l'espoir des deux
familles (1). »

La jurisprudence et la grande majorité des auteurs disent
aussi que le législateur a surtout voulu, en édictant l'art. 337,
maintenir la concorde dans le ménage, et la bonne harmonie
entre les époux.

Il a redouté les conséquences de l'irritation que la révéla-
tion d'un fait aussi grave que l'existence d'un enfant naturel aurait fait naître, si elle avait pu produire des effets
juridiques.

On objecte, il est vrai, que si tel avait été le but du législateur, il aurait défendu toute reconnaissance d'enfant
naturel pendant le mariage, ou se serait contenté d'annuler
ses effets dans l'intérêt de l'autre époux. Mais, il ne pouvait
d'abord prohiber la reconnaissance, puisqu'elle est un devoir
pour le père ; ensuite, pour maintenir une paix entière et
durable au foyer domestique, il importait de soustraire non-
seulement le conjoint, mais aussi ses enfants au préjudice
qu'elle entraîne. L'exposé des motifs s'exprime, du reste, de
la façon suivante : « Il ne peut dépendre de l'un des époux

---

(1) RICHEFORT. État des femmes, t. II , n° 282. — MAGNIN , Minorité,
t. 1, n° 222. — DELVINCOURT , 63, II, 205, 64, II, 246. Pau , 5 prairial
an XIII, cass. 6 janv. 1868.

de changer après le mariage le sort de la famille, en appelant les enfants naturels qui demanderaient une part de la succession. Ce serait violer la foi sous laquelle il a été contracté. » (1).

A. *Conditions d'application de l'art. 337 C. Civ.* — Il faut, pour que l'on se trouve dans l'hypothèse de cet article que la reconnaissance ait été faite pendant le mariage. Comme l'article 337 déroge au droit commun, on doit en restreindre l'application au cas qu'il prévoit textuellement. Nous déclarerons donc valable la reconnaissance d'enfant naturel antérieure au mariage ; et même les ratifications faites pendant le mariage de reconnaissances antérieures. Il est vrai que d'après l'art. 1338 C. Civ., la ratification d'un acte annulable ne peut pas nuire aux droits des tiers ; mais comme le font remarquer MM. Demolombe et Aubry et Rau(2), nous sommes dans une matière toute spéciale et notre règle se trouve uniquement dans l'art. 337 C. Civ.

Il a été jugé que l'art. 337 est inapplicable au cas où, la reconnaissance ayant été faite antérieurement au mariage par un acte dont les qualifications peuvent laisser des doutes sur l'identité du père, ce dernier, par un acte postérieur intervenu pendant le mariage, a rectifié et confirmé cette recon-

---

(1) Cf. en sens divers, 28 mai 1878, Cass. — DALLOZ. I, p. 401, 1878. — CHABOT. Sur l'art. 756, n° 76. — PROUDHON. État des personnes, 3e édition, t. 2, p. 147. — TOULLIER. Droit civil, t. 2, n° 959. — DURANTON. T. 3, n° 254. — MARCADÉ. Art. 337, n° 4. — DEMANDE. Cours analytique du code Napoléon, t. 2, n° 65 *bis*, I. — AUBRY et RAU. T. IV, p. 692, § 568 *quater* et note 14. — MOURLON. Répétitions écrites sur le code civil, t. I, p. 482. — ALLEMAND. Traité du contrat de mariage, t. II, n° 850. — DEMOLOMBE. Cours de code civil, t. V, p. 463, n°s 460 et 461. — LABBÉ. Arrêt 23 janv. 1860, journal du palais, 1860.

(2) Aubry et Rau, t. IV, p. 693. Demolombe, t. V, p. 467, n° 464. Richefort, t. II, n° 280.

naissance. (Cass. 24 nov. 1830. — Dalloz, JG. n° 692 et 547).
Dans l'espèce de cet arrêt, le père de l'enfant nommé Gabriel
avait signé l'acte de naissance des mots « De Saint-Gabriel »
sans ajouter ses prénoms, et il reconnaissait l'identité de son
nom avec celui porté sur cet acte.

Ce même arrêt a décidé que quand l'individu déclaré
comme père d'un enfant naturel, n'était pas présent à l'acte
de naissance et ne l'a pas signé, cet acte ne constitue pas un
acte de reconnaissance valable. Si donc, plus tard pendant
son mariage, cet individu s'est reconnu père de l'enfant dont
il s'agit, il faut appliquer les dispositions de l'art. 337 C. Civ.

La reconnaissance judiciaire, je veux dire la constatation
faite en justice de la filiation d'un enfant naturel qu'une
personne a eu d'un autre que de son conjoint avant le mariage, doit-elle être assimilée dans ses effets à la reconnaissance volontaire ?

Cette question semble se trouver tout-à-fait en dehors de
notre sujet, car il est difficile de supposer une reconnaissance de paternité naturelle faite par un jugement, puisque
la recherche de la paternité naturelle est interdite, et que
l'enfant ne peut par aucun moyen, même par la possession
d'état, établir sa filiation par rapport à son père. Néanmoins,
et par exception à ce principe, l'art. 340 C. Civ. autorise la
recherche de la paternité au cas de rapt ou enlèvement de la
jeune fille, lorsque l'époque de la conception (1) coïncide avec
celle de la sequestration qui a suivi ce rapt.

Dans les travaux préparatoires du Code Civil, Treilhard
avait même proposé de rendre, en ce cas, la déclaration de
paternité obligatoire pour le juge, par la raison que cette
coïncidence ne pouvait laisser de doutes sur la paternité du

---

(1) Cette époque se détermine suivant les règles des art. 312, al. 2,
314 et 315, C. C.

ravisseur. Mais, comme il est impossible de fixer exactement le moment même de la conception, ôn a fait remarquer que le concours de cet évènement avec l'époque de la séquestration n'est jamais certain, quoique infiniment probable. Le juge pourrait donc ne pas reconnaître le ravisseur pour le père de l'enfant, s'il résultait des circonstances de la cause que cette paternité n'est pas suffisamment prouvée.

Le mot « enlèvement » dont se sert l'art. 340, montre bien qu'il ne s'agit que du rapt de violence. D'ailleurs, si, dans cette hypothèse, on a permis la recherche de la paternité, c'est parce que la preuve de cette dernière pouvait résulter de la sequestration de la mère pendant l'époque de la conception. Il y a là un fait public et facile à constater, qui donne même naissance à une action en dommages-intérêts, en vertu de l'art. 1382 C. Civ. — Ces raisons sont inapplicables au rapt de séduction (1). Le viol ne saurait non plus servir de base à une action en recherche de paternité, car il est loiñ d'avoir la même force probante, que celle qui résulte d'une sequestration prolongée pendant laquelle la jeune fille est à tout instant à la disposition de son ravisseur. (Dictionnaire de l'Académie, au mot *Enlèvement.* Locré. Leg. t. VI, p. 322. — Sirey 1821. 2. 236. — Contra. Valette sur Proudhon, II, p. 137. note a. — Marcadé, art. 340, n° 2. — Demolombe, V. 490. — Paris, 28 juil. 1821. — Sirey, 21. 2. 235).

La Jurisprudence définitivement fixée depuis un arrêt du 16 décembre 1861, assimile dans leurs effets la reconnaissance judiciaire et la reconnaissance volontaire. (Cf. aussi. Sirey, 1851, 1. 225. — 1853, 2. 497. — 1857, 1. 97.)

---

(1) Pourvu, bien entendu , qu'il n'ait pas été suivi de séquestration ; autrement, il y aurait encore comme au cas de rapt de violence, un fait matériel qui pourrait servir de base à une preuve.

Le rapt de séduction n'emporte pas par lui-même l'idée d'une séquestration. Aubry et Rau, t. VI, § 569, p. 194.

La plupart des auteurs soutiennent la même opinion pour le cas spécial dont nous parlons. Ils se fondent sur les inconvénients que présenterait le système contraire, de nuire à la bonne harmonie qui règne entre époux, et de porter atteinte aux droits de la famille. Le mariage est, disent-ils, le premier fondement de la société, et, dans la crainte d'en détourner les citoyens Français, on doit rejeter toute exception à l'art. 337 C. Civ. qui protège les droits de la femme et ceux de la famille légitime.

La prohibition de rechercher la paternité est, il est vrai, un principe d'ordre public, considéré comme essentiel au maintien de l'ordre moral dans la société, principe auquel on n'a dérogé que pour des motifs très graves. Mais, d'autre part, l'exception qu'on y a apportée est aussi générale que possible : et l'art. 340 qui la consacre est, dans sa rédaction même, absolument indépendant de l'art. 337. Tous deux sont placés dans la section qui traite de la reconnaissance des enfants naturels ; mais, jusqu'à l'article 340, le législateur ne parle que de la maternité naturelle, et c'est seulement dans les articles qui suivent, qu'il traite de la paternité. On ajoute encore cette considération que les art. 1382 et suivants, sur la responsabilité, consacrent un principe absolument général. « La fortune du mari doit être atteinte ou affaiblie, disent MM. Dalloz (J. G. n° 694, p. 408), par le crime dont il s'est rendu coupable en ravissant une femme qu'il aurait rendue mère, comme elle l'aurait été par tout autre crime, délit ou quasi-délit. »

II. — Il faut encore, pour qu'il y ait lieu d'appliquer l'art. 337, que la reconnaissance faite par le mari, l'ait été au profit d'un enfant naturel, qui ne soit pas en même temps l'enfant de sa femme. Celle-ci ne saurait, en ce cas, en être offensée, et ne pourrait, légitimement, se plaindre des conséquences qu'elle entraîne. Mais comment saura-t-on si l'enfant reconnu par l'un des époux est aussi l'enfant de l'autre ?

Lorsque sa filiation aura été légalement établie par rapport à ce dernier, soit par une reconnaissance volontaire, soit par une reconnaissance judiciaire ; peu importe, du reste, à quelle époque cette reconnaissance est intervenue.

Nous croyons même que si le mari avait reconnu un enfant naturel, et que la filiation naturelle de cet enfant par rapport à la femme, vienne à être judiciairement constatée pendant le mariage, cette reconnaissance judiciaire restituera, à la reconnaissance du père, les effets dont elle avait été privée par application de l'art. 337.

En résumé, la reconnaissance faite pendant le mariage par le mari, d'un enfant naturel qu'il a eu d'une autre que son conjoint, ne produit aucun effet à l'égard de la veuve, et, par suite, ne lui enlève pas ses droits sur la succession de son mari. Toutefois, il est controversé de savoir si l'enfant naturel qui a fait l'objet de cette reconnaissance, ne peut pas réclamer des aliments contre la succession de son auteur décédé. — Des auteurs lui reconnaissent ce droit ; ils font remarquer que l'art. 337 n'y fait nullement obstacle, car tout en attribuant à la veuve un droit à la succession du mari, il ne l'affranchit pas de l'obligation d'en acquitter les charges. Il faut, ici, appliquer la règle : « *Non sunt bona nisi deducta œre alieno.* »

Nous croyons cette opinion inexacte, car l'obligation alimentaire n'est pas transmissible aux héritiers du débiteur. Elle est imposée par la loi aux descendants, ascendants et alliés en ligne directe seulement ; et, dans notre hypothèse, l'ascendant de l'enfant n'existe plus ; la veuve ne peut donc être tenue à fournir des aliments. — D'un autre côté, l'obligation alimentaire est de sa nature réciproque ; et cependant il est impossible d'admettre, en présence des articles 205 à 207, que la veuve, dans le besoin, puisse réclamer des aliments à l'enfant naturel, qui lui est complètement étranger.

Cette opinion, du reste, était celle qui prévalait déjà en droit romain, comme le prouve la loi, 5, p. 2, de *agnos-cendis et alendis liberis*.

A l'objection tirée de ce que les personnes qui acceptent une succession doivent en supporter les charges, je répondrai avec M. Demolombe, que la dette d'aliments n'a ni la même nature ni les mêmes caractères qu'une autre dette ; elle est purement légale et non point conventionnelle, et n'existe qu'entre parents. — En outre, c'est une dette viagère et non perpétuelle, comme celles qui grèvent le patrimoine, et « si la loi civile lui prête sa sanction, c'est surtout dans un intérêt d'ordre public, c'est qu'il serait déplorable de voir un fils refuser du pain à son père ; mais tous ces motifs ont cessé par la rupture du lien, et nous n'avons plus en présence ces deux personnes, dont l'une n'aurait pu refuser des secours à l'autre, sans un scandale public ; donc la cause même de l'obligation a cessé (1). »

Quelques auteurs ont soutenu que l'enfant naturel ne devait pas être plus mal traité que l'enfant adultérin et inces-tueux, auquel l'art. 762 accorde des aliments contre la succession de son père (2). Cette opinion a prévalu dans la pratique, mais se concilie difficilement avec l'art. 337 al., 1.

MM. Aubry et Rau pensent que les héritiers d'une personne sont tenus de la dette alimentaire toutes les fois que la circonstance à raison de laquelle les aliments, de-viennent exigibles, c'est-à-dire l'indigence de celui qui les réclame, est antérieure au décès de celui qui les doit ; en pareil cas, disent-ils, l'obligation alimentaire ayant pris

---

(1) Demolombe. *Ut. s.* Tome IV, p. 40.

(2) Bonnier Roustaing, Du Caurroy, art. 337, n° 489. — Proudhon et Valette, t. II, p. 146. — Toullier, Cours de code civil, t. I, p. 429.

naissance dès avant l'ouverture de la succession, doit pouvoir être exercée par cela même contre ses héritiers et successeurs universels. Ils reconnaissent, toutefois, qu'il existe de graves objections contre la transmissibilité de l'obligation alimentaire ; mais croient que le législateur n'a cependant pas vu dans la nature de la dette alimentaire, un obstacle absolu à sa transmission aux héritiers, et ils invoquent en ce sens les art. 762 à 764 (1).

Article II. — LE MARI DÉFUNT ÉTAIT UN ENFANT NATUREL.

L'art. 767 Civ. est dans ce cas incomplet (2). Il ne signale, en effet, comme excluant la veuve, que les parents au degré successible. Il faut ajouter à cette énumération les père et mère naturels du *de cujus*, ses frères et sœurs naturels, et même ses frères et sœurs légitimes quant aux biens qu'il tenait, soit de son père, soit de sa mère.

Le texte des articles 767 et 768, ainsi que la place qu'ils occupent dans le code, prouve bien qu'il en est ainsi, et, du reste, un amendement présenté par M. Bigot de Préameneu,

---

(1) Cf. en sens divers. — DELVINCOURT. Sur l'art. 216. — DURANTON. *Ut. s.* II, 407. — ZACHARIÆ. § 552, texte et note 6. — VAZEILLE. Du mariage, II, 525 et 526.— DEMANTE. Cours analytique du code Napoléon, t. I, 291 *bis*, II. — PROUDHON. De l'usufruit, IV, 1818 et 1819. — MARCADÉ. Sur les art. 205, 206 et 207, n° 6.— Nancy, 15 nov. 1824.— SIREY. 1825, 2, 362. — Orléans, 24 nov. 1855. - SIREY. 1856, 2, 385. — Cass. 8 juillet 1857. — SIREY. 1857, 1, 809. — Dijon, 17 août 1860. — SIREY. 1860, 2, 560. — Montpellier, 30 mai 1866. — SIREY. 1866, 2, 364.

Cass. 18 juillet 1809. — SIREY, 1809, 1, 402.— Amiens, 28 mai 1825.— SIREY, 1826, 2, 48.

(2) M. DE SALVANDY. Essai sur l'histoire des gains de survie entre époux, page 358.

et d'après lequel l'époux survivant devait primer les frères et sœurs naturels du défunt mort sans ascendants, a été repoussé.

La veuve est, nous le savons, un successeur irrégulier; la loi ne lui accorde pas, par suite, la saisine et les droits qui en découlent, privilèges réservés aux héritiers légitimes. Elle doit, pour obtenir la possession des biens héréditaires, et exercer les droits actifs et passifs de la succession, remplir certaines formalités qui nous sont indiquées dans les articles 769 et 770 du Code Civil. Ces formalités ont pour but de faire vérifier en justice la qualité de successeur irrégulier, et de garantir aux héritiers qui pourraient se présenter ultérieurement la restitution des biens héréditaires; mais, comme elles sont communes à tous les successeurs irréguliers, nous ne nous y arrêterons pas davantage. Nous supposons donc que la veuve les a remplies, et alors, pour avoir une notion précise de l'étendue des droits successoraux qui lui sont accordés, et de l'avantage effectif qu'elle peut en retirer, nous devons résoudre la question de savoir dans quelle mesure elle tenue de supporter les dettes qui grèvent la succession du mari défunt.

Deux opinions se trouvent en présence, et ont pour partisans l'une et l'autre les jurisconsultes les plus éminents. Si on admet avec la première que la veuve est tenue de payer toutes les dettes mêmes quand elles dépassent la valeur des biens de l'hérédité, le droit qui lui est conféré pourra n'être pour elle la source d'aucun profit réel, et même lui causer un grave préjudice, lorsque le passif sera de beaucoup supérieur à l'actif. Si, au contraire, on décide avec les partisans de la seconde, qu'elle ne peut être tenue que jusqu'à concurrence de la valeur des biens héréditaires, elle pourra ne retirer aucun bénéfice de sa vocation à la succession, mais du moins n'en souffrira pas. C'est la doc-

trine soutenue par la jurisprudence et c'est aussi celle à
laquelle nous nous rangeons.

Voici, du reste, les arguments sur lesquels se fonde le
premier système, qui a été brillamment défendu par MM. Demolombe XIII. n° 160, et Belost-Jolimont, sur l'art. 773,
obs. 5. Nous les exposerons successivement, en esseyant de
les réfuter.

1° Le patrimoine, *l'universum jus defuncti* des Romains,
forme une seule masse indivisible, composée de créances et
de dettes. Ceux qui le recueillent en totalité, ne peuvent donc
posséder toutes les créances et autres biens sans payer le
passif intégralement ; autrement on introduirait une division dans le patrimoine, ce qui ne peut être admis. Ils sont
donc tenus personnellement et non sur certains biens, et ne
peuvent se décharger de leur obligation en abandonnant
ces biens. Il est faux de dire qu'ils ne succèdent pas à la
personne : car une universalité ne peut exister sans une
personnalité qui la soutienne, et si la veuve ne succédait
pas à la personne, l'universalité serait dissoute ; elle ne
pourrait par conséquent la recueillir. Lebrun et Donnat
reconnaissaient déjà cette règle.

2° Dans les art. 870 et suivants, 1009, 1013 et 1220, le
Code règle l'obligation ou la contribution aux dettes des
héritiers et successeurs testamentaires. Il faut admettre,
sous peine de croire qu'il a omis d'en parler, que l'expression
d'héritiers est tout à fait générale et comprend les successeurs irréguliers eux-mêmes.

3° L'obligation aux dettes *ultra vires* ne dérive pas de la saisine (1) ; et dût-on même admettre qu'elle en dérive, l'envoi en possession constituerait, au profit de la veuve, une saisine judiciaire de fait, qui aurait pour effet de lui transmettre la qualité de représentante du défunt.

L'opinion contraire raisonne comme il suit : 1° En droit romain il est vrai, toute personne qui succédait *in universum jus defuncti*, était le représentant juridique du défunt, et avait, la qualité d'héritière, quel que fût le titre sur lequel se fondait sa vocation héréditaire ; c'est ce qu'exprimait la règle « *Heres personam defuncti sustinet.* »

Il n'en était pas de même dans notre ancien droit coutumier. Au contraire, seuls les parents légitimes avaient la qualité d'héritiers ; seuls ils continuaient la personne du défunt « Dieu seul, disait-on, fait les héritiers. » Sous l'influence des principes romains on avait, il est vrai, assimilé les légataires et même les donataires de biens à venir, aux héritiers ; mais, sauf dans les coutume du Nivernais et de Bourgogne, on ne les investissait pas de la saisine des biens.

2° Il résulte, d'autre part, de la combinaison des art. 724, 770 et 773, 1004, 1006 et 1011 que les rédacteurs du code civil n'ont donné la saisine qu'aux parents légitimes du défunt et aux légataires universels qui ne sont pas en concours avec les héritiers réservataires, et que par suite notre code. civil est demeuré fidèle aux règles de l'ancien droit.

En établissant une distinction aussi tranchée entre les

---

(1) Elle dérive de la continuation de la personne , sans laquelle une succession à l'universalité ne se conçoit pas. Les règles de la saisine ont été empruntées à l'ancien droit, en effet. Or, les héritiers irréguliers comme la veuve, dans les coutumes qui l'appelaient à la succession de son mari, quoique ayant la saisine , n'étaient tenus cependant *qu'intra vires successionis.*

héritiers légitimes et les successeurs irréguliers, ils ont clairement montré qu'ils ne considéraient pas ces derniers comme continuateurs de la personne juridique du défunt. La veuve est tenue des dettes sans doute, mais son obligation trouve sa limite dans la valeur des biens de la succession.

3° Le bénéfice de l'acceptation sous bénéfice d'inventaire est exclusivement relatif aux héritiers légitimes; et il faudrait décider dans le système de M. Demolombe que la veuve est toujours tenue *ultrà vires*, ou lui reconnaître un droit qui n'a pas été introduit en sa faveur.

4° Il ne résulte pas, de l'envoi en possession, une saisine de fait qui ait pour effet de donner à la veuve la qualité de représentante du défunt, comme aux parents légitimes du défunt. La saisine héréditaire est une fiction légale, en vertu de laquelle les héritiers sont saisis même à leur insu et sans manifestation d'aucune volonté de leur part, de la possession et de la propriété des biens composant la succession, et elle n'a été admise que parce que la loi considérait les parents légitimes du défunt, comme les continuateurs de sa personne juridique. C'est ce qui est prouvé formellement, disent MM. Aubry et Rau l. c. par la corrélation étroite qu'établit l'art. 1220 C. Civil entre la saisine et la représentation du défunt par les héritiers. Dès lors, ne représentant pas la personne juridique du défunt, ils ne sont tenus des dettes qu'à cause des biens qu'ils détiennent, et n'en répondent pas sur leur propre patrimoine.

5° On ne saurait conclure de ce que l'obligation de la veuve est personnelle, qu'elle est tenue des dettes *ultrà vires*. Il importe, en effet, de ne pas confondre le droit de poursuite accordé aux créanciers contre le débiteur, avec la participation effective de celui-ci aux dettes ou, comme on l'appelle, la contribution. Il est certain que la veuve, comme tout successeur irrégulier, peut être poursuivie pour les dettes héréditaires sur tous ses biens présents et à venir : mais on n'en saurait conclure qu'elle doit payer une somme supérieure au montant de l'actif héréditaire.

6° Enfin, l'Etat, successeur irrégulier, placé par le Code au même rang que la veuve, n'est cependant pas tenu de payer les dettes *ultrà vires*; le contraire serait manifestement inadmissible. (1)

M. Demolombe répond à cette dernière objection que l'Etat ne succède pas en réalité : il prend les biens comme vacants et par déshérence. D'ailleurs, les règles essentielles de la comptabilité publique s'opposeraient à ce qu'il payât les dettes *ultra vires*.

On peut répondre que les biens et droits du défunt sont acquis à l'Etat à titre d'universalité juridique, de patrimoine, et non comme objets distincts, et que la deshérence est un fait et non un titre ; l'Etat succède réellement à l'*universum jus defuncti* ; et il exerce une véritable pétition d'hérédité contre les tiers qui se seraient mis en possesion des biens de l'hérédité.

SECTION II.

Différentes lois qui ont modifié sur des points spéciaux la situation faite à la veuve par le Code.

§ Ier. — *Loi sur la propriété littéraire et artistique* (2).

Peu de temps après la promulgation du Code civil, un mouvement de réaction se produisit en faveur de la veuve,

---

(1) En sens divers.— AUBRY et RAU, l. c. § 639, p. 707, t.VI.— CHABOT, sur l'art. 773, n° 7. — ZACHARIÆ, § 640, texte et note 10. — TOULLIER, IV, 526.— DELVINCOURT, II, p. 62 et 63.— DURANTON, VI, n°s 290 à 292.

(2) L'expression artistique s'applique tant au dessin qu'à la sculpture, la peinture, la gravure et la musique.

et les fauteurs de ce mouvement se fondaient du reste sur l'intention même des rédacteurs de ce Code, causes involon-lontaires de l'oubli dans lequel elle avait été laissée. Il prit naissance à propos d'un projet sur la propriété littéraire et aboutit au décret de 1810 qui accordait à la veuve d'un litté-rateur ou d'un artiste des droits importants dans la succession de son mari.

La législation sur cette matière a depuis cette époque été maintes fois modifiée : aujourd'hui, elle est définitivement fixée par la loi des 14 et 19 juillet 1866 ; mais pour la bien connaître, il importe de faire un rapide exposé historique de la question.

La loi des 13 et 19 janvier 1791 limitait à dix ans le droit accordé à la veuve (comme à tout autre héritier, et lorsqu'elle était appelée à la succession, en vertu de l'art. 767 C. Civil) de jouir du produit des œuvres de son mari prédécédé : cette loi était d'ailleurs spéciale aux œuvres dramatiques.

Une loi du 19 juillet 1793 maintint à dix ans le droit de jouissance dont nous parlons pour toute «production de l'esprit ou du génie appartenant aux beaux-arts et pour les ouvrages de littérature ; » elle abolit ainsi la perpétuité du droit de propriété littéraire jusqu'alors reconnue et conservée de l'ancien droit.— Enfin, la loi des 19 et 24 juillet 1795 proclama que la jouissance du droit d'auteur serait assurée aux héri-tiers du littérateur ou de l'artiste prédécédé, toute leur vie durant.

La législation de 1810 conserva les mêmes règles, mais appela la veuve à jouir au premier rang et avant tout autre héritier, des droits d'auteur de son conjoint, « dans le cas où elle en avait le droit, d'après ses conventions matrimoniales.» — Une controverse existait, pour savoir ce qu'on devait entendre par ces expressions. La plupart des auteurs soutenaient qu'elles se référaient à l'hypothèse du régime de communauté : mais d'autres pensaient que la veuve ne jouissait du droit d'auteur que quand ce droit lui avait été expressément assuré par ses conventions matrimoniales.

Une loi du 3 août 1844, spéciale aux œuvres dramatiques, limita à un délai de vingt ans, le droit des héritiers, et avec le leur, celui de la veuve.

Une autre loi du 8 avril 1854 accorda à la veuve la jouissance de ce droit pendant toute sa vie, tandis qu'elle limitait à 30 ans celle des autres héritiers de l'auteur.

Enfin, la loi des 14-19 juillet 1866, se fondant sur ce que les motifs qui avaient inspiré le législateur de 1810, motifs qui reposaient sur la collaboration des époux, et la communauté de leur existence, étaient absolument indépendants du régime matrimonial adopté par eux, donna à toutes les veuves des littérateurs ou des artistes, le droit de succéder aux œuvres de leur défunt mari. « Sans doute, dit M. Troplong, (1) l'œuvre de la pensée est la plus personnelle de toutes, mais tandis que le mari était occupé à ses compositions, la femme se dévouait aux soins du ménage et à l'éducation des enfants. Chacun d'eux a donc mis à la masse commune sa part. Le mari a reçu les soins de sa femme ; il en a profité ; la femme doit aussi avoir son lot dans l'honneur et dans l'émolument des œuvres de son mari. »

Cette loi bouleversant toute l'économie du régime successoral, bien plus gravement encore que le décret de 1810, appela la veuve au premier rang héréditaire, avant les enfants du défunt eux-mêmes, sauf toutefois ce que nous dirons de l'application des règles sur la réserve. Elle fixe du reste à cinquante ans le droit de la veuve comme celui de tout autre héritier, et il ressort des travaux préparatoires que

---

(1) TROPLONG. Contrat de mariage, t. 1, n° 433.

ce délai est invariable ; par suite, la veuve perdrait son droit, si elle survivait plus de cinquante ans à son mari, quelque rigoureuse que cette solution pût être pour elle. En établissant un délai *préfix*, on a surtout voulu faire disparaître au profit des éditeurs une situation fort dangereuse, dans laquelle ils s'étaient parfois trouvés sous la législation antérieure. Comme ils peuvent ignorer, en effet, l'existence de la veuve, et croire à son décès, alors qu'elle est encore vivante, ils sont exposés à encourir les peines de la contrefaçon, ou tout au moins une action en dommages-intérêts, en éditant, de bonne foi, les œuvres de son défunt époux.

La loi de 1866 a été l'objet de critiques nombreuses. Elles se fondent principalement soit sur le caractère spécial et restreint de l'innovation législative, soit sur les motifs qui ont inspiré ses rédacteurs (1). Constatons du moins qu'elle a été le résultat d'une réaction complète contre les principes rigoureux du droit civil dans la matière qui nous occupe, et a ouvert la voie à d'autres projets plus importants de réforme qui aboutiront probablement bientôt à une refonte générale des art. 767 et suivants du Code Civil.

Avant d'aborder l'examen de cette loi, il importe d'être fixé sur le sens qu'il faut attribuer à l'expression « propriété littéraire ».

Le droit de l'auteur sur l'œuvre qu'il a produite, est-il un véritable droit de propriété ?

Les lois antérieures à celles de 1866, sont très explicites sur ce point. « De toutes les propriétés, dit Lakanal, rapporteur de la loi du 19 juillet 1793, la moins susceptible de contestation, est sans contredit celle des productions du

---

(1) Morillot. Bulletin de législation comparée, année 1877, p. 457. — Flourens, Du droit de propriété littéraire, p. 79.

génie. » La loi nouvelle, au contraire, a évité avec le plus grand soin l'emploi du mot « propriété. »

Aussi de nombreux auteurs soutiennent-ils que ce mot exprime une idée inapplicable au droit qui est reconnu à l'auteur sur ses œuvres. Ils ne lui accordent qu'un privilège, en récompense du service qu'il a rendu à la société. Sans entrer dans l'examen de cette controverse, qui est étrangère à notre sujet, disons que nous repoussons cette opinion. A notre sens, le droit de l'auteur est un véritable droit de propriété. Il est régi, il est vrai, par des règles spéciales, mais la propriété elle aussi reçoit de toutes parts de nombreuses limitations. Le législateur a donc le droit de soumettre le droit de l'auteur à certaines conditions tant dans l'intérêt de la société que pour conserver à celle-ci le droit à la jouissance intellectuelle de l'œuvre.

La propriété littéraire a même quelque chose de plus certain et de plus indéniable que la propriété ordinaire, car tandis que cette dernière consiste dans l'appropriation d'une chose déjà existante sous la forme où le possesseur se l'approprie, elle se résume dans la production d'une chose qui n'existait pas auparavant.

Cette manière de voir nous semble la seule vraie : nous y aurons recours pour déterminer d'une façon précise la nature du droit conféré à la veuve d'un auteur.

Abordons maintenant l'étude de la loi de 1866. L'art. 1, le seul dont nous ayons à nous occuper est ainsi conçu :

Al. 2. « Pendant cette période de 50 ans, le conjoint survivant, quel que soit le régime matrimonial, et indépendamment des droits qui peuvent résulter en faveur de ce conjoint du régime de la communauté, a la simple jouissance des droits dont l'auteur prédécédé n'a pas disposé par acte entre vifs ou par testament. »

Al. 3. « Toutefois, si l'auteur laisse des héritiers, à réserve, cette jouissance est réduite à leur profit, suivant les proportions et distinctions établies par les articles 913 et 915 du Code Civil. »

Al. 4. « Cette jouissance n'a pas lieu, lorsqu'il existe au moment du décès, une séparation de corps prononcée contre le conjoint ; elle cesse au cas où le conjoint contracte un nouveau mariage. »

Al. 5. « Les droits des héritiers à réserve et des autres héritiers ou successeurs, pendant cette période de cinquante ans, sont d'ailleurs réglés conformément aux prescriptions du Code Civil. »

Quelle est la nature du droit accordé à la veuve ?

La loi de 1810 l'appelait un droit de propriété. La loi du 14 juillet 1866 se sert des mots « Jouissance légale » ; veut-elle désigner par là un droit particulier, ou seulement un droit d'usufruit ordinaire ?

Voici ce qu'il en a été dit lors de la discussion de cette loi : « Comme l'usufruit porte sur un droit spécial et dont la disposition doit être dégagée de toutes entraves dans l'intérêt même des auteurs, ces expressions ont paru préférables au Conseil d'État, et la commission a partagé son avis ; mais il ne peut exister aucun malentendu ni sur la nature ni sur la durée du droit. » D'autre part, il a été formellement reconnu au cours des débats que ce droit était un droit d'usufruit ; en se servant du terme « jouissance légale », le législateur a eu uniquement pour but de soustraire le conjoint survivant aux exigences du fisc.

Tout usufruit supposant l'existence d'une nue-propriété, la nue propriété du droit d'auteur appartient aux héritiers du mari, qui sont appelés à sa succession dans l'ordre légal ordinaire. A la mort de la veuve, si elle se produit avant l'expiration du délai de cinquante ans, l'usufruit qui lui appartenait s'éteint, et ils acquièrent par confusion l'intégralité du droit telle qu'elle existait entre les mains de l'auteur. Sous la législation de 1810, on ne suivait pas les mêmes règles, et le droit des héritiers ne prenait naissance qu'au moment où celui de la veuve s'éteignait.

La veuve jouit actuellement en vertu de la loi de 1866, de tous les droits accordés à un usufruitier ordinaire. Elle peut disposer de son usufruit tant à titre gratuit qu'à titre onéreux. Il importe peu du reste qu'elle ait accepté ou répudié la communauté, car le droit qui lui est reconnu est un gain de survie attaché uniquement à sa qualité de veuve.

Le droit de l'auteur est mobilier, c'est ce que reconnaissent tous les auteurs. C'est un meuble par l'objet auquel il s'applique, car il naît de l'exploitation de l'œuvre littéraire ou artistique, et cette exploitation se traduit nécessairement par des avantages pécuniaires, qui sont des produits mobiliers (1). Il ne faut pas, du reste, confondre le droit d'auteur avec la faculté de produire ; c'est-à-dire avec le talent de l'écrivain, du peintre ou de l'artiste. Cette faculté est son intelligence, son âme, une partie de sa personne elle-même ; le droit n'est que le résultat de son exercice (2). MM. Rodière et Paul Pont disent aussi : « Le droit résultant de la propriété littéraire artistique ou industrielle, n'est ni visible ni palpable ; c'est un droit incorporel. » Or, pour déterminer la nature d'un droit incorporel, on envisage celle de l'objet

---

(1) Nion. Traité de la pr. litt. p. 64. — Renouard, id., t. 2, p. 250. — Flourens, id., p. 55.

(2) Rodière et Pont. Contrat de mariage, t. I, n° 363. — Colmet d'Aage. Procédure civile, t. III, art. 592 et 593, n° 3.

lui-même auquel il s'applique, et nous savons que cet objet est mobilier.

Les sommes perçues par l'auteur, de son vivant, à l'occasion des œuvres qu'il a produites, étant des objets mobiliers échus pendant le mariage, tombent dans la communauté ; mais le droit d'auteur lui-même, ou si l'on veut le droit de propriété littéraire ou artistique, c'est-à-dire le droit d'éditer ou de reproduire des œuvres déjà nées, y tombe-t-il également ?

MM. Aubry et Rau répondent affirmativement. Ils disent même que l'art. 1ᵉʳ de la loi du 14 juillet 1866, qui réserve formellement au conjoint survivant, à côté de la simple jouissance qu'elle lui assure « les droits qui peuvent résulter en sa faveur du régime de la communauté », ne laissent plus place à la controverse. — Des autorités considérables ont adopté la même opinion, et nous croyons, pour notre part, que cette solution est la seule à laquelle l'application des principes juridiques doit conduire. Dès l'instant où l'on reconnaît une nature mobilière au droit d'auteur, on est bien forcé de le soumettre à toutes les règles qui gouvernent les meubles, et en particulier de décider qu'il tombe dans la communauté. Par conséquent, la veuve qui accepte cette communauté, a droit à la pleine propriété de la moitié de ce droit, en vertu des règles du droit civil, et elle transmet ce droit à ses propres héritiers ; d'autre part, en vertu de la loi nouvelle sur la propriété littéraire, elle a l'usufruit de l'autre moitié.

Cette opinion a cependant trouvé des contradicteurs, et pour la repousser on a invoqué les raisons suivantes :

Les rédacteurs de la loi de 1866 n'ont cessé de répéter qu'ils n'apportaient aucun changement à la nature du droit conféré à la veuve, tel qu'il avait été déterminé par le décret du 5 février 1810. Or, ce décret attribue le droit de propriété littéraire, d'abord à la veuve pendant sa vie, et ensuite aux enfants de l'auteur décédé, ce qui est inconciliable avec les conséquences admises dans le système de MM. Aubry et Rau.

Quant aux expressions de l'art 1er de la loi de 1866, que nous citions plus haut, on répond qu'il ne faut pas y attacher une importance trop considérable. Le législateur a voulu indiquer qu'il étendait à toutes les veuves, quel que fût leur régime matrimonial, la faveur de succéder aux droits d'auteur de leur mari ; et, pour mieux faire comprendre les changements qu'il introduisait dans la législation jusqu'alors en vigueur, il a fait allusion dans la phrase dont se prévaut l'opinion contraire, au décret de 1810, qui ne s'occupait que de la veuve commune, ou même, suivant plusieurs auteurs (1), n'accordait de droits à celle-ci, qu'au cas de stipulation expresse dans le contrat de mariage.

Enfin, s'il est vrai que le droit de propriété littéraire ou artistique est mobilier, c'est un droit d'une nature toute spéciale, ayant des conditions d'existence propres. Avec le système adverse, du reste, on arrive à des conséquences très singulières. La communauté vient-elle, en effet, à se dissoudre, soit par la séparation de corps, soit par le décès de la femme, l'auteur ne pourra conserver sa part dans cette communauté, qu'à la charge d'indemniser soit sa femme, dans le premier cas, soit ses héritiers, dans le second. S'il est pauvre, n'est-ce pas le placer dans la plus pénible des situations? Bien plus, il peut très bien se faire, qu'il ait, à cette époque, changé d'opinion et soit décidé à ne plus faire éditer un ouvrage qui est devenu contraire à ses idées et à ses convictions nouvelles ; il faudra donc, dans ce cas, qu'il paie sa femme ou ses héritiers pour conserver sa liberté : « L'œuvre, dit Pouillet, l. c., est inséparable de

---

(1) TOULLIER. L. c. t. XII, p. 116. — BATTUR. 1. 188. — ZACHARIÆ, 517, texte et note II.

l'auteur tant qu'il vit, et lui reste attachée par les liens les plus intimes. La loi, en attribuant à la veuve la jouissance du droit tout entier, a clairement exprimé qu'elle ne le considérait pas comme bien de communauté (1). »

Le bénéfice accordé à la veuve, ne portant que sur le droit du mari tel qu'il se trouve à la mort de ce dernier, il s'ensuit qu'il ne s'étend pas aux manuscrits qu'il a laissés, car ils n'ont pas encore donné naissance, à son profit, à un droit de propriété littéraire. Les manuscrits, en effet, ne sont pas d'une façon certaine la dernière expression de la pensée de leur auteur ; tant que son ouvrage n'a pas été livré à l'imprimeur, il peut être changé et, comme le dit Renouard, on ne peut profaner ce qui est « la conversation de l'auteur avec lui-même, le sanctuaire de sa conscience ». « La loi, ajoute Dupin, saisit le moment où l'écrivain se fait marchand ; alors, le prestige de l'art s'évanouit, pour faire place au droit civil. »

Quant aux gravures et aux compositions musicales, comme elles n'existent pour le public, et ne présentent d'utilité pour lui, que lorsqu'elles sont multipliées par de nombreux exemplaires, le fait, par leur auteur, de ne pas les avoir publiées pendant sa vie, fait qu'elles sont également sa propriété inviolable et sacrée.

Dans l'un et l'autre cas, il en serait, du reste, autrement, croyons-nous, si la publication des manuscrits, ou la reproduction des gravures et des compositions musicales,

---

(1) Cf. en sens divers. — DURANTON, l. c. XIV, n° 131. — RODIÈRE et PONT, l. c. t. I, p. 442. — ODIER, I. 82. — TROPLONG, l. c. t. I, 443. — RENOUARD, t. II, p. 251. — MASSÉ et VERGÉ sur Zachariæ, t. IV, p. 69. — DEMOLOMBE, t. IX, p. 439. — FLOURENS, l. c. p. 105. — MÉRCADÉ, t. V, sur l'art. 1403, n° 5. — Trib. Seine, 10 janv. 1878. Le droit, 12 janv. 1878.

n'avait été retardée que par suite de circonstances imprévues et fortuites, mais se trouvait arrêtée et décidée par l'auteur lui-même (1).

Nous donnerons avec M. Pouillet, l. c., p. 204, n° 220, un solution contraire pour les œuvres d'art inédites, du moins pour les œuvres du peintre et du statuaire. Ces œuvres, en effet, ne sont pas, de leur nature, destinées à se perpétuer en de nombreux exemplaires (2); il est, en outre, raisonnable de supposer, chez l'artiste, l'intention de les livrer au public et non de les conserver. Son conjoint jouira donc du droit de propriété artistique sur les tableaux ou les statues qu'il a laissés dans son atelier, car ces œuvres d'art doivent être considérées, comme mises au jour, dès qu'elles sont achevées. Nous croyons, en conséquence, que si elles n'étaient qu'une ébauche, et qu'il fût démontré que leur auteur n'avait pas l'intention de les livrer au public dans cet état, sa veuve ne pourrait en disposer comme au cas précédent.

La veuve ne jouit des droits d'auteur qui appartenaient à son mari, que si celui-ci n'en a pas disposé par acte entre-vifs ou par testament; elle ne les acquiert qu'au moment même où il décède, et dans l'état où ils se trouvent à cette époque. Spécialement, ses créanciers pourront encore les saisir et les faire vendre pour s'en partager le prix: en contractant des dettes, en effet, il s'est obligé sur tout son patrimoine, et toute obligation contient éventuellement une aliénation.

---

(1) Tribunal civil de la Seine, 30 décembre 1859.

(2) La plupart du temps, au contraire, la reproduction des œuvres de l'artiste ne ferait que compromettre sa réputation.

Le droit d'usufruit de la veuve sur les œuvres de son mari disparaît :

1° Par le divorce, puisqu'il anéantit la qualité d'époux.

2° Par la séparation de corps. Nous avons admis qu'il en était autrement pour le droit de succession ordinaire accordé par l'art. 767. « On a songé, dit le rapporteur de la loi de 1866, au scandale que produirait l'attribution d'une récompense légale au conjoint qui aurait subi une condamnation en séparation de corps. » D'ailleurs, si le mari ne laissait pas d'héritiers au degré successible, comme sa veuve même séparée de corps recueillerait tous ses biens, elle hériterait par cela même de ses droits d'auteur ; elle en aurait même en ce cas la pleine propriété, et non simplement l'usufruit.

La veuve, en ce qui concerne son droit de jouissance sur les œuvres de son conjoint, exclut tous les autres héritiers : cependant, sa jouissance est réduite, nous le savons, par suite de l'application des règles du droit civil (art. 913 et 915), suivant les distinctions établies par le code.

D'après les principes de la législation actuelle, les libéralités soit entre-vifs, soit testamentaires, sont seules soumises à la réserve, et celle-ci ne porte aucune atteinte aux avantages conférés par la loi. En notre matière, une exception a été apportée à ces principes. Tout en dérogeant à l'ordre établi en matière successorale entre les divers héritiers, on a voulu maintenir intact le droit des réservataires, et pour cela on a assigné à ce qu'on pourrait appeler la libéralité légale, des limites analogues à celles qui sont tracées pour les libéralités émanant des particuliers (1).

_____

(1) DALLOZ, 1885, II, 47. Paris, 18 juin 1883. Le droit de retour n'existerait pas au profit de la veuve après la mort des héritiers réservataires sur la part que ceux-ci ont recueillie dans les produits de l'œuvre.

De quelle façon opérera-t-on la réduction? Nous ne croyons pas qu'on doive, pour y procéder, assimiler l'usufruit légal du conjoint soit à une donation, soit à un legs, afin d'en déterminer le rang, et nous ne partageons nullement l'opinion de M. de Folleville (1) qui considère cet usufruit comme une donation dont il place la date à la célébration du mariage. La loi du 14 juillet 1866 n'a pas eu une semblable portée en renvoyant aux art. 913 et 915 du Code Civil. Il faudra tenir compte de la valeur de la propriété littéraire ou artistique, mais sans chercher à l'assimiler à une donation ni à un legs.

Il a pu arriver qu'à l'époque de la loi nouvelle les œuvres d'un auteur fussent tombées dans le domaine public, par suite de l'expiration du délai fixé par la législation alors en vigueur, pour la durée du droit de propriété littéraire ou artistique. La veuve pourrait-elle, en cette hypothèse, profiter de l'augmentation de délai introduite ?

La question n'a pas été tranchée dans les travaux législatifs. On avait proposé, il est vrai (art. 2 du projet), de la résoudre en faveur de la veuve et des héritiers; mais cette proposition n'a pas été maintenue, et la rédaction définitive de la loi n'en fait point mention.

La jurisprudence prétend que la veuve ne peut profiter de la prolongation de délai introduite par la loi de 1866, si à cette époque sa jouissance avait cessé, encore bien que le temps écoulé depuis l'expiration du droit de propriété littéraire et artistique d'après la loi ancienne, ne dépasse pas le délai de prorogation accordé par la loi nouvelle (2).

Elle invoque pour étayer son opinion les arguments suivants :

---

(1) DE FOLLEVILLE. L. c. p. 24.

(2) Douai, 8 août 1865. Trib. Seine, 7 avril 1869. Paris, 19 mars 1868.

1. Le domaine public est un être moral, une personne juridique ; comme le domaine de l'État, il peut acquérir des biens et en posséder.

2. Par le fait de la publication, il est devenu propriétaire de l'œuvre mise au jour par l'auteur, c'est-à-dire de la façon dont les pensées sont exprimées, présentées et groupées, et non seulement des idées qu'elle renferme. — Les auteurs et leurs successeurs ne conservent plus que la jouissance temporaire du droit qu'il a acquis, et on ne peut porter atteinte à ce droit.

Nous croyons que le droit d'auteur se fondant sur la loi naturelle et prenant sa source dans le travail, est antérieur à la loi civile qui n'a pas à le créer mais à le reconnaître et à le consacrer. — D'autre part, le domaine public ne saurait avoir de droits acquis, car, dit Pataille, il n'est personne par cela même qu'il est tout le monde. S'il a été permis à toute personne pendant un temps plus ou moins long de publier l'œuvre d'un auteur décédé, et d'en tirer profit, celui qui aura usé de cette faculté n'aura de droits acquis qu'en ce qui concerne les faits accomplis et les conséquences qu'ils produisent. Les choses du domaine public ne sont à personne jusqu'au moment où il plait au premier venu de s'en approprier une part quelconque ; de quel droit pourrait-on donc empêcher l'auteur ou ses héritiers de ressaisir la propriété de l'œuvre publiée ?

Si une personne déterminée a fait une édition de cette œuvre, il lui sera permis de la conserver et de l'écouler ; seulement, comme elle n'a fait acte d'appropriation que sur cette seule édition, elle n'aura acquis aucun droit à une seconde ; et, aussitôt après la promulgation de la loi de 1866, l'auteur ou ses héritiers reprendront leurs droits. Ceux-ci ne sont, en effet, ni prescrits, ni acquis par qui que ce soit.

§ II. — *Droit de succession spécial pour la veuve d'un déporté.*

Une loi des 25-28 mars 1873 (1), réglant la condition des déportés à la Nouvelle-Calédonie, est venue conférer un droit de survie tout spécial à leurs veuves.

Nous allons examiner quel est le fondement de ce droit, et en quoi il consiste.

A. — FONDEMENT DE CE DROIT.

On a voulu, dit M. Jules Favre, « récompenser la femme qui est allée rejoindre son mari dans le lieu d'expiation, s'est exilée avec lui, rompant tous ses liens de parenté, et ses autres attaches naturelles; qui l'a encouragé dans ses fatigues et ses misères en les partageant, l'a préservé des mauvaises pensées, a été enfin auprès de lui la condition de l'espérance et du retour vers le bien (2). »

On avait présenté un projet d'après lequel le mari aurait eu le droit de déshériter la femme qui se serait rendue indigne de son respect et de son affection pendant son séjour dans la colonie : mais ce projet n'aboutit pas. On a considéré sans doute qu'en s'expatriant pour suivre son époux, la femme avait donné une preuve suffisante de son dévouement et de son amour pour lui.

B. — EN QUOI IL CONSISTE.

L'article 16 de la loi de 1873 décide que les condamnés à la déportation simple, auront de plein droit l'exercice des

---

(1) *Journal officiel* des 20, 21 et 26 mars 1873.

(2) Idem Séance du 20 mars.

droits civils dans le lieu où ils subissent leur peine et qu'il pourra même leur être remis, avec l'autorisation du Gouvernement, tout ou partie de leurs biens.

Les déportés pourront, en outre (1), recevoir une concession provisoire de terrain, sans préjudice de leur droit d'exercer une industrie pour leur compte, et de travailler pour celui des particuliers. Cette concession deviendra définitive si elle n'a pas été retirée dans le délai de cinq ans, et les causes pour lesquelles elle peut l'être, sont énumérées dans l'art. 10 (2).

Si le titulaire de la concession prédécède avant l'expiration du délai de cinq ans, sa veuve pourra être autorisée à en continuer la possession, et elle en deviendra propriétaire à l'expiration du délai qui restait à courir. S'il prédécède, au contraire, alors que la concession est devenue définitive, sa veuve, dans le cas où il n'existerait pas d'enfants légitimes ou autres ascendants, et pourvu qu'elle habite avec lui, succèdera à la moitié en propriété, tant de la concession que de ses autres biens.

Le projet du Gouvernement donnait à la veuve, dans le cas où il n'existait pas d'enfants, un tiers tant de la concession, que des autres biens acquis par le déporté dans la colonie.

A la séance du 19 mars 1873, M. Jules Favre avait proposé de lui accorder, en qualité d'héritière, la totalité des biens que le défunt laisserait dans la colonie, mais, le lendemain, M. Grivart demanda que ce droit fut réduit à la moitié des mêmes biens. Il se fondait sur ce que, la plupart

---

(1) L. 1873. Art. 9.

(2) Inconduite. Indiscipline. Défaut de mise en culture des terres. Évasion. Tentative d'évasion, et en général tout crime ou délit ayant entraîné des peines criminelles ou correctionnelles.

du temps, la femme du déporté sera mariée sous le régime de la communauté, soit légale, soit réduite aux acquêts, et qu'à ce titre, elle pourra déjà prétendre à la moitié des biens concédés. Avec le droit nouveau qu'on lui reconnaît, elle obtiendra donc, en réalité, les trois quarts des biens de son époux défunt, et cette quotité est suffisante pour assurer son sort.

M. Jules Favre voulait aussi qu'on donnât le bénéfice de la saisine au conjoint du déporté. En sens inverse, on fit remarquer que le droit héréditaire de la veuve est soumis à la condition qu'elle habite avec son mari à l'époque de son décès, et qu'il n'y ait, à cette époque, ni enfants, ni descendants légitimes. Or, il importe que la justice intervienne pour vérifier si cette double condition se trouve remplie ; il ne faut pas que les héritiers légitimes, qui se trouvent en France lors du décès de leur parent dans la colonie, soient frustrés, alors qu'ils n'avaient eu aucune connaissance de l'ouverture de sa succession. On ajouta cette considération que si on conférait à la veuve la qualité d'héritière, on devrait décider qu'elle est tenue aux dettes de la succession, même au delà de son émolument. La veuve fut donc placée au rang des successeurs irréguliers. Pour déterminer les formes de l'envoi en possession, on ajouta même à l'art. 13, sur la proposition de M. Humbert, la phrase suivante : « Un règlement d'administration publique déterminera les conditions de l'envoi en possession de la femme, et de la liquidation des biens appartenant au déporté dans la colonie. »

Il faut observer que le mari ne peut disposer de ses biens en faveur d'une autre personne que son conjoint, de sorte que le droit légal de celui-ci prend le caractère d'un droit de réserve.

§ III. — *Droit des veuves sur les pensions civiles ou militaires.*

A. — FONDEMENT DE CE DROIT.

Une pension est accordée aux veuves parce qu'elles ont supporté les luttes et les épreuves de la carrière suivie par leur mari, et que, d'ailleurs, comme elles occupent dans la société le même rang que lui, il importe qu'elles le conservent (1).

B. — HISTORIQUE.

Un décret du 13 septembre 1806 pose, dans son article 7, le principe suivant : « Dans le cas de défaut de patrimoine, la veuve d'un homme mort dans le cours de son service public, pourra obtenir une pension alimentaire. »

Dans les dispositions qui suivent, ce décret réduit la quotité de la pension au sixième du traitement alloué au fonctionnaire décédé (1) et en fixe le maximum à 6,000 fr.

Elle exige, du reste, l'âge de soixante ans chez le fonctionnaire, et au-dessus de trente années de service augmente la pension de un trentième des cinq sixièmes restants (2).

A cette époque, le Gouvernement avait le pouvoir absolu d'accorder ou de refuser les pensions ; il était l'unique juge en cette matière. Désireuses d'échapper aux conséquences de son autorité arbitraire, les différentes Administrations

---

(1) Corps législatif. Rapport du 4 mai 1853, par M. Gouin. Cité par Dufour. Cours de droit administratif. Tome VII, n° 318, p. 306.

(2) Ce décret a été abrogé par la loi du 31 janvier 1832.

organisèrent des Caisses de retraites dont le capital était formé au moyen de retenues sur le traitement. Cette institution ne donna pas d'heureux résultats, et le Gouvernement fut même obligé d'intervenir pour accorder des subventions. Malgré un grand nombre de projets de loi présentés pour aboutir à une législation définitive sur la question, cette situation persista, et en 1850, la subvention atteignait déjà le chiffre de 14,000,000.

Enfin, la loi du 9 juin 1853, quoique spéciale aux pensions civiles, vint poser des règles uniformes et réglementer complètement cette délicate matière. Cette loi ne s'appliquait pas à tous les fonctionnaires et employés civils, mais seulement à ceux dont les retraites n'étaient n'étaient pas payables sur les fonds généraux du Trésor ; elle ne concerne donc que les fonctionnaires et employés dont les retraites étaient payables sur les fonds de retenue. Par exception cependant, la loi du 22 août 1790 et le décret du 13 septembre 1806 continuent de rester applicables aux Ministres Secrétaires d'État, aux Sous-Secrétaires d'État, aux membres du Conseil d'État, aux Préfets et aux Sous-Préfets. M. Batbie nous en donne la raison (1) : « Ces fonctionnaires appartiennent à l'ordre public, nous dit-il, et en cette qualité sont exposés à cesser leurs fonctions avant d'arriver au temps de service nécessaire pour avoir droit à pension. La cessation des fonctions avant le temps réglementaire équivaudrait à une diminution de traitement pour les années pendant lesquelles le versement aurait été fait, car dans la plupart des cas, la retenue serait une perte sans compensation. D'un autre côté, le Gouvernement pourrait, par bienveillance pour un fonctionnaire qui a subi la retenue

---

(1) BATBIE. Traité historique et pratique de droit public et administratif. Paris, Larose et Forcel, 1885, tome VII, p. 307.

et n'a pas encore droit à pension, lui conserver des fonctions qui demanderaient ou plus de capacité ou plus d'actviité. Ou injustice envers le fonctionnaire, ou entrave à l'action du Gouvernement, telle est l'alternative qui faisait obstacle à l'application de la nouvelle loi pour cette catégorie de fonctionnaires. »

Une loi des 17 et 23 juillet 1856 décida que l'on pourrait, en outre, accorder, en vertu d'un décret, une pension supplémentaire aux Ministres et autres grands fonctionnaires de l'Empire, pour services éminents. Elle fut abrogée par la loi du 16 septembre 1871, art. 25.

C. — LÉGISLATION.

I. — Pensions Civiles.

1° Quelles sont les veuves qui ont actuellement droit à une pension ?

La matière est régie par la loi du 9 juin 1853 et le décret réglementaire du 9 novembre de la même année. Pour l'exposer clairement, nous la subdiviserons en deux parties :

(*a*) A qui appartient la pension ? « Aux veuves des fonctionnaires et employés rétribués directement par l'État, à celles des professeurs et employés des collèges qui sont rétribués sur les fonds départementaux ou communaux, des fonctionnaires ou employés qui, sans cesser d'appartenir au cadre permanent d'une administration publique et en conservant leurs droits à un avancement hiérarchique, sont rétribués sur les fonds départementaux ou communaux par les Compagnies concessionnaires et même sur les remises et salaires des particuliers (1). »

---

(1). L. 9 juin 1853, art. 4.

Un étranger peut même avoir droit à une pension s'il a été nommé à une fonction ou emploi public sous l'empire d'une loi qui n'exigeait pas la qualité de Français, et malgré les lois postérieures qui l'ont exigée, pourvu qu'il ait été maintenu dans ses fonctions (1).

La loi du 21 mars 1885, art. 9, portant fixation du budget des dépenses de l'exercice 1885, place sous le régime de la loi du 9 juin 1853, les fonctionnaires et employés de l'administration centrale du ministère de la marine et des colonies, ou du moins, leur permet l'option entre le régime du décret du 2 janvier 1806 et celui de la loi de 1853; leurs veuves pourront faire la même option, si leur mari décède après le 31 décembre 1885.

En outre, depuis la loi du 17 août 1876, on a admis à jouir de la pension, les inspecteurs de l'enseignement primaire, les directeurs, maîtres et maîtresses, les adjointes des écoles normales, les instituteurs et institutrices communaux titulaires ou adjoints, et les directrices des salles d'asiles communales.

(b) A quelles conditions est-elle acquise? Il faut distinguer entre le service sédentaire et le service actif.

Dans le service sédentaire, on exige 30 ans de services effectifs et 60 ans d'âge. Il y a exception dans le cas où le fonctionnaire est reconnu par le ministre hors d'état de continuer ses fonctions, soit par suite d'infirmités graves ou de suppression d'emploi, soit par suite de blessures reçues ou de maladies contractées dans un acte de dévouement accompli dans l'intérêt public. En outre, les années passées hors d'Europe, comptent aux fonctionnaires et employés envoyés d'Europe pour moitié en sus, sans cependant que cette augmentation puisse réduire de plus d'un cinquième

---

(1) Conseil d'État, 12 juillet 1883. — DALLOZ Pér. 1883, III, 120.

le temps des services effectifs ; il faudra donc toujours que le titulaire compte au moins vingt-cinq ans de services effectifs dans la partie sédentaire.

Qu'arriverait-il si le fonctionnaire ou l'employé était mort après trente ans de services, mais avant d'avoir atteint soixante ans d'âge ? Quelques auteurs (1) soutenant qu'il ne remplit pas les conditions exigées, lui refusent, ainsi qu'à sa veuve, tout droit à la pension. M. Batbie (2), trouve cette solution trop rigoureuse. « Si, avant de mourir, dit-il, le fonctionnaire qui a trente ans de service, avait obtenu du ministre un arrêté reconnaissant qu'il était hors d'état de continuer ses fonctions, la transmission du droit à la veuve aurait eu lieu ; la mort équivaut, selon nous, au moins à la déclaration du ministre ».

Dans le service actif, il suffit pour avoir droit à la pension, d'avoir cinquante ans d'âge et vingt-cinq ans de service effectif ; ici encore, les années passées hors d'Europe dans les mêmes conditions comptent pour moitié en sus. L'article 10, § 3 de la loi du 9 juin 1853, dispose même qu'après « quinze ans de services rendus hors d'Europe dans la partie active, la pension peut être liquidée à quarante-cinq ans d'âge. »

S'il y a eu passage de services civils dans les services militaires ou inversement, on peut ajouter aux années passées dans les premiers celles qui l'ont été dans les seconds, mais seulement si les services civils se composent de douze ans de services sédentaires et de dix ans de services actifs, et pourvu, du reste, que les services militaires n'aient pas été déjà rémunérés par une pension. La règle est la même en ce qui concerne les services rétribués sur les fonds d'abonne-

---

(1) DUVERGIER. Collect. des lois, 1853, p. 201.
(2) BATBIE. L. c. t. VII, p. 319, n° 295, note I.

ment alloués par l'Etat pour les employés de préfecture, mais non pour ceux qui sont rétribués sur les fonds communaux. (Argument *a contrario* des articles 1 et 9 de la loi du 9 juin 1853).

(*c*) Conditions que la veuve doit réunir :

Il faut 1° qu'elle soit mariée depuis six ans au moins avant la cessation des fonctions de son mari. La loi veut éviter les mariages par spéculation.

2° Qu'elle n'ait pas encouru la séparation. Elle a alors démérité trop gravement pour jouir encore des avantages attachés à la fonction de son mari.

2° Quel est le montant de la pension reconnue à la veuve ?

Il est du tiers de la pension que le mari avait ou aurait obtenue ; toutefois, il ne peut être inférieur à cent francs, à moins que cette pension ne fut elle-même inférieure à ce chiffre.

Si le fonctionnaire ou employé a été mis hors d'état de continuer ses services par suite d'un acte de dévouement accompli dans un intérêt public, ou par suite de lutte ou de combat soutenu dans l'exercice de ses fonctions, ou enfin, en exposant ses jours pour sauver la vie d'un de ses concitoyens, la pension de la veuve est égale aux deux tiers de celle que le mari aurait obtenue. Il en est de même dans le cas où un accident grave résultant notoirement de l'exercice de ses fonctions, aurait mis le fonctionnaire ou l'employé dans l'impossibilité de les continuer.

Si celui-ci avait eu des infirmités graves résultant de l'exercice de ses fonctions, ou si son emploi avait été supprimé et que pour ces raisons, il eût obtenu sa retraite sans remplir les conditions du droit commun, la pension de la veuve serait du tiers de la sienne. Il perdrait au contraire et sa veuve avec lui, tout droit à pension, s'il était rendu coupable de détournements et malversations, ou avait été condamné à une peine afflictive ou infâmante.

Quant à sa pension elle-même, elle est formée dans le service sédentaire au moyen d'une retenue égale à un soixantième de son traitement annuel et opérée par chaque année de service, sans toutefois qu'elle puisse dépasser les trois quarts de ce traitement. Dans le service actif, la retenue est d'un cinquantième par chaque année pendant l'accomplissement des 25 ans exigés, et la pension est égale à cette époque à la moitié du traitement.

Les pensions pour services multiples peuvent se cumuler jusqu'à concurrence de six mille francs, pourvu que les années de service présentées pour la liquidation ne fassent pas double emploi. Il y a exception pour les grands croix, combattants de Juillet 1830, gardes nationaux, etc. Loi du 21 avril 1833.

REMARQUES. — 1° La veuve a cinq ans pour demander la liquidation de la pension qui lui est due.

2° La jouissance de la pension commence à son profit dès le lendemain du décès du fonctionnaire ;

3° Les pensions, enfin, sont incessibles et insaisissables pour parties, du moins. Elles sont payées par trimestre, et rayées des livres du Trésor, en l'absence de toute réclamation pendant trois ans (1).

II. — Pensions Militaires.

1° Armée de terre.

La loi fondamentale de la matière est celle du 11 avril

---

(1) Leur établissement ne donne lieu à aucun appel d'arrérages antérieurs à la réclamation.

1831, qui est encore aujourd'hui en vigueur dans la plus grande partie de ses dispositions, et n'a subi que des modifications partielles (2).— Ces modifications ont eu pour but d'établir une distinction au point de vue des conditions de la retraite, entre les officiers et les sous-officiers, caporaux, brigadiers et soldats. Dorénavant, vingt-cinq ans de service effectif, à dater de l'âge où la loi permet l'engagement volontaire suffisent pour conférer à ces derniers le droit à la retraite ; au contraire, le délai de trente ans reste encore exigé pour les officiers (3).

Après l'accomplissement des trente ou vingt-cinq années de services, les officiers d'une part, les sous-officiers et soldats de l'autre, ont droit au minimum de la pension de retraite. Ils peuvent réclamer le maximum, lorsqu'ils ont accompli les premiers cinquante ans, et les seconds quarante-cinq ans de service effectif. Entre le maximum et le minimum, la différence est représentée par une somme divisée en vingtièmes, et chaque année de service ou chaque campagne en sus des trente ou des vingt-cinq ans, donne droit à un vingtième en outre de la pension *minima*. On peut même compter les années de campagne pour un temps plus long que leur durée réelle.

En temps de guerre, le service dans un corps d'armée occupant un pays étranger, ou à bord de troupes embarquées, compte pour le double de sa durée effective ; il en est de même du temps passé en captivité chez l'ennemi comme prisonnier de guerre. La pension de retraite des sous-officiers, qui comptent deux ans accomplis dans leur grade, est

---

(1) Loi 1855, 16 avril. Sur la dotation de l'armée. Loi du 25 juin 1861. Loi du 20 juin 1878. Loi du 18 août 1879.

(2) Il est toutefois abaissé à 25 ans pour les officiers que des infirmités temporaires mettent en non-activité de service.

augmentée d'un cinquième. L. 18 août 1878. Il y a en outre une pension exceptionnelle quand le soldat a été victime d'accidents ou de blessures dans le service commandé, ainsi que pour infirmités graves et incurables survenues dans l'accomplissement de ses fonctions.

Les veuves des militaires ont droit à une pension :

1° Quand leur mari jouissait lui-même d'une pension de retraite, ou réunissait, lors de son décès, les conditions qui y donnent droit.

2° Quand il a été tué sur le champ de bataille ou dans un service commandé.

3° Quand il est mort à l'armée ou hors d'Europe, par suite d'événements de guerre ou de maladies contagieuses contractées pendant son service.

4° Quand il est mort à la suite de blessures reçues soit dans un service commandé, soit sur le champ de bataille.

Dans le premier et le dernier cas, il faut que le mariage ait été contracté deux ans avant la cessation de l'activité ou du traitement, du moins lorsqu'il n'en reste pas d'enfants. La veuve n'y a pas droit au cas où la séparation de corps a été prononcée contre elle. En vertu de la loi du 25 juin 1861, art. 6 , la pension était égale au quart du maximum affecté au grade dont son mari était titulaire lors de son décès ; elle a été élevée au tiers de ce maximum par la loi du 20 juin 1878, à la moitié par celle du 18 août 1879, art. 14, pour les sous-officiers, brigadiers, caporaux et soldats, et même aux trois quarts si le mari est mort sur le champ de bataille ou à l'armée à la suite d'événements de guerre (même loi, art. 15), sans pouvoir, en tous les cas, être inférieure à trois cents francs. Le titulaire d'une fonction qui, ayant la qualité de Français, réside hors de France sans en avoir été autorisé

par un décret, ne peut prétendre à aucun droit à la pension ;
il en est de même s'il a perdu la qualité de Français.

2° *Armée de mer* (1).

La loi fondamentale de la matière est celle du 18 avril
1831, comme celle du 11 avril de la même année est la loi
fondamentale pour l'armée de terre. Cette loi a subi des
changements notables en 1879 (L. 5 août) et en 1883 (8 août).

Le maximum de la pension est acquis à quarante-cinq ans
de services, et à cinquante ans pour les attachés au corps de
la marine, autres que les officiers et soldats. — Le droit à la
pension *minima* est acquis après vingt-cinq ans de services
effectifs, pour les officiers et marins ; et après trente ans
pour les attachés aux autres corps de la marine, et, notamment, pour les professeurs de l'École navale, à moins qu'ils
n'aient navigué pendant six ans sur les bâtiments de l'État,
ou qu'ils n'aient six ans de services tant sur lesdits bâtiments que dans les colonies.

Entre le maximum et le minimum de la pension, chaque
année de services en sus des vingt-cinq ou des trente ans
exigés, donne droit à un vingtième de la différence entre le
maximum et le minimum.

Sera compté pour la totalité en sus de la durée effective :
1° le service fait en temps de guerre à bord d'un bâtiment de
l'État ; — 2° le service fait à terre, en temps de guerre, soit
dans les colonies françaises, soit sur d'autres points de

---

(1) La loi du 22 mars 1885, art. 9, décide qu'à partir du 1ᵉʳ janvier
1886, la caisse des Invalides cessera d'être chargée du service des pensions militaires de l'armée de mer, ainsi que de celles du personnel
civil du département de la marine et des colonies. La subvention qui
pourra être nécessaire pour assurer le service de ces pensions, sera ins-
crite au budget du département de la marine et des colonies.

l'Europe, pour les individus envoyés d'Europe ; — 3° le temps de captivité à l'étranger pour les officiers, marins et autres, faits prisonniers sur les bâtiments de l'État ; — 4° le temps de navigation des voyages de découverte ordonnés par l'État.

Sera compté pour moitié en sus de la durée effective : 1° le service accompli en temps de paix maritime sur un vaisseau de l'État ; — 2° à terre, en temps de paix, soit aux colonies, soit sur d'autres points hors d'Europe, pour les individus envoyés d'Europe.

La pension d'un officier ou d'un sous-officier n'est réglée sur le grade dont il est titulaire, que s'il a deux ans de services dans ce grade. Elle est augmentée du cinquième au profit des sous-officiers, s'ils comptent douze ans de services dans leur grade.

Les règles sur la détermination de la pension des veuves, et sur les pensions pour blessures ou infirmités sont les mêmes que pour l'armée de terre ; il suffit donc de se reporter à ce que nous avons dit plus haut.

SECTION III.

Projets de réforme des articles 767 et 768 du Code Civil.

Nous diviserons cette section en deux paragraphes.

1° Examen des différents projets de loi ;

2° Quel droit convient-il d'accorder à la veuve sur la succession de son mari ?

§ Ier. — *Examen des différents projets de loi* (1).

Quatre projets de loi principaux ont été présentés sur la
question des droits de succession de la veuve, le premier en
1851, par MM. Bouzat, Bac, Durier, Chouvy, Dain, Auguste.
Clément, Saye et Ceyras ; le second, en 1872, par M. Delsol
Journal officiel, 7 juin 1872, p. 3821, annexe n° 1158) ; le
troisième, en 1877 (Sénat ; séance des 9 et 11 mars 1877) ; le
quatrième enfin, en 1886.

A. — PROJET DE 1851.

MM. Bouzat, Bac, Durier, se fondant sur ce que plusieurs
arrêts et bon nombre d'auteurs reconnaissaient au conjoint
survivant une action alimentaire contre l'hérédité même
collatérale de son conjoint prédécédé (2), déposèrent un
projet ayant pour but de fixer législativement la situation,
et de mettre un terme aux oscillations de la jurisprudence et
de la doctrine.

La Commission nommée pour l'examen de ce projet, vou-
lant éviter les déclassements fort graves et les transitions
violentes que la mort de l'un des époux entraine pour le survivant, et désirant en même temps éviter des sollicitations
aussi pénibles qu'imprudentes de la part du conjoint le moins
fortuné, fut d'avis d'accorder à la veuve, une pension prise sur
la succession de son mari.

Tous les membres qui la composaient furent du reste
d'accord pour donner à cette nouvelle mesure une portée

---

(1) Ces projets maintiennent tous la disposition de l'art. 767, pour le
cas où le défunt ne laisse pas de parents au degré successible.

(2) C'est l'opinion de ceux qui soutiennent la transmissibilité de la
dette alimentaire.

tout-à-fait générale, en ne la limitant pas au conjoint pauvre. Le droit héréditaire, disaient-ils, est quelque chose d'absolu et de certain, (et la pension est donnée à la veuve à titre héréditaire) tandis que l'indigence est quelque chose de relatif et de discutable.

Ces aliments seront fournis même dans le cas où la séparation de corps aurait été prononcée contre la veuve, mais ils ne peuvent entamer la réserve des enfants que le mari prédécédé aurait eu d'un premier mariage ou des descendants de ces enfants, ni non plus celle de ses ascendants. Il est vrai que le droit de la veuve est une créance, et qu'en cette qualité il devrait primer le droit des réservataires, mais c'est une créance d'une nature toute spéciale ; du reste, elle ne prend naissance qu'après la mort, et est postérieure au droit de ces héritiers. Toutefois, comme l'absence de privilège aurait compromis le droit de la veuve, et l'aurait même rendu illusoire dans un grand nombre de cas, les auteurs du projet déclaraient les art 878 et suivants du Code Civil (sur la séparation des patrimoines) applicables à cette créance.

La demande en séparation des patrimoines pourra être formée par simple requête dès les premiers jours du décès, et avant l'expiration du délai accordé pour faire inventaire et délibérer.

L'inscription du privilège pourra être prise en vertu de l'ordonnance que le juge rendra au bas de ladite requête (art. 5).

L'action du conjoint survivant se prescrira par le laps de 30 ans à partir du décès du conjoint prémourant.

Les aliments obtenus sont incessibles et insaisissables.

Ce premier projet n'aboutit pas.

B. — PROJET DE 1872.

Voici les principales dispositions de ce projet :

I. — L'époux survivant est préféré aux parents d'un degré postérieur au sixième, pour la moitié de la succession.

Le principe de la conservation des biens dans les familles, a-t-on dit, a déjà reçu des modifications très graves puisque les parents au-delà du 12e degré ne succèdent plus. On pouvait avec raison lui porter une atteinte plus grave encore, en faveur d'une personne unie au défunt par des liens si intimes. — A partir du sixième degré, du reste, l'affection est moins forte d'ordinaire entre les parents, que celle qui unit le mari et sa femme, et notre système successoral a pour base l'ordre des affections présumées du *de cujus*.

II. — En deça du sixième degré, le droit du conjoint ne sera qu'un droit d'usufruit.

Cet usufruit sera :

(*a*) De un quart au maximum lorsque le mari laissera des enfants d'un premier mariage, et en tous les cas d'une quotité égale à la part de l'enfant légitime le moins prenant.

(*b*) De la quotité disponible, dans le cas où il existera des héritiers réservataires.

(*c*) De la moitié dans le cas où il n'existera pas de réservataires.

Le conjoint survivant sera, du reste, considéré comme héritier légitime, et saisi de plein droit de l'usufruit ou de la propriété qu'on lui reconnaît.

III. — L'époux contre lequel la séparation de corps a été prononcée, perd tous ses droits éventuels, soit à la propriété, soit à l'usufruit ; il les conserve, au contraire, si c'est lui qui a obtenu cette séparation contre son conjoint.

IV. Les articles 769 à 772 du Code Civil n'ayant plus raison d'être , puisqu'on accorde à la veuve le bénéfice de la saisine, sont supprimés.

M. Delsol, l'auteur du projet que nous étudions, n'avait pas prévu le cas d'un concours entre le conjoint survivant et la famille naturelle du *de cujus*. — Je crois qu'il aurait fallu en ce cas appliquer les mêmes règles que plus haut , pour l'hypothèse où il existe des enfants légitimes.

V. Le droit de jouissance du conjoint survivant sur les œuvres littéraires ou artistiques, peut excéder les cinquante années fixées par la loi du 14 juillet 1866 ; il dure toute la vie du survivant.

Dans aucun cas, cette jouissance ne peut s'exercer au préjudice des héritiers à réserve (art. 913 et 914 C. C.).

C. — PROJET DE 1877.

Ce projet de loi fut soigneusement élaboré. Les Cours d'appel et les Facultés de droit furent mêmes appelées à donner leur avis sur la question.

L'art. 767 se trouvait modifié ainsi qu'il suit après l'adoption du projet par le Sénat.

Art. 767. — « Al. I. Lorsque le défunt ne laisse ni parents successibles ni enfants naturels, les biens de sa succession appartiennent en toute propriété au conjoint qui lui survit.

Al. 2. » Dans le cas où le conjoint ne succède pas en pleine propriété, il a sur les biens du prédécédé un droit d'usufruit réglé ainsi qu'il suit.

Al. 4. » Si le défunt laisse des enfants nés d'un précédent mariage, l'usufruit du conjoint s'exerce sur une part d'enfant légitime le moins prenant sans que cet usufruit puisse excéder le quart des biens.

Al. 4. « Si le défunt laisse des parents autres que des

enfants légitimes, le conjoint a, quels que soient leur nombre et leur qualité, l'usufruit de la moitié des biens.

Al. 5. L'époux survivant n'a droit que sur les biens dont le prédécédé n'aura disposé ni par acte entre vifs, ni par acte testamentaire, et sans préjudice des droits des héritiers auxquels une quotité des biens est réservée, et des droits de retour déterminés par la loi. Sur le montant de leurs droits respectifs, l'époux et les héritiers sont tenus d'imputer les libéralités provenant du défunt directement ou indirectement.

Al. 6. « Dans le cas prévu par l'art. 754, l'usufruit du père ou de la mère survivante ne s'exerce qu'après celui du conjoint.

Al. 7. « L'usufruit de l'époux survivant pourra être converti en une rente viagère sur la demande d'un ou de plusieurs héritiers du prédécédé, à charge par eux de fournir des sûretés suffisantes.

Al. 8. « Le conjoint ne succède ni en propriété ni en usufruit, lorsqu'il existe contre lui au moment du décès un jugement de séparation de corps passé en force de chose jugée.

Al. 9. « La succession du conjoint prédécédé doit des aliments au conjoint survivant qui est dans le besoin. Ces aliments sont réglés eu égard à la valeur de la succession, au nombre et à la qualité des successeurs du conjoint prédécédé. Le règlement ne peut être ultérieurement modifié vis-à-vis de la succession du conjoint prédécédé. Il peut l'être à l'égard du conjoint survivant qui cesse d'être dans le besoin. »

L'alinéa 5 de l'art. du projet d'après lequel le droit de l'époux survivant ne devait pas porter sur les biens donnés par les ascendants, se fondait sur ce que ces derniers ne seraient point portés à faire des donations à leurs enfants, s'ils n'étaient pas assurés qu'après la mort de ces derniers, les biens qui les composent, n'appartiendraient pas à une autre personne qu'à celle qu'ils ont voulu gratifier.

On peut faire observer, en sens contraire, qu'il est difficile de comprendre que le conjoint survivant pouvant concourir pour son droit d'usufruit avec les enfants eux-mêmes du *de cujus*, lesquels priment les ascendants, soit l'objet d'une exclusion lorsqu'il concourt avec un ascendant seul. En outre, les biens soumis au droit de retour légal composant souvent à eux seuls tout le patrimoine du *de cujus*, l'usufruit donné à l'époux deviendra souvent un droit illusoire. — Enfin, cette décision est en désaccord avec l'intention probable du mourant.

Quel est le sens de ces expressions (alinéa 6) « l'usufruit du père ou de la mère survivante ne s'exercera qu'après celui du conjoint. » ?

Si cette phrase signifie que leur droit ne peut préjudicier à celui du conjoint, elle est inutile, puisque ces deux droits peuvent parfaitement s'exercer sur la succession entière sans subir ni l'un ni l'autre de réduction.

Veut-on dire que le père ou la mère n'aura droit à son tiers en usufruit sur la part des collatéraux autres que frères et sœurs, que sur ce qui restera après le prélèvement de la moitié attribuée au conjoint sur la part de ces collatéraux ? Evidemment non ; dit M. Thézard. (Examen du Projet de loi de 1877. Revue critique de 1877) ; ce serait réduire l'usufruit de l'ascendant à un douzième de la succession.

Enfin, cette phrase signifie-t-elle que l'usufruit du père ou de la mère ne doit s'ouvrir qu'après le décès ou la déchéance du conjoint survivant ? Cette interprétation cadre bien avec les termes du projet de loi, et ne rend pas inutile sa disposition ; mais comme les auteurs du mari prémourant survivront très rarement à la veuve, autant vaut supprimer leur droit.

Les libéralités faites à la veuve s'imputent sur son droit de succession ; elle le lui enlèvent même complètement, lorsqu'il aura été stipulé qu'elles ont pour objet de lui en tenir lieu ; les libéralités faites à des successibles compteront, au contraire, dans la masse sur laquelle se prendront ses droits.

L'alinéa 7 décide que le droit d'usufruit de la veuve pourra sur la demande d'un ou de plusieurs héritiers du mari prédécédé, être converti en rente viagère. L'usufruit est, en effet, un obstacle à la libre circulation des biens, et s'oppose à leur amélioration. L'existence d'un droit d'usufruit peut être aussi fort dangereuse pour la liquidation de la succession ; car, les immeubles qu'il serait nécessaire de vendre, se vendront mal ou ne se vendront même pas du tout, étant grevés de ce droit. Il sera donc utile, de procéder au préalable à son rachat, et la veuve ne peut raisonnablement s'opposer à sa conversion en une rente viagère, si d'ailleurs le service de cette rente est assuré par de bonnes et solides garanties.

D. — REPRISE DE CE PROJET EN 1886.

Le projet de 1877 fut présenté devant la Chambre des Députés en 1886, et adopté en première lecture avec plusieurs modifications. Les cours d'appel consultées s'étaient montrées favorables à une modification de la législation actuelle en cette matière (17 Cours sur 26 approuvèrent le projet) ; au contraire, la Cour de cassation y était hostile. Les Facultés de droit dont l'avis avait été demandé, se prononcèrent aussi dans le sens d'une réforme.

Les partisans d'une innovation législative furent tous d'accord pour donner au conjoint survivant un droit de succession, et non une simple créance alimentaire contre l'hérédité du prédécédé. Le respect dû à la mémoire du défunt et à la dignité du survivant exige, a-t-on dit, qu'on lui reconnaisse la qualité d'héritier.

Voici quelles sont les principales dispositions du projet, tel qu'il a été adopté par la Chambre :

1° Dans le cas où le défunt ne laisse aucun parent au degré successible, la veuve est appelée à recueillir la totalité de ses biens. Elle n'est d'ailleurs qu'un successeur irrégulier et non une véritable héritière ; par suite elle n'est tenue des dettes qu'*intra vires* (1) et n'a pas la saisine.— On a fait remarquer dans l'opinion contraire, que la veuve est dans une situation aussi intéressante que la famille légitime, dont elle est la source. D'ailleurs, si on exige pour les successeurs irréguliers l'envoi en possession, c'est parce qu'il est nécessaire de vérifier un titre qui peut être suspect, ce qui n'a pas lieu pour l'époux survivant.

2° Le conjoint qui ne succède pas à la pleine propriété et contre lequel il n'existe pas un jugement de séparation de corps passé en force de chose jugée, jouit d'un droit d'usufruit sur les biens du prédécédé, et ce droit est de la moitié des biens en présence d'enfants quels que soient leur nombre et leur degré. Il ne pouvait être ici question de lui accorder la saisine, puisqu'elle n'appartient qu'à ceux qui succèdent en tout ou en partie à l'*universum jus defuncti* (2).

Jusqu'au partage définitif, ou à défaut de partage dans l'année du décès, l'usufruit de l'époux survivant peut être converti en une rente viagère équivalente, sur la demande d'un ou de plusieurs héritiers et moyennant des suretés suffisantes.

L'al. 6 de l'art. 1 porte que « L'époux survivant n'a de

---

(1) Du moins dans l'opinion générale. Contra : Demolombe.

(2) Une proposition de MM. Sabatier et Maurice Faure, se fondant sur ce que l'affection présumée du défunt est la base du droit conféré à son conjoint, déclarait qu'en dessous du cinquième degré de parenté, les parents étaient écartés de la succession, et primés par lui.

droits que sur les biens laissés par son conjoint au jour du décès ; il ne peut l'exercer au préjudice ni des réserves ni des droits de retour. Il n'est pas tenu au rapport et peut l'exiger. Sur le montant de leurs droits respectifs, l'époux et les héritiers imputent les libéralités provenant du défunt soit directement, soit indirectement. »

La Faculté de Nancy proposait de mettre à la charge de la succession les frais de l'inventaire nécessaire à la liquidation des droits du conjoint survivant et des héritiers L'art. 600 du C. Civil met, il est vrai, ces frais à la charge de l'usufruitier ; mais il ne parle que de l'usufruit établi par convention, et le conjoint survivant tenant ses droits de la loi au même titre que les héritiers, il n'y a pas de raison pour lui faire payer les frais plutôt qu'à ces derniers (1).

3° L'époux survivant n'a pas droit à son usufruit lorsque la séparation de corps a été prononcée contre lui.

4° L'art. 2 du projet consacre encore au profit du conjoint survivant le droit à une pension alimentaire. L'art. 205 du code civil, dit-il, est ainsi modifié : « Les enfants doivent des aliments à leur père et mère et autres ascendants qui sont dans le besoin. La succession de l'époux prédécédé en doit dans le même cas à l'époux survivant : Le délai pour les réclamer est d'un an à partir du décès, et se prolonge en cas de partage jusqu'à son achèvement. Le conjoint survivant ne peut jamais demander d'augmentation de pension.»
— Faut-il conclure de cette dernière phrase, qu'on ne peut faire diminuer ou supprimer la pension si le conjoint survivant s'enrichit ? M. Beaucrat(*j. du Palais* l. c.) ne le pense pas : « Il n'y a pas, dit-il, à argumenter de ce qui se passe pour les enfants adultérins et incestueux ; si leur pension

---

(1) Beaucrant. *Gazette du Palais*, 1886, 27 et 29 octobre.

est fixée une fois pour toutes, c'est que la loi ne veut les mettre en présence des héritiers légitimes qu'une seule fois. Nulle considération de ce genre n'existe dans notre matière, et l'époux survivant enrichi peut se voir diminuer ou supprimer la pension alimentaire. »

Il faut, à notre sens, repousser un amendement proposé par M. Bernard et d'après lequel « les dispositions nouvelles en ce qui concerne l'usufruit et la pension, cessent de recevoir leur application toutes les fois que les droits du conjoint ont été réglés soit par donation entre époux soit par testament. » Ces libéralités, en effet, peuvent dater d'une époque où la fortune du conjoint était minime, et on ne saurait par suite prétendre que la volonté de l'époux prédécédé a été de maintenir en tous les cas la situation ainsi faite à son conjoint.

II §. — *Quel droit convient-il de reconnaître à la veuve sur la succession de son mari. ?*

A. — Des auteurs soutiennent que l'époux survivant doit avoir un droit héréditaire dans la succession de l'époux prédécédé. Ils se fondent :

1° Sur l'obligation conjugale. — Le mariage, qui est une convention, met à la charge des deux époux l'obligation de se préserver mutuellement des souffrances et de la misère. La mort peut rompre le lien matériel qui existait entre eux, mais n'anéantit pas le devoir moral. Le conjoint ne doit pas enfreindre ce devoir. et s'il a négligé de le remplir, c'est à la loi à agir pour lui.

2° Sur le principe héréditaire. — En réglant la matière des successions, la loi ne fait que suivre la volonté présumée du défunt, et consulte à cet effet l'ordre de son affection. Or, celle-ci est plus forte entre conjoints qu'entre collatéraux ; le lien du sang, du reste, dérive du mariage. « Le lien qui unit les époux n'est-il pas, dit M. Boissonnade (l. c., p. 533), le premier lien naturel, le lien type de la famille, celui dont les autres ne sont que la dérivation. Le mariage étant la source de toute parenté et de toute consanguinité, comment ne serait-il pas lui-même la première parenté, la première consanguinité. La souche peut-elle être d'une autre nature que la branche, le rameau et le fruit ? »

3° Sur l'exemple fourni (a) par la législation romaine, qui appelait la veuve dans l'ordre des *sui* à la succession de son mari, et sous Justinien lui accordait la quarte du conjoint pauvre.

(*b*). Par l'ancienne législation française,

(*c*). Par les législations étrangères (Deux-Siciles, Suisse, Prusse, Autriche, Pologne, Russie, Duché de Bade, etc.);

4° Sur l'intention des rédacteurs du code civil eux-mêmes.

On a combattu ce raisonnement par les raisons suivantes :

1° Les époux savent que leur union sera réglée par les dispositions de la loi, et qu'à la mort de l'un d'eux toutes les obligations qui existaient entre eux disparaissant, aucun droit ne sera conféré au survivant vis-à-vis de la succession du défunt ; aussi ont-ils pleine et entière liberté pour fixer par convention le sort de l'époux qui survivra : ils peuvent même le faire pendant le mariage, puisque les donations entre époux ne sont pas prohibées. Le système de l'obligation étroite et aveugle (puisque cette obligation subsisterait dans tous les cas) serait souvent immoral, et d'ailleurs se justifie difficilement. — On a répondu que parmi les conventions matrimoniales, un grand nombre maintiennent la séparation des fortunes : la communauté elle-même peut n'assurer aucun avantage au survivant. Ces conventions sont, du reste, des actes commutatifs et à titre onéreux ou chacun est réputé avoir apporté une valeur égale. Enfin, les causes de nullité des donations sont fort nombreuses et l'époux décédé peut avoir été imprévoyant.

2° Le principe héréditaire du code civil n'est pas celui qu'on affirme, et qui est contraire aux traditions les plus anciennes de notre pays. Sans doute, le règlement de l'hérédité n'est que le testament présumé du défunt ; mais, dit M. Victor Lefrancq (1) « ce que la loi doit présumer avec une force égale, c'est que cette volonté ne s'est pas facilement écartée de la loi elle-même. » Or, le principe de la loi est la consanguinité qui dérive des faits purement naturels de la génération et de la naissance, indépendamment de tout contrat, de tout consentement et de tout choix réciproque. Le contraire a lieu dans le mariage, et ce choix entraîne même des unions disproportionnées, à cause de l'influence des considérations pécuniaires. Du reste, comme le dit Domat, les biens ne sont donnés aux hommes que pour les besoins de la vie, et comme l'accessoire et la suite de ce premier bienfait (2). Ce sont les ancêtres qui ont créé la famille en lui conservant leurs biens ; l'idée que nous avons un droit sur les biens de nos parents est du reste innée chez nous.

D'un autre côté, l'affection qui unit les deux conjoints n'est pas toujours aussi sérieuse et aussi désintéressée, aussi régulière et aussi sûre que celle qui existe entre proches parents ; elle est sujette à des excès comme elle l'est à des défaillances, et il est difficile de l'apprécier (3).

---

(1) Revue de législation et jurisp. 1851, t. XLI, p. 332 et suiv. *Moniteur universel*, 1851, p. 351.

(2) DOMAT. — Traité des lois, ch. III, p. 3.

(3) THÉZARD. Projet de loi de 1877. Revue de légis. et jurisp. 1877. p. 403 et suiv.

Il n'en résulte pas moins, dirons-nous, qu'elle est la plus
vive et la plus ardente. C'est un amour entier et sans
réserve selon l'expression du texte sacré : « *Erunt duo in
carne unâ.* » C'est là du moins le fait le plus fréquent,
celui, par conséquent, que la loi doit présumer, et en considération duquel, elle doit régler la situation de l'époux
survivant ; mais nous ne nions pas qu'il soit facile de rencontrer dans biens des cas le fait inverse.

3° La famille romaine et celle de l'ancienne France
n'avaient pas la même organisation que notre famille actuelle.
Chacune d'elles formait un être moral dont tous les membres
étaient ou co-propriétaires du patrimoine, ou soumis comme
à Rome à la puissance absolue d'un chef qui disposait de
leurs personnes et de leurs biens. Aujourd'hui, le courant
démocratique a déversé dans toutes les classes de la société
des idées d'égalité et d'indépendance, et par un travail d'éro-
sion incessant enlève tous les jours une nouvelle parcelle au
vieil édifice domestique et à l'antique puissance de la famille.
En outre, les progrès de l'industrie en imprimant au travail
une autre direction, en ont changé la nature et le caractère.
Les exigences du commerce nécessitent actuellement des
déplacements nombreux, et amènent de fréquentes sépara-
tions entre parents ; or, ce sont là autant de causes de désunion
dans les familles. — Nous ne nions pas l'exactitude de ces
considérations qui rentrent plutôt du reste dans le domaine
de l'économie politique. Toutefois, nous pensons que la situation de la veuve n'en reste pas moins intéressante et digne
d'appeler l'attention du législateur. A côté des raisons tirées
de l'ordre politique ou social et que nous avons énumérées
plus haut, les raisons d'humanité et de philantropie n'ont
nullement perdu de leur force.

4° On prétend enfin que les auteurs des nouveaux projets
de loi ont créé un appât pour les unions disproportionnées
soit quant à l'âge, soit quant à la fortune, en faisant naître

la spéculation et le calcul, là où on ne devrait rencontrer que l'amour et le désintéressement. Outre que ces unions seront, disent-ils, presque toujours stériles, elles offriront encore à l'époux survivant (d'après le projet de 1877) l'avantage de pouvoir se remarier sans être déchu de son droit. — Je sais bien que de semblables unions existent ; mais heureusement elles constituent encore l'exception ; et la grande majorité des mariages se contracte entre personnes d'âge et de condition à peu près égaux. — Quant à la dernière observation, il suffira de faire remarquer que le projet de 1886 la rend inexacte, car il décide expressément, al. 8, que l'usufruit du conjoint cesse au cas de remariage.

B. Le conjoint survivant doit-il avoir une réserve ? Nous ne le croyons pas, car ou bien elle lui serait accordée au détriment de la réserve des enfants qu'elle diminuerait, ou bien elle restreindrait la quotité disponible si utile cependant comme droit de sanction entre les mains des père et mère pour maintenir leurs enfants dans le devoir.

D'ailleurs, quels seraient les résultats de cet état de choses ? Quelles défiances, quelles précautions gênantes et quelles réserves bizarres viendraient affecter les libéralités des ascendants collatéraux ou donateurs étrangers aux époux, et même celles des époux entre eux ? Pendant le mariage ne ralentit-on pas aussi le zèle et le dévouement de ces derniers l'un envers l'autre, et ne diminue-t-on pas les rapports d'affection et les bons services qu'ils se doivent ? — Il peut, en outre, arriver que le conjoint riche survive et recueille, par suite, une part dans la succession du prémourant, résultat qui serait bien injuste et bien immoral. Le prémourant ne doit-il pas, au contraire, pouvoir faire revenir à ses héritiers la part de biens que la loi réserve à son époux ?

Enfin, le survivant peut avoir vécu en très mauvais

termes avec son époux, sans cependant que celui-ci ait voulu avoir recours au moyen pénible de la séparation de corps. Le *de cujus* doit avoir, en ce cas, le droit d'empêcher que sa fortune ne vienne enrichir une personne indigne de la recueillir, et pour cela n'est-il pas juste de lui accorder le droit d'exhéréder son conjoint sans éclat et d'une façon indirecte, en disposant de tous ses biens.

C. Doit-il avoir une simple créance alimentaire contre la succession de son conjoint? Nous ne le pensons pas, et, du reste, on ne l'a soutenu que dans le premier projet de 1851.

« Le mariage, dit M. Boissonnade, l. c. p. 545, crée entre les conjoints une véritable parenté naturelle autant que civile ; il est la première consanguinité, et, à ce titre, il est le principe d'un droit non moins formel et non moins sacré que celui des enfants. »

En outre, il y a dans la pension alimentaire quelque chose de trop humiliant pour celui qui l'exerce : c'est une aumône du plus riche au plus pauvre. Pour l'obtenir, du reste, il faut intenter une action, et établir devant la justice, la dureté de ses alliés ou parents. Enfin, la veuve est exposée à la mauvaise volonté de ces derniers, et aux fluctuations possibles de leur fortune. Son droit donc doit être absolu et fixe comme celui des enfants eux-mêmes.

D. M. Boissonnade constate d'abord que la parenté est indestructible et inamissible, tandis que le lien conjugal peut être relâché par la séparation de corps, et nous ajouterons rompu par le divorce ; elle est, en outre, dit-il, transmissible et extensive, tandis que le mariage, même indissoluble, ne peut être qu'un lien viager, et il en déduit que les parents doivent avoir la propriété pleine et entière, disponible et transmissible de la succession à laquelle ils sont appelés, tandis que les époux n'en doivent avoir que l'usufruit.

Nous adhérons absolument à l'avis du savant auteur. Nous ajoutons avec lui que dans les conditions normales de la vie, la disproportion d'âge n'existera pas entre les époux, et que le survivant ne sera pas appelé à fournir une carrière bien longue après le décès du prémourant. Il est donc juste et raisonnable de lui donner un droit héréditaire en usufruit; il ne faut pas sacrifier la famille de l'époux prédécédé à celle de son conjoint.

E. L'époux survivant doit-il perdre son droit au cas où il a encouru la séparation de corps, et s'il le perd, doit-il avoir, à tout le moins, le droit à des aliments contre les héritiers de son conjoint ? A-t-il aussi la même faculté dans le cas où il ne peut obtenir son droit d'usufruit parce que le *de cujus* est mort insolvable ou a disposé de tous ses biens ?

La séparation de corps, a-t-on dit, laisse subsister le mariage, elle ne fait que déserrer les chaînes de cette union. — En outre, à la mort de l'un des époux, le souvenir de torts, peut-être anciens, sera, sans doute, effacé.

Nous repoussons cette théorie en faisant observer :

(*a*). Que le jugement de séparation de corps prononcé contre l'un des conjoints, entraîne l'annulation de tous les avantages qui avaient pu lui être consentis par l'autre ; il y aurait contradiction à maintenir à son profit l'avantage légal qu'on propose de lui reconnaître.

(*b*). Qu'un puissant argument d'analogie peut être tiré de la loi du 14 juillet 1866, qui, dans les mêmes circonstances, déclare le conjoint déchu de ses droits aux œuvres littéraires et artistiques.

(*c*) Que donner un droit de succession à l'époux coupable, serait violer les intentions probables du défunt.

Faut-il, du moins, lorsque la succession est mauvaise, donner au survivant séparé de corps une pension alimentaire ?

On l'a soutenu, en se fondant sur la solidarité qui doit

exister entre conjoints, sur l'art. 762 du Code Civil, qui accorde une créance d'aliments aux enfants adultérins et incestueux, enfin, sur ce que la jurisprudence actuelle, donne le même droit à l'époux séparé de corps. — On ne peut comprendre, ajoute-t-on, que l'époux qui a passé sa vie toute entière dans l'intimité du foyer soit, moins bien traité, et ne puisse réclamer aucun droit.

Nous croyons, au contraire, qu'on ne saurait enlever à un époux le droit de disposer de ses biens, en reconnaissant une sorte de droit de réserve au conjoint survivant. Les aliments accordés à l'époux séparé de corps ne sont qu'une conséquence du droit à l'assistance qui subsiste après la séparation, puisqu'elle ne dissout pas le mariage ; dans notre hypothèse, il n'y aurait aucune raison pour continuer le service de la dette alimentaire.

Quant à l'exemple du droit reconnu aux enfants adultérins ou incestueux, il n'est rien moins que probant, car les devoirs entre le père et ses enfants, ne sont pas de même nature que les devoirs entre conjoints. Les parents ne font, du reste, que réparer envers leurs enfants la faute qu'ils ont commise.

CHAPITRE II.

Droits de la veuve sur la personne de ses enfants.

D'après les articles 371 et 372 C. Civil, la puissance paternelle appartient durant le mariage à la mère comme au
père. Celui-ci, il est vrai, en sa qualité de chef de la famille,
l'exerce seul, mais la mère doit être consultée, et son
amour conjugal s'unit le plus souvent à son amour maternel
pour lui suggérer d'excellents conseils en cette matière.

Après la mort du mari, il est juste que sa veuve ne soit
pas privée d'un droit qu'elle possédait jusque-là, et la loi
civile ne fait que se conformer au vœu de la nature en le
lui conservant. Toutefois, comme des différences, tant
physiques que morales, distinguent l'homme de la femme,
la loi a dû modifier les règles de la puissance paternelle,
telle qu'elle appartenait au père. C'est ce que nous nous
proposons de montrer par l'examen du droit de correction,
et des droits de garde et d'éducation.

SECTION Ire.

Droit de correction.

Il ne s'agit pas, comme le sens ordinaire du mot « correction » pourrait le faire supposer, d'une faculté accordée aux

parents d'employer les punitions et châtiments corporels à l'égard de leurs enfants, mais seulement du droit de les faire incarcérer lorsqu'ils ont gravement manqué à leurs devoirs envers eux.

A ce point de vue, la puissance paternelle en passant des mains du père dans celles de la mère, subit une profonde modification. « La mère, dit M. Demolombe (1), en général, est plus faible que le père, plus accessible aux influences étrangères, plus prompte à s'alarmer, à céder à des résolutions irréfléchies. Il fallait donc la défendre contre elle-même, contre ses entraînements, la protéger aussi dans le cœur même de son enfant contre toute apparence de précipitation et d'injustice. » Déjà Pothier avait fait remarquer que « la faiblesse du jugement des femmes, et le caractère d'emportement assez ordinaire à ce sexe, empêchent qu'on ne puisse compter sur le jugement de la mère comme sur celui du père ».

En tenant compte de ces différents motifs, le législateur a décidé :

1° Que la mère ne pourrait agir seule dans l'exercice du droit de correction.

Les critiques et la malignité des tiers l'auraient peut-être portée à s'alarmer facilement et sans raisons bien solides, et à recourir, par suite, avec trop de précipitation, aux moyens extrêmes. De là, cette disposition de l'art. 381 C. C. : « La mère survivante et non remariée, ne pourra faire détenir son enfant qu'avec le concours des plus proches parents paternels, et par voie de réquisition. »

La loi exige le consentement, l'adhésion de ces derniers.

_____

(1) DEMOLOMBE. T. VI, n° 349, p. 257.

« Concourir, dit M. Oudot (1), c'est adhérer à la mesure. »
Le même auteur pense que ce consentement ne doit pas
même être demandé à chacun des parents paternels par un
entretien séparé. « Ils seront plus attentifs pour juger, quand
ils se sentiront constitués en tribunal, et ils seront plus forts
pour refuser ensemble, s'il y a lieu, un concours qu'on
surprendrait aisément à chacun d'eux isolément. »

Si le mari défunt n'a pas laissé de parents, des auteurs
prétendent qu'on ne peut appeler pour les remplacer, deux
de ses amis. Le choix de ces personnes serait arbitraire, et
n'offrirait pas une garantie suffisante. Il est préférable,
disent-ils, de laisser alors la mère agir seule, et, d'ailleurs,
il n'y a aucun inconvénient à ce qu'il en soit ainsi, puisque
le président du tribunal contrôle sa demande, avant de
délivrer l'ordre d'arrestation (2).

Une autre opinion refuse à la mère le droit de correction
dans notre espèce ; elle est fondée sur cette considération
que la mère ne peut plus satisfaire à toutes les conditions
qu'exige la loi (3).

Nous ne saurions partager ni l'une ni l'autre de ces deux
doctrines. Les motifs pour lesquels la veuve ne peut exercer
sans contrôle son droit de correction, sont les mêmes
dans le cas où il existe des parents paternels et dans
celui où il n'en existe pas ; il ne faut donc pas lui permettre d'agir seule dans cette dernière hypothèse. On
choisira deux amis du mari pour l'exercice du droit dont
parle l'art. 381 ; et le choix en étant fait par le juge de paix

---

(1) OUDOT. P. 270, du droit de famille.

(2) TAULIER. T. I, p. 483. — DU CAURROY, BONNIER et ROUSTAING, t. 1,
p. 394.

(3) ALLEMAND. Du mariage, t. II, n° 1091. — VALETTE sur Proudhon,
t. II, p. 247, note A.

ou le président du tribunal, offrira des garanties suffisamment sérieuses. Le législateur en accordant expressément à la veuve le droit de correction, reconnaît bien que ce droit lui est nécessaire, et ce serait méconnaître sa pensée, que de le lui retirer par suite de cette circonstance toute fortuite, qu'il n'existe plus de parents paternels (1).

2° Que la mère ne pourrait agir que par voie de réquisition et non par voie d'autorité. En d'autres termes, le président du tribunal civil de première instance du domicile de la veuve, est chargé d'apprécier les motifs de sa demande, et a la faculté d'accorder ou de refuser l'ordre d'arrestation (2).

Telles sont les modifications certaines que subit le droit de correction quand il passe aux mains de la mère. Ne faut-il pas en ajouter une troisième, et est-il vrai que la mère n'ait pas le droit d'abréger l'incarcération de son enfant en lui pardonnant ?

L'art. 381 C. C. a fourni un argument aux partisans de l'affirmative. Cet article, s'occupant du droit de correction de la mère, ne renvoie pas à l'article 379, qui accorde précisément au père le droit de faire cesser la détention de l'enfant, mais seulement à l'article 377 : « Les grâces irréfléchies auxquelles la mère est naturellement portée, ajoute Proudhon, pourraient enhardir l'enfant à exiger d'elle une absolution que son repentir ne justifierait pas. »

Ce système conduit à des conséquences qu'il est impossible d'admettre. Si l'enfant manifeste son repentir, il faudra

---

(1) Demolombe. T. VI, p. 261. — Marcadé, sur l'art. 382, t, III. — Aubry et Rau, t. IV, p. 605. — Toullier, t. II, n° 1057.

(2) Il s'agit, bien entendu, du cas où l'enfant a moins de seize ans, et encore pourvu qu'il n'ait pas de biens personnels, ou n'exerce aucun état ; autrement le père lui-même n'aurait pu employer cette voie pour faire incarcérer son enfant.

recourir au chef de l'État pour obtenir sa mise en liberté. Quant à l'argument tiré de l'art. 381, il ne porte pas, car cet article ne renvoie pas non plus aux articles 376 et 378, et, pourtant, personne ne fait difficulté pour en appliquer les dispositions à notre hypothèse.

Le législateur ne modifie le droit de correction qu'en ce qui en touche l'exercice ; or, le droit de grâce est de l'essence de la puissance paternelle établie dans l'intérêt de l'enfant. Décider autrement, serait encore affaiblir l'autorité de la mère, car elle n'exercerait plus le droit de correction vis-à-vis de ses enfants, si elle se trouvait dans l'impossibilité d'abréger la durée de leur peine (1).

SECTION II.

Droit de garde et d'éducation.

D'après l'art. 203 C. Civil, l'entretien et l'éducation des enfants est une charge qui incombe aux père et mère, mais ils ont le droit de s'en acquitter sans subir l'ingérence d'un contrôle étranger ; ils sont les seuls juges de leurs devoirs et de leur conduite en cette matière. Cette indépendance constitue ce que la loi appelle le droit de garde et d'éducation, qui est inhérent à la puissance paternelle. La mère, veuve, peut, croyons-nous, l'exercer dans tous les cas, même dans celui où, invoquant la disposition de l'art. 394 C. Civil, elle aurait, à la mort de son mari, refusé la tutelle de ses enfants ; ce droit est une conséquence de sa qualité

---

(1) DEMOLOMBE. T. VI, n° 357. — AUBRY et RAU, t. IV, p. 607. — DEMANTE, Cours analytique de code civil, t. II, n° 126 bis.

de mère elle-même, et dérive du fait de la procréation (1).

Il résulte de cette idée que les droits de garde et d'éducation son aussi étendus entre les mains du père qu'entre celles de la mère ; la loi ne pouvait, sans méconnaître les sentiments les plus évidents et les plus profonds de la nature humaine, soupçonner la mère de négligence à cet égard.

Le mari ne pourrait pas, par une clause de son testament restrindre les droits de la mère en matière de garde et d'éducation ; le conseil de famille et le tuteur seraient également impuissants à produire ce résultat, même en ce qui concerne l'emploi des biens de l'enfant, l'usage que la mère fait de ses revenus, et la détermination des dépenses qu'elle doit effectuer chaque année. Pourvu qu'elle justifie de l'emploi des sommes dont elle s'est servi, tout ce qu'elle réclame pour frais d'éducation doit lui être remboursé : elle est l'unique juge de l'opportunité des dépenses à faire.

Le droit d'éducation et de garde étant un attribut de la puissance paternelle et non de la tutelle, la mère n'en est pas privée quand elle refuse la tutelle, ou vient à en être destituée : toutefois en ce dernier cas il arrivera souvent, en fait que les tribunaux en décideront autrement.

Le droit de garde accordé à la mère sur la personne de ses enfants lui permet de fixer le lieu de leur résidence, et de les y faire ramener *manu militari* lorsqu'ils l'ont abandonné, sous la seule condition d'obtenir à cet effet une ordonnance du président du tribunal, qui sera rendue sur simple requête. Il faut aussi faire remarquer qu'à l'âge de 20 ans, l'enfant peut

---

(1) L'art. 450 C. C. duquel on prétend vainement tirer un argument en sens inverse, signifie simplement que du vivant de la mère, le tuteur peut provoquer l'intervention des tribunaux, afin de lui faire enlever le droit de garde et d'éducation dont elle ferait un usage abusif. Dalloz, J. G. § 6, minorité, n° 395.

quitter son domicile pour contracter un engagement mili-
taire.

Nota. — La veuve possède encore le droit d'émanciper ses
enfants, de consentir à leur entrée dans les ordres, à leur
engagement volontaire, à leur adoption et à leur mariage

CHAPITRE III.

Droits de la veuve sur les biens de ses enfants.

La mère peut avoir, soit l'usufruit légal des biens de ses enfants, soit le droit d'administrer ces mêmes biens en qualité de tutrice ; de là, une division toute naturelle de ce chapitre en deux sections.

SECTION Ire.

Droit d'usufruit légal.

L'usufruit accordé à la mère, semblable en cela, du reste, à celui dont jouirait le père, s'étend à tous les biens de l'enfant, sauf à ceux qu'il a pu acquérir par un travail et une industrie séparés , à ceux qui lui ont été donnés ou légués, sous la condition expresse qu'elle n'en jouira pas (art. 387 C. C.), enfin à ceux qui font partie d'une succession échue à l'enfant et dont elle a été exclue comme indigne. De plus, cet usufruit est légal ; c'est une faveur que le législateur concède, et qu'aucune stipulation ne saurait enlever à celui qui en jouit, puisqu'elle est un attribut de la puissance paternelle ; la femme seule pourrait yrenoncer au profit de son enfant.

Ordinairement, les deux droits de tutelle et d'usufruit légal sont réunis sur la même tête : cependant, il peut arriver que la mère n'ait pas la tutelle de ses enfants, et, dans ce cas, il est intéressant de savoir comment il faut concilier avec son droit d'usufruit lequel suppose la détention des objets qui y sont soumis, l'exercice de la tutelle, et les pouvoirs reconnus à celui qui en est investi.

Trois systèmes ont été présentés pour résoudre cette difficulté.

L'un soutient que le tuteur a un droit exclusif de celui de la mère sur les biens de son pupille. Si la mère avait l'administration des biens, elle serait tutrice en dépit de sa renonciation ou de sa destitution. Du reste, l'art. 450 C. C. donne au tuteur des droits étendus qui exigent pour s'exercer, la détention des biens sur lesquels ils portent. Le droit d'administrer est inhérent à la tutelle ; la mère devait rester tutrice, pour le conserver, si elle ne l'a pas fait, il est juste qu'elle subisse les conséquences nécessaires de sa renonciation ou de sa déchéance, suivant le cas. — Enfin, l'hypothèque légale ne grève que les biens du tuteur, et, il serait inique de lui faire supporter les conséquences d'une gestion qu'il ne peut ni contrôler ni diriger.

D'après un second système, la mère doit conserver l'administration. Elle est, dit on, usufruitière, or l'usufruitier peut, vertu de l'art. 578 C. C., exercer son droit par lui-même et en sans intermédiaire .La loi ne déroge nullement à ce principe dans notre hypothèse.

Il est vrai que l'art. 450 C. C. donne au tuteur seul le droit de gérer les biens du mineur, mais l'usufruit légal ne fait pas partie de ces biens ; il rentre dans le patrimoine de la mère. La tutelle et l'usufruit sont des droits distincts qui peuvent s'exercer séparément. Le tuteur sera donc responsable de ses propres actes seulement, mais non de ceux de la mère.

19

Un troisième système prétend concilier les deux précédents, en décidant qu'il faut partager entre la mère et le tuteur les pouvoirs d'administration. La mère pourra faire seule les actes de gestion qui rentrent dans l'exercice normal et ordinaire du droit d'usufruit ; les autres devront être accomplis par le tuteur. Ce système ne donne, croyons-nous, aucune solution de la question. La difficulté n'existe que pour certaines catégories d'actes juridiques qui peuvent tout aussi bien rentrer dans les pouvoirs du tuteur que dans ceux de l'usufruitier. Il faut donc choisir entre les deux premiers.

En se remariant la veuve perd son usufruit légal. En est-il encore ainsi dans le cas d'inconduite notoire ?

Si on consulte le tradition, la réponse ne peut être qu'affirmative (Nov. 30 ch. II p. I. L. 7. C. VIII. Pothier, Coutume d'Orléans, Introduction au titre des fiefs, n° 346). Certains auteurs ont soutenu que cette manière de voir était encore celle du législateur de 1804. Les parents, disent-ils, ont l'obligation d'élever leurs enfants ; outre celle de les nourrir et entretenir ; or, il est conforme tant à l'équité qu'à l'esprit de la loi, que leur usufruit soit perdu quand ils cessent de remplir les obligations dont ils sont tenus. La loi d'ailleurs désire que les revenus de l'enfant ne passent pas à des étrangers ; or, personne n'ignore qu'une violente passion met la femme sous la dépendance complète de celui à qui elle s'est abandonnée (1).

Nous pensons que cette opinion ne doit plus être suivie. L'usufruit est un attribut de la puissance paternelle et l'art. 386 C.C., n'en prive les parents que dans deux cas ; cependant, l'ancienne jurisprudence était connue du législateur, et

---

(1) SIREY. Limoges, 23 juillet 1824. 26, II, 469. 2 avril 1810. — SIREY, 1813, II, 290. — 16 juillet 1807, Limoges.

il en aurait reproduit les dispositions, s'il avait voulu les consacrer. Les enfants, d'ailleurs, ne doivent pas être les censeurs de la conduite de leurs parents, et s'autoriser de leurs débauches pour invoquer contre eux la perte de leurs droits. Il est vrai, que l'inconduite peut entraîner pour la mère, la destitution de la tutelle, mais la puissance paternelle est soumise à d'autres règles. La veuve, quoique non maintenue dans la tutelle, conserve d'ailleurs cette puissance, et, si elle peut à l'aide de l'émancipation mettre fin à la tutelle, son autorité paternelle ne cesse que par la majorité où la mort de l'enfant (1).

SECTION II.

Droit de tutelle.

Le Code civil accorde à la mère la tutelle de ses enfants mineurs après la mort du mari. L'affection maternelle a paru présenter des garanties suffisantes de prudence et d'économie dans l'administration de leurs biens. Néanmoins, on a cru nécessaire de soumettre cette tutelle à des règles exceptionnelles. « La constitution physique des femmes, dit le baron Locré dans l'exposé des motifs, leur éducation, ne donnent peut-être pas aux mères ce qui rend propre à une bonne administration ».

A. Pour tenir compte de cette considération, l'art. 349 C.C. donne à la mère la liberté complète d'accepter ou de refuser

---

(1) Cf. en sens divers. — Demolombe, t. VI, nᵒˢ 564 et 565. — Aubry et Rau, t. IV, p. 615. — Delvincourt, t. 1, p. 93, note 8. — Massé et Verge, t. I, p. 374. — Duranton, t. III, nᵒ 388. — Taulier, I, p. 497. — Marcadé, II, art. 386, nᵒ 6. — Cass. 19 avril 1843. Dev. I, 43, 385. Besançon, 1ᵉʳ août 1844. — 1846, II, 126.

la tutelle, si elle se reconnaît inhabile à en remplir les devoirs. La loi présume que sa détermination n'est basée que sur son inexpérience et sur son inaptitude aux affaires, et n'exige pas que son refus soit motivé. Elle peut même faire l'expérience de son habileté et de ses aptitudes aussi longtemps qu'elle le désire, car aucun délai ne lui est imparti pour l'exercice de son droit d'option. Le Conseil de famille ne pourrait donc lui opposer une fin de non recevoir tirée de la durée du temps pendant lequel elle a géré les biens de son enfant. Le contraire ne saurait être soutenu à l'aide d'un argument d'analogie tiré des principes qui régissent la théorie de l'acceptation et de la répudiation, en matière de succession. A la différence de celui que l'héritier fait d'une succession, le refus que la mère fait de la tutelle, suppose, en effet, son incapacité, et est établi dans l'intérêt du mineur qu'on veut protéger contre les effets de cette incapacité. L'hypothèque légale qui grève les biens du tuteur et l'inventaire qui doit être fait au début de la tutelle sont du reste des garanties suffisantes pour le mineur et empêcheront la veuve qui se démet de la tutelle de se soustraire à la responsabilité de sa gestion antérieure.

B. Une seconde règle particulière à la tutelle de la mère survivante, consiste en ce que cette dernière peut recevoir du père un conseil sans lequel elle ne pourra accomplir tous ou quelques uns seulement des actes de la tutelle. Le père a une pleine et entière liberté pour déterminer le nombre et la nature de ces actes, aussi longtemps qu'il s'agit de ceux qui se rapportent à l'administration des biens de ses enfants(1); il est l'unique juge des aptitudes de sa femme, et aucun

---

(1) Il ne pourrait enlever à sa femme aucun des droits qui résultent de la puissance paternelle.

recours n'est permis contre sa décision qui est souveraine. Il suffit que sa volonté soit certaine ; elle ne peut d'ailleurs se manifester d'une façon quelconque ; il faut qu'elle résulte soit d'un acte de dernière volonté, soit d'une déclaration devant le juge de paix ou devant notaire. (Articles 391 et 392. C.C).

De même que les articles 499 et 513 C. C, l'art, 391, parle d'un seul conseil. Le législateur a songé aux difficultés que plusieurs personnes auraient pu rencontrer pour s'entendre, et aux obstacles que cette nécessité d'une entente commune aurait apportés à la rapidité des opérations. Nous pensons, en conséquence, que le père ne pourrait nommer à la mère plusieurs conseils pour gérer la tutelle de concert avec elle ; il ne le pourrait même pas, en appelant ces différentes personnes à exercer leurs fonctions successivement. Ce serait aggraver la situation de la mère, ce que l'on ne peut faire sans un texte formel, car les dispositions légales restrictives ne peuvent être étendues par voie d'analogie.

Quelles sont les fonctions du conseil ? L'art. 391, p. 2, s'exprime de la façon suivante : « Si le père spécifie les actes pour lesquels le conseil sera nommé, la tutrice sera habile à faire les autres sans son assistance » Il s'agit d'un concours à l'acte accompli par la femme, d'une adhésion, d'un consentement ; tel est le sens en effet que la loi attache à l'expression « assistance », comme il résulte bien des articles 480, 482, 499 et 513 C.C. Le conseil n'administre donc pas les biens du mineur, il n'accomplit aucune opération juridique ; il n'agit pas au lieu et la place de la femme, il l'assiste et la soutient à l'instar du tuteur romain qui fournit son *auctoritas* au pupille pour augmenter sa capacité. Pour remplir ses fonctions, il devra être présent aux opérations qui interviendront, et dans le cas d'impossibilité, donner son consentement, soit par acte sous seing privé, soit par acte authentique, suivant que l'opération sera constatée de l'une ou de l'autre de ces façons (1).

Quel est le sort des actes passés sans l'assistance du conseil ? Ils sont nuls si les tiers ont connu d'une façon certaine la présence d'un conseil, comme cela se produirait par exemple au cas où celui-ci les aurait avertis de ne pas contracter sans exiger la preuve de son consentement ; mais sont-ils valables dans l'hypothèse inverse ?

Merlin (2) nous dit « qu'autrefois l'obligation imposée au tuteur de prendre l'avis du conseil de tutelle... était concentrée entre le tuteur et les mineurs eux-mêmes, et que son seul effet était de rendre le tuteur personnellement responsable envers le mineur. » On a soutenu que cette doctrine avait été reproduite par le Code civil. La mère est tutrice légale, a-t-on dit, et l'existence d'un conseil est un fait exceptionnel ; les tiers ne sont pas tenus de la connaître et ne doivent même pas la supposer. Si le Code avait voulu édicter une règle nouvelle, il aurait créé un système de publicité pour porter à la connaissance des tiers l'existence du conseil, et leur éviter toute surprise.

Nous pensons que les actes accomplis par la mère dans les conditions où nous nous plaçons, ne sont pas valables à l'égard des tiers. Le recours que les partisans de l'opinion contraire accordent à l'enfant contre sa tutrice ne lui procurera, le plus souvent, qu'un avantage illusoire, puisqu'il sera finalement obligé, en qualité d'héritier de sa mère, de supporter les pertes causées par la mauvaise administration de cette dernière.

Ces actes sont, à notre sens, annulables. Il faut suivre

---

(1) AUBRY et RAU. T. I, p. 403, note 11. — LAURENT, IV, p. 493 et 494. — DEMOLOMBE, VII, nos 92 et 93. — DALLOZ Vo Minorité, nos 89 et 90 et note 1. Douai, 17 janvier 1820. Dev. 1821, 11, 217.

(2) MERLIN. Questions de droit, t. VI, Vo, tuteur, § I.

le désir du père autant qu'il est possible de le faire, et la volonté de ce dernier n'est pas respectée si on n'annule pas les actes qu'elle passe sans l'autorisation de son conseil, puisqu'il désire qu'elle ne puisse agir seule.

Quant aux tiers, il leur est facile de s'enquérir de sa capacité de la mère. L'entrée en fonctions du conseil est un fait public; il assiste à l'inventaire, à la nomination du subrogé-tuteur et aux délibérations du conseil de famille. Nous ne donnerions une solution contraire que dans le cas fort rare où le tiers n'aurait pu se procurer ce renseignement, par exemple, s'il n'avait découvert l'existence du conseil qu'après la signature du contrat pour lequel son assistance est nécessaire (1).

Il peut arriver que, sans examen et systématiquement, le conseil refuse son assistance aux actes que la mère veut passer, et compromette, de la sorte, les intérêts du mineur. Il faudrait, en ce cas, le considérer, croyons-nous, comme démissionnaire; le tribunal interviendrait pour déclarer la mère tutrice dans les termes du droit commun et constater la démission du conseil; ce serait, du reste, respecter les intentions du père, qui a voulu donner à ses enfants une garantie de la bonne administration de leurs biens, et non entraver cette dernière.

En cas de dissentiment, nous n'accordons à la mère aucun recours contre la décision du conseil. Il est vrai que les droits de ces deux personnes sont égaux et en s'appuyant sur cette idée, M. Demolombe a soutenu que le conseil de famille devrait être appelé à trancher le différend dans notre espèce,

---

(1) DEMOLOMBE. T. VII, n° 98. — VALETTE, Explication sommaire, du C. C. p. 226. — DU CAURROY, BONNIER, ROUSTAING, t. I, n° 59. — Contra DELVINCOURT, t. I, p. 103, note 4. — TAULIER, t. II, p. 12. — AUBRY et RAU, t. 1, p. 364. — DALLOZ, J. G. V°, Minorité, n° 91.

mais les textes sont muets. Ils ne déterminent ni le tribunal compétent, ni l'étendue des droits qu'il faut reconnaître à ce tribunal. Peut-il forcer le conseil à prêter son assistance? Ce droit serait souvent illusoire, car l'inexécution d'une obligation de faire se résout uniquement en dommages-intérêts. Peut-il autoriser la mère à agir seule? L'intention du père est alors ouvertement violée. Peut-il, enfin, défendre à la mère de passer l'acte dont il s'agit? Il substitue alors sa volonté à celle du conseil, et l'intention du père est encore méconnue.

La mère est responsable de sa gestion et le conseil du consentement qu'il a fourni. La responsabilité de l'un est régie par l'art. 450, celle de l'autre par les art. 1991 et 1992 C. C.

Les fonctions du conseil cessent par sa mort, par l'arrivée de la condition sous laquelle il était nommé, par sa révocation et par sa démission.

CHAPITRE IV.

Droits de viduité.

Sous ce titre, la loi accorde à la veuve certains droits qui, à cause de leur minime importance, n'ont pas véritablement le caractère de gains de survie. Ils constituent moins des avantages que la privation d'un dommage.

Ces droits sont :

1° Le droit de reprise des linges et hardes ;
2°   — aux habits de deuil ;
3°   — aux aliments ;
4°   — à l'habitation.

Nous les étudierons, et sous le régime de communauté, et sous le régime dotal.

SECTION Ire.

Droit de reprise des linges et hardes.

L'art. 1492 C. C. après avoir dit, qu'en renonçant à la communauté, la femme devient complètement étrangère à

l'actif comme au passif de cette dernière ajoute, que cependant « elle retire les linges et hardes à son usage. » (1).

L'art. 1566 C. C. reproduit pour le régime dotal les mêmes
règles que l'art. 1492. Dans les deux cas, il est dérogé au
droit commun, et le résultat consacré par la loi, est contraire
à celui auquel aboutit l'application des règles ordinaires.

Voyons maintenant ce qu'on entend par linges et hardes
à l'usage de la femme. — La plupart des auteurs enseignent
que ces mots désignent la garde-robe et les toilettes de la
femme, c'est-à-dire tout son linge de corps et ses vêtements.(2) Sont seuls exceptés, ses bagues, joyaux, montres et
bijoux, du moins ceux qui servent à la parer *(ad ornatum)*,
car il est raisonnable de lui laisser ceux qui servent à son
usage quotidien. (3) Il en serait autrement si le mari avait
eu l'intention de lui en faire donation ; mais, comme le fait
remarquer M. Seriziat, l'intention de transférer la propriété
ne se présumant pas, le mari qui livre à sa femme des diamants de famille pour contribuer à sa parure, n'entend nullement, en général, lui en conférer la propriété. Toutefois
on ne peut se dissimuler qu'une solution absolue ne pourrait
dans tous les cas servir de règle et devenir la base d'une
jurisprudence invariable. Les circonstances exercent, en

---

(1) Ce droit repose sur une haute convenance d'équité naturelle :
«*Non debet abire nuda*,» disaient les anciens auteurs. La veuve ne peut
prétendre, du reste, qu'aux linges et hardes nécessaires à son usage.
Dal. Per. II, 78. 1847, Lyon, 3 juil. 1846.

(2) Le linge de table et les draps de lits ne sont pas compris dans ces
expressions.

(3) TROPLONG. Contrat de mariage, t. III, n° 1821 et 1822. — DURANTON,
l. c. t. 14, n° 510. — TOULLIER, l. c. t. 13, n° 282. — AUBRY et RAU, t. 4,
§ 521, p. 372, note 2. — ODIER, Contrat de mariage, t. 1, n° 574. —
MOURLON, Rép. écrit sur le C. Civil, t. III, p. 74. Caen, 13 avril 1864.

Par suite d'un usage touchant, l'anneau nuptial est ordinairement
laissé à la veuve.

effet, un empire suprême. Dans les classes inférieures et même dans les classes moyennes de la société, dit M. Seriziat, (1) les dons de diamants ou bijoux faits par le mari à sa femme, constituent un présent proprement dit: c'est une libéralité affranchie de toute espèce de formalités, et consommée par la remise de la chose qui en fait l'objet (en d'autres termes, un don manuel). Il en est autrement dans des conditions plus relevées : l'une des nécessités que le rang du mari quelquefois lui impose, est de faire porter à la femme certains ornements prescrits par un luxe onéreux : ce ne sont pas des présents offerts à l'épouse, mois un tribut que le mari paie à l'usage. » Dans ce dernier cas, on ne présumera donc pas le transport de propriété.

Les linges et hardes comprennent, en résumé, toutes sortes d'habits et d'ajustements, suivant la fortune, les habitudes et le rang des époux, et notamment les cachemires, châles et dentelles qui, eu égard à la situation de la femme dans le monde, servent ordinairement à son habillement. MM. Massé et Vergé, Rodière et Paul Pont, Marcadé, assimilent aux bijoux plutôt qu'aux linges et hardes, les tissus d'une grande valeur, les dentelles et cachemires d'un prix hors de proportion avec la fortune du mari et la condition de la femme, et qui sont des objets de luxe et de parure plutôt que des vêtements. (2) Au contraire, M. Seriziat (3) enseigne que la femme reprend ces objets quelle que soit leur valeur, parce qu'ilsuffit qu'ils soient destinés à servir de vêtements, pour se trouver compris dans les termes de la loi. Nous croyons qu'il est, en tous les cas, préférable de déterminer

---

(1) Sériziat. Reg. dot. n° 265.

(2) Ainsi les dentelles qui ne sont pas attachées à un objet d'habillement, ne peuvent être reprises.

(3) Seriziat. L. c. n° 266.

l'étendue du droit d'après la condition de la femme, et les circonstances.

La rédaction de l'art. 1492 C. Civil, a fait naître la question de savoir si la femme a droit aux linges et hardes dans le cas où elle accepte la communauté, comme dans celui où elle la refuse. Il est vrai que, dans le premier cas, elle reçoit la moitié des biens communs ; mais la raison de convenance sociale et d'équité naturelle subsiste toute entière, « La loi, dit M. Boissonnade (l. c. p. 332, n° 448), a pensé qu'il ne se serait pas séant que les objets formant le vêtement journalier de la femme, fussent devant elle tirés au sort ou vendus par d'avides héritiers. »

SECTION II.

Deuil de la veuve.

L'art. 1481 du Code Civil s'exprime ainsi :

« Le deuil de la veuve est aux frais des héritiers du mari prédécédé.»

» La valeur de ce deuil est réglée selon la fortune du mari. »

» Il est dû même à la femme qui renonce à la communauté. »

L'art. 1570 du même Code contient une disposition analogue.

Fondement de ce droit. — Comme dans notre ancienne législation, il repose sur la règle qui obligeait la veuve à rester en viduité pendant un an (1). « Il paraissait juste, disait Lebrun , qu'on lui fournît des vêtements lugubres qui l'avertissent de son état , et c'est ce qui nous explique la différence établie par la loi entre le mari et la femme. Les héritiers de la femme auraient pu répondre au mari que se remarier (comme il en avait le droit à toute époque) et porter le deuil de la femme que l'on oublie si vite , sont des choses contradictoires (2). »

Ce droit , du reste , ne se paye pas en nature ; on ne saurait , par suite , le refuser à la veuve , quand même , à la mort de son mari , une maladie la mettrait dans l'impossibilité de porter le deuil. Il se résout en une créance contre la succession du mari , créance dont l'objet consiste dans la somme nécessaire pour porter le deuil selon son rang.

Cette somme comprend , non seulement le prix des robes et vêtements de deuil , mais aussi le prix des habits , linges, hardes , équipages et meubles que la femme doit posséder pendant l'année , tant pour elle que pour ses domestiques , le tout suivant la condition du mari à l'époque du décès.

La femme qui vit dans l'impudicité et la débauche , pendant l'année de deuil , ne perd plus aujourd'hui son droit : une raison de décence ne permet pas que l'on fasse des enquêtes , toujours scandaleuses , sur sa vie privée (3).

La créance donnée à la veuve pour son deuil , elle est privilégiée , comme la créance pour les frais funéraires ?

La jurisprudence répond affirmativement. Elle contient

---

(1) Femme veuve porte le deuil aux dépens de son mari. — LOISEL, Inst. coutumières, t. II, n° 155.

(2) LAURENT. Cours de code civil, t. XXII, n° 435.

(3) TROPLONG. Contrat de mariage , t. III , n°ˢ 1715 et 1716. — DALLOZ, Rép. Alph. V° contrat de mariage, n° 2285. — ODIER, l. c. t. I, n° 487.

sur la question deux arrêts principaux, l'un du 28 août 1834 (Sirey, 1834. II. 426) et le second du 15 juillet 1836. (Sirey, 1837. II. 229) (1).

Sous l'ancienne législation, la plupart des auteurs se prononçaient aussi en faveur du privilège (2).

Les partisans actuels de l'opinion contraire, font observer que l'art. 1481 C. C., met expressément la dépense des habits de deuil à la charge des héritiers du mari ; or, cet article serait violé, si on accordait un privilège à la femme, du moins dans le cas assez fréquent où le passif dépasserait l'actif, puisque la dépense dont il s'agit serait, en réalité, supportée par les créanciers. — Ils ajoutent que les Romains n'entendaient par frais funéraires que les frais d'enterrement, les *impensa funeris*.

On a répondu que si telle était la décision du droit romain, cette décision n'a pas été maintenue. Il est d'un usage constant en France, de comprendre dans les frais funéraires tous les frais faits à l'occasion des funérailles. Si le législateur avait voulu rompre avec cette coutume, il s'en serait formellement expliqué. En accordant l'un des premiers rangs à la créance des frais funéraires, il a, au contraire, témoigné de tout le respect dont il entourait la mémoire du défunt. On peut, du reste, sans forcer le sens des mots « frais funéraires », décider qu'ils s'étendent à la créance des habits de deuil ; « ils font partie de la pompe funèbre », dit Toullier.

---

(1) Dans le même sens. MERLIN, V° privilège, § III, p. 1, n° 3. — PERSIL. Quest. sur priv. t. I, p. 22. — TOULLIER, n° 269, l. c. — DURANTON, t. XIX, n° 48. — Contra TROPLONG, Priv. et hy., t. I, n° 136. — GRENIER HYP. t. II, n° 301. — ROLLAND DE VILLARGUES, Répertoire du notariat. V. Frais. un. n° 4.

(2) POTHIER, LEBRUN, DUPERRIER, BENOÎT, CATELAN. Le parlement de Bordeaux donnait une décision contraire.

SECTION III.

Droit aux aliments et à l'habitation,

« La veuve, soit qu'elle accepte , soit qu'elle renonce à la communauté , a droit pendant les trois mois et quarante jours qui lui sont accordés pour faire inventaire et délibérer, de prendre sa nourriture et celle de ses domestiques sur les provisions existantes , et , à défaut , par emprunt au compte de la masse , à la charge d'en user modérément. »

« Elle ne doit aucun loyer à raison de l'habitation qu'elle a pu faire pendant ces délais , dans une maison dépendante de la communauté , ou appartenant aux héritiers du mari ; et si la maison qu'habitaient les époux à l'époque de la dissolution de la communauté , était tenue par eux à titre de loyer , la femme ne contribuera point , pendant les mêmes délais , au paiement dudit loyer , lequel sera pris sur la masse. »

Ainsi s'exprime l'art. 1465 C. Civil que nous avons à commenter. Il consacre , comme on le voit , deux droits distincts au profit de la veuve : le droit à la nourriture ou aux aliments , et le droit à l'habitation.

§ Ier. — *Droit à la nourriture.*

Fondement. — Les travaux préparatoires ne nous fournissent sur ce point aucun renseignement. MM. Aubry et Rau (1) faisant remarquer que la veuve est en possession de la communauté et fait des actes de conservation et d'administration provisoire sur les biens qui la composent,

(1) Aubry et Rau. T. V, p. 423, note 39, § 517.

disent que c'est pour ce motif qu'elle a droit à des aliments : ils constituent le salaire de sa gestion.

Pourquoi serait-elle rémunérée de ses soins plutôt que le mar ? répond M. Laurent. Du reste, si elle accepte la communauté, elle reste en possession et administre jusqu'au partage ; elle devrait donc avoir droit jusqu'à cette époque à des aliments et à l'habitation, ce qui n'a pas lieu. — Le véritable motif de son droit, selon cet auteur (1), est un sentiment d'humanité et de haute convenance. Il ne faut pas que la femme tombe dans la misère au moment où elle perd son mari et que la vie aisée et facile qu'elle menait, fasse place à une vie de privations. On a voulu, en outre, épargner à la veuve les soucis matériels si pénibles dans la triste situation où l'a plongée la mort du mari (2).

A. — Comment doivent être réglées les dépenses de la veuve ? Elles doivent l'être, à notre sens, d'après la condition sociale du mari, et non d'après les besoins de la femme. On peut tirer un argument d'analogie de l'art. 1481 qui le décide formellement pour le deuil. « On doit, du reste, dit M. Laurent, interpréter avec un esprit d'humanité les lois que l'humanité a dictées. » (3). Ainsi les dépenses ne doivent pas être restreintes au strict nécessaire de la veuve. Il a été jugé que la veuve avait été suffisamment indemnisée de ses frais de deuil, nourriture et logement, pendant les trois mois et quarante jours qui ont suivi le décès de son mari, parce qu'elle avait continué d'occuper les lieux loués par ce dernier, qu'une somme lui avait été d'ailleurs allouée pendant le temps qu'elle avait passé dans un autre logement, et enfin

---

(1) LAURENT. L. c. t. XXII, p. 452, n° 437.

(2) Rouen, 12 mai 1871. — DALLOZ, 1872, II, 203. — RODIÈRE et PONT, l. c. t. II, p. 306, n° 1026.

(3) LAURENT. L. c. t. XXII, n° 438, p. 455.

en ce qu'elle avait eu la jouissance de la presque totalité des valeurs de la succession, et cela alors même qu'elle avait droit d'après son contrat de mariage, à l'usufruit des biens de l'époux prédécédé (1).

Le droit aux aliments appartient à la veuve que la communauté soit bonne ou mauvaise, ce que d'ailleurs on ignore jusqu'à la liquidation. Si elle est mauvaise, la veuve est obligée de recourir à des emprunts, et ces emprunts sont à la charge des héritiers du mari comme dettes de communauté. Elle les supportera, par suite, jusqu'à concurrence de son émolument, au cas où elle accepterait la communauté avec le bénéfice de l'art. 1483 (2). Il appartient aux juges de déterminer en cas de contestation la somme qui est due à la veuve pour ses frais de nourriture.

Le droit aux aliments ne s'étend pas aux enfants que la veuve pourrait avoir eus d'un premier lit, à moins qu'ils n'aient été admis par le mari au ménage commun, et entretenus comme membres de la famille dans la maison conjugale (3).

Le droit aux aliments est-il un droit d'usage légal ? On l'a soutenu en disant que l'étendue de ce droit est limitée à la somme des besoins de la veuve, ce qui est le caractère propre du droit d'usage (4). En sens contraire, on a fait observer (5), et nous le pensons aussi, que le droit consacré

---

(1) Requête du 10 janv. 1837. Dalloz, J. G., 2272 et 2273.

(2) Si elle avait vécu sur les provisions de la communauté, sa part, dans cette dernière, se trouverait diminuée proportionnellement.

(3) TROPLONG. L. c. t. II, n° 1592. — RODIÈRE et PONT, l. c. n° 793. — Contra, LAURENT. Ils ont, dit-il, une fortune personnelle dans la succession de leur père, et leur tuteur doit pourvoir à leur subsistance.

(4) PROUDHON. De l'usufruit, t. VI, n°s 2752 et 2799.

(5) DEMOLOMBE. T. X, l. c. n° 759. — LAURENT, t. XXII, n° 442, p. 455.

par l'art. 1465 n'a pas là la nature d'un droit d'usage, car il n'y a pas une chose principale aux dépens de laquelle, la veuve ait le droit de se nourrir ; elle reçoit une somme des héritiers du mari, ou emploie à son usage les provisions qui peuvent encore se trouver dans la communauté, mais ne rend rien : elle est donc simplement créancière d'aliments. De plus, elle n'est pas tenue comme un usager ordinaire, de faire des états et inventaires ni de donner caution. Enfin, l'étendue de son droit se détermine d'après la fortune du mari et non d'après ses besoins.

Il a été répondu par quelques auteurs à cette argumentation qu'il est vrai que la veuve n'est tenue ni à donner caution, ni à faire des états et inventaires ; mais le vendeur ou le donateur avec réserve d'usage n'y sont pas non plus tenus, et cependant on les considère comme de véritables usagers.

Pourquoi n'en serait-il pas de même dans notre hypothèse? Si le droit aux aliments ne produit pas tous les effets d'un droit d'usage, il produit du moins le plus important. D'ailleurs on peut expliquer cette dérogation au droit commun, par le peu de durée du droit de la veuve, et aussi par suite de ce fait qu'il porte sur des choses auxquelles elle a un droit éventuel.

Pendant quel délai la veuve jouit-elle du droit d'être nourrie au dépens de la communauté ? La durée de son droit se mesure à la durée du délai de trois et quarante jours qui lui est imparti pour faire inventaire et délibérer ; mais que faut-il décider dans le cas où elle a obtenu de la justice une prolongation de délai, ou au contraire dans le cas où elle a pris son parti avant l'expiration des trois mois et quarante jours ?

Deux opinions se sont produites sur cette question, et elles se basent l'une et l'autre sur le motif qui a inspiré le législateur. Les auteurs qui voient dans le droit aux aliments la rémunération des soins de garde et d'administration des biens communs, soutiennent qu'il doit se mesurer sur cette garde et cette administration elle-même (1). Si donc la veuve obtient une prolongation de délai, son droit continuera de subsister jusqu'à l'expiration de ce nouveau délai.

Au contraire, les auteurs qui, comme M. Laurent (l. c., c. f. *suprà*), soutiennent que le législateur a voulu simplement enlever à la veuve tout souci de ses moyens d'existence au milieu de ses tristes préoccupations, pensent que l'art. 1465 attribue une durée fixe et invariable au droit qu'il lui reconnaît.

Si la loi, disent-ils, s'était uniquement fondée sur l'idée d'une rémunération, elle aurait accordé jusqu'au partage de la communauté le droit aux aliments ; cependant, les partisans de l'opinion adverse ne vont pas jusque là.

La durée de ce droit est donc invariable, et elle doit l'être étant donné le motif qui lui sert de base ; car un délai dicté par l'humanité ne peut changer par suite de circonstances accidentelles (2). Dans l'ancien droit, Pothier ne résout pas la question. La veuve, dit-il, vit jusqu'à la fin de l'inventaire des provisions qui se sont trouvées dans la maison à la mort du mari, sans en devoir compte aux héritiers. — Il résulte, du reste, du texte positif de la loi, que le législateur n'a pas voulu faire varier le droit à la nourriture accordée à la veuve avec l'époque à laquelle celle-ci prend qualité (3).

---

(1) Bellot des Minières. T. II, p. 258. — Duranton, t. 14, n° 466.— Troplong, l. c. n° 1596, t. II. « La femme, dit ce savant jurisconsulte, est dans la position d'un hôte qui veille sur ses gages.

(2) Laurent. L. c. t. XXII, p. 456.

(3) Rodière et Pont. T. 21, n° 686, l. c.— Malleville, sur l'art. 1465. — Delvincourt, t. I, p. 93. — Battur, t. 2, p. 686. Arrêt, 9 janv. 1872 (Paris), D. P. 72, II, 203, note 4.— Aubry et Rau, t. V, p. 423. Rennes, 20 janv. 1873.

§ II. — *Droit d'habitation.*

Ce droit reconnu à la veuve par l'art. 1465, al. 2, C. Civil, est-il un droit d'habitation légale ? On peut invoquer pour l'affirmative les mêmes raisons que plus haut. Avec M. Demolombe (1), nous maintenons la même décision que pour le droit aux aliments. Il résulte, du reste, de l'art. 1465 C. C., que la femme peut être logée dans une maison tenue à loyer par les époux.

Quoiqu'il en soit, la veuve peut habiter la maison qu'elle occupait avec son mari, avant le décès de celui-ci, sans être tenue à aucune indemnité, soit envers les héritiers de son conjoint, soit envers le propriétaire.

La veuve habituaire n'est pas tenue de donner caution. Le droit d'habitation légal, est, en effet, comparable à l'usufruit légal des père et mère ; or, ceux-ci n'en doivent pas fournir. En outre, la veuve se trouvant de plein droit et par le seul fait de la mort du mari en possession effective de la maison qu'on lui permet d'occuper, n'est pas absolument dans le cas prévu par le Code. Celui-ci dit, en effet, que l'usager doit donner caution préalablement à son entrée en jouissance.

Quelle est la durée du droit d'habitation conféré à la veuve ? Nous retrouvons la même controverse que pour le droit aux aliments, et nous maintenons la solution que nous avons donnée alors. Pothier était d'un avis contraire (2) :

---

(1) Demolombe. T. X, N° 759.

(2) Pothier. Communauté, n° 452, t. VI. Droit d'habitation, n°ˢ 1 et suiv.

« C'est la communauté, disait-il, qui est censée avoir occupé
la maison par les effets qu'elle y avait, et dont la femme qui
y est restée n'était que la gardienne. » Plus loin, il ajoutait :
« Même après que la maison a cessé d'être occupée par les
meubles de la communauté, il n'est pas d'usage que les héritiers du mari exigent de la veuve le loyer de cette maison
jusqu'au prochain terme, car ils n'eussent pas trouvé à la
louer en sous-terme. Au moins en prenant les choses à la
rigueur, la femme ne devrait-elle que le loyer de la partie
qu'elle eut occupée. » Nous ne trouvons rien dans les travaux préparatoires qui nous indique si le Code a suivi ou non
cette manière de voir ; mais nous croyons, avec M. Laurent,
l. c., t. XXII, p. 441, que le loyer est compris dans la créance
alimentaire; et qu'en réalité, l'art. 1465 n'accorde à la
femme qu'un seul droit.

Si la veuve habite une maison que son mari tenait à bail,
les héritiers de ce dernier seront tenus au paiement des
loyers. Mais qu'arriverait-il si le bail cessait avant l'expiration du délai de trois mois et quarante jours pour faire
inventaire et délibérer ? Le droit de la femme resterait intact,
car il ne peut dépendre du hasard qu'elle ait ou non droit à
l'habitation. D'ailleurs, nous avons décidé que quand il n'y
a pas dans la communauté de provisions sur lesquelles elle
puisse prendre sa nourriture, elle peut avoir recours à des
emprunts et que ceux-ci sont à la charge de la masse commune. Or, si la masse lui doit des aliments, pourquoi ne lui
devrait-elle pas l'habitation (1) ?

Quand la maison appartient à la veuve, elle doit, croyons-
nous, être remboursée des loyers sur les biens de la communauté. C'est sur celle-ci, en effet, qu'elle les prend

---

(1) Aubry et Rau. T. V, p. 423, note 41, § 517.

dans le cas où les époux étaient locataires de la maison. Du reste, la créance alimentaire comprend la créance des loyers comme la créance des aliments.

La mesure que la femme doit observer dans l'usage de son droit et la manière dont la dette sera supportée, se règlent d'après les principes que nous avons exposés (1).

SECTION IV.

Droit de la veuve sous le régime dotal et sous le régime de séparation de biens.

§ Ier. — *Régime dotal.*

La veuve mariée sous le régime dotal jouit de trois privilèges art. 1570 qui sont :

1° Le droit de se faire fournir des aliments pendant l'année de deuil ;

2° Le droit d'habiter durant cette même année une des maisons du mari défunt ;

3° Le droit de prendre sur la succession de ce dernier la valeur de ses habits de deuil.

L'art. 1566 c. civ. lui donne en outre la faulté de retirer les linges et hardes à son usage personnel ; mais cette faculté appartient à toutes les veuves.

L'art. 1570 C. civ., al. 2, s'exprime de la manière suivante :

---

(1) En sens divers.— Rodière et Pont, t. II, l. c. n° 795.— Troplong, t. II, l. c. n° 1599. — Colmet de Santerre, t. VI, p. 280, n° 122 *bis*.— Laurent, t. XXII, p. 459.

« La femme a le choix d'exiger les intérêts de sa dot pendant l'an du deuil, ou de se faire fournir des aliments pendant ledit temps au dépens de la succession du mari. » Cet article suppose donc que la femme à qui il accorde ces droits a une dot ; il est de plus placé dans la section III qui a pour rubrique « De la restitution de la dot.» Cependant, on admet généralement que cette condition n'est pas nécessaire, pour que la veuve puisse invoquer le bénéfice de l'art. 1570 (1). « En effet, dit M. Laurent, t. XXIII, n° 580, quand la femme est pauvre, la loi ne veut pas qu'elle tombe dans la misère immédiatement après la dissolution du mariage, alors que, pendant le mariage, elle a joui de l'aisance ou de la richesse de son mari. »

MM. Rodière et Pont soutiennent, au contraire, que les droits conférés à la veuve par l'article que nous citons, ne sont qu'un juste et légitime dédommagement de la jouissance que le mari a eue sur ses biens.

Quoiqu'il en soit, le droit aux aliments, à l'exception des deux autres, ne se cumule pas avec les intérêts et les fruits des biens dotaux. Mais lors même que la dot consisterait en immeubles ou en d'autres objets qui sont restés sa propriété, et par suite doivent lui être restitués immédiatement, la femme conserverait son option. Duranton a prétendu le contraire, il est vrai, en argumentant strictement de l'expression intérêts ; mais sa manière de voir ne nous semble pas fondée, car si la femme peut reprendre immédiatement les objets dont elle a conservé la propriété, personne ne peut du moins l'y contraindre dans le cas où elle néglige de le faire. Duranton XV, n° 372.

---

(1) SERIZIAT. De la dot, 290. — TAULIER, t. V, p. 361. — DALLOZ, J. G. V° dot, n° 507. Toulouse, 29 août 1815.

L'option, une fois exercée, est irrévocable ; seulement, comme toute option comporte une renonciation, on ne saurait l'induire d'actes équivoques (Dalloz J. G., n° 4209. C. de mariage).

Il ne suffirait donc pas que la veuve se soit nourrie pendant quelque temps avec les provisions existant lors du décès du mari, ou ait touché une partie des intérêts et des fruits, pour que l'on puisse dire dans le premier cas qu'elle abandonne les intérêts et fruits de sa dot, et dans le second son droit aux aliments ; elle peut avoir voulu précompter la valeur des provisions qu'elle a consommées sur les intérêts et fruits de cette dot, ou inversement les intérêts et les fruits sur la valeur des aliments auxquels elle pouvait prétendre.

Les aliments comprennent tout ce qui est nécessaire à la vie, à l'exception de l'habitation et des vêtements; ils s'entendent donc tant de la nourriture quotidienne que des frais de maladie, si la veuve était devenue malade pendant l'année de deuil, pourvu, disent MM. Rodière et Pont (Contrat de mariage T. III, n° 1954) que cette maladie n'ait pas une cause honteuse. Ces mêmes auteurs ajoutent que la dette d'aliments est une véritable dette de la succession, et que les besoins de la veuve doivent seuls être considérés. Sur ce dernier point, M. Dalloz est d'un avis contraire ; par cela seul que la femme n'a pas opté pour les intérêts et les fruits de sa dot, elle a droit à des aliments ; les intérêts et fruits et les aliments sont des choses équivalentes qui s'équilibrent et se remplacent l'une par l'autre. (Dalloz. Code civil annoté art. 1570. — Dans notre ancien droit, on ne permettait pas à la veuve dotale qui possédait des biens paraphernaux suffisants pour assurer la subsistance, de réclamer des aliments contre la succession de son mari. Cette solution ne devrait plus être admise aujourd'hui. Le code civil ne distingue pas, et accorde des aliments à la veuve quelle que soit sa position de fortune (1).

Les aliments doivent en général être fournis en nature comme l'indiquent les expressions de l'art. 157 c. civ., « se faire fournir des aliments » ; mais des circonstances particulières peuvent forcer le juge à en décider autrement ;

2° L'habitation est due à la veuve pendant une année entière dans une maison appartenant aux héritiers de son mari. Toutefois, si elle se remariait après le délai de dix mois, les convenances exigeraient qu'elle cesse d'habiter avec son second époux le lieu où elle a vu mourir le premier.

L'étendue du local accordé à la veuve sera déterminée par sa position sociale ; et si la maison qu'elle occupe était tenue à bail par le mari défunt, ses héritiers devront lui fournir pendant l'année de deuil un logement convenable pour le cas où le bail viendrait à cesser.

Au contraire, si cette maison appartenait à la femme, la raison d'être de son privilège qui est son motif de pure bienséance lui interdirait de réclamer aucune indemnité aux héritiers du mari.

3° La mort du mari fait naître l'obligation consacrée, d'ailleurs, par les convenances et la bienséance, d'en porter le deuil. C'est ce que déjà les Romains reconnaissaient quand ils disaient : « *Mulieres lugere decet, vivos autem meminisse.* » Les habits de deuil comprennent non seulement les vêtements de la femme, mais aussi ceux de ses enfants et de ses domestiques, le tout suivant sa condition sociale. Ils peuvent être réclamés dans tous les cas, et la créance

---

(1) DURANTON, t. XV, n° 573. — Contra DALLOZ, J. C. Contrat de mariage, n° 4206.

que la femme possède à cet effet est incessible et insaisissable. Tout ce qui concerne le choix et la confection des vêtements de deuil, regarde uniquement la veuve ; elle peut donc exiger qu'on lui remette une somme d'argent pour les frais de deuil. Contra Seriziat, l. c., p. 300. Caen, 1836. 15 juillet Sirey. 35, I. 426. 37. II. 228.

Nota. — 1° On remarquera que le droit d'habitation pour la veuve, est ici beaucoup plus étendu et plus important qu'en matière de communauté, art. 1465.

2° Les droits de viduité sont garantis par l'hypothèque légale de la femme. Dalloz, J. G. N° 4202.

§ II. — *Régime sans communauté.*

Pour interpréter et compléter les règles qui gouvernent ce régime, il faut s'en référer aux principes du Code civil sur la communauté légale. C'est un point qui est admis par la grande généralité des auteurs, et par une jurisprudence constante. Les intérêts de la dot, sous ce régime, courront donc du jour de la dissolution du mariage, et non du jour de la demande en justice. (Aubry et Rau, t. V, § 511, p. 358, texte et note 14. Rodière et Pont. Contrat de mariage, t. III, N° 2078. Lyon, 1er déc. 1880. Dalloz, 1881. II. 21 et 22).

MM. Rodière et Pont (l. c. N° 2078) disent que les art. 1564 et 1566, p. 2, 1569 et 1570, s'appliquent au régime sans communauté comme au régime dotal et par majorité de raison. Le mari jouit, en effet dans l'espèce, du revenu de tous les biens de sa femme, puisqu'elle n'a pas de biens paraphernaux. MM. Duranton, t. XV, N° 263. Troplong, Contrat de mariage, N° 2234, t. III, et Aubry et Rau, t. IV, § 437, ne lui accordent que ses habits de deuil. MM. Dalloz et Battur lui donnent, en outre, le droit à des aliments pendant trois mois et quarante jours. Il n'y a pas d'argument à tirer de l'ancien droit, car le douaire était accordé à toutes les femmes. Pothier, Douaire N° 5.

....,. ....

Sous le régime de séparation de biens, la veuve a droit aux habits de deuil. L'obligation de porter le deuil est, en effet, une dette qui grève la succession du mari au même titre que toute autre, car elle a pour cause sa mort elle-même ; elle naît de sa personne.

La veuve séparée de biens a droit aussi aux linges et hardes à son usage actuel, en vertu de l'art. 1566, p. 2, car ce droit étant fondé uniquement sur des motifs d'humanité et de convenance doit être accordé dans tous les cas.

DEUXIÈME PARTIE.

OBLIGATIONS DE LA VEUVE.

Comme en Droit romain, la veuve est soumise dans notre législation à deux obligations :

1° Elle ne peut se remarier avant l'expiration d'un délai de dix mois depuis la mort de son époux ;

2° Elle peut se trouver soumise à des règles spéciales lorsqu'elle est enceinte.

SECTION Iʳᵉ.

Prohibition de se remarier pendant le délai de viduité.

L'art. 228 Code civil est ainsi conçu : « La femme ne peut contracter un nouveau mariage qu'après dix mois révolus depuis la dissolution du mariage précédent. »

Le motif de cette prohibition est double. — On craint la confusion de part, la *turbatio sanguinis* des Romains, et, d'autre part, il est moral et conforme aux convenances, qu'une femme manifeste, pendant quelque temps, la douleur et la tristesse que la perte de son mari doit lui faire ressentir. Cette seconde considération nous conduit à décider que si la veuve accouchait le lendemain du décès de son conjoint, elle n'en devrait pas moins attendre l'expiration d'un délai de dix mois pour convoler à une nouvelle union ; la pudeur et la décence publique commandent cette solution, qui était condamnée par les lois romaines. (L. I, p. 2. *De his qui not. infâmiâ*).

L'art. 228 C. C. s'applique au mariage déclaré nul comme au mariage dissous. Les motifs pour lesquels il a été édicté sont absolument généraux et indépendants du cas particulier de la dissolution du mariage par la mort ou le divorce ; le mariage déclaré nul a existé, en fait, jusqu'au jugement déclaratif de nullité (Trèves, 30 avril 1806. Sirey, 1806. II. 139. Demol, t. IV, N° 32 et suivants. Duranton, t. II, N° 175. Vazeille, t. I, N° 102).

La sanction de l'art. 228 C. C. consiste dans une simple amende contre l'officier de l'état-civil. Les peines prononcées par la loi romaine n'ont pas été maintenues. Le second mariage contracté au mépris de sa prohibition n'est pas frappé de nullité, et l'empêchement au mariage qui en résulte n'est pas dirimant. La loi ne détermine pas, en effet, par quelles personnes la nullité de ce mariage (à supposer qu'elle le regarde comme nul) doit être proposée, ni à quelle époque s'ouvre l'action donnée aux personnes qui veulent l'invoquer. Elle aurait dû aussi par analogie avec la décision donnée par l'art. 185 C. civil, déclarer le mariage contracté avant l'expiration des dix mois, inattaquable lorsque la femme aurait cohabité un certain temps avec son mari.— On ajoute un dernier argument tiré de l'historique de la rédaction de l'art, 228. Les Cours d'appel avaient demandé au législateur d'assurer par la nullité les unions contractées au mépris des règles sur le délai de viduité ; or, leur observation n'a pas été admise, et on n'en retrouve aucune trace dans le Code civil. (1).

Une question fort grave, mais qui ne touche qu'indirectement à notre sujet, est celle de savoir quelle est la filiation de l'enfant né d'une veuve qui s'est remariée pendant le temps prohibé.

Des auteurs enseignent qu'il appartient tant au nouveau mari qu'au mari défunt ; d'autres, qu'il appartient à ce dernier. La plupart pensent que les tribunaux trancheront la difficulté dans le plus grand intérêt de l'enfant. M. Demolombe attribue l'enfant au second mari.

SECTION II.

Règles spéciales à la veuve enceinte.

Nous retrouvons dans notre législation actuelle l'antique institution du curateur au ventre, que consacre l'art. 393 C. C. « Si, lors du décès du mari, la femme est enceinte, il sera nommé un curateur au ventre par le conseil de famille. A la naissance de l'enfant, la mère en deviendra tutrice, et le curateur en sera de plein droit le subrogé tuteur. »

La veuve peut avoir intérêt à une suppression de part lorsqu'elle est donataire de la fortune de son mari, ou, au contraire, à une supposition de part, quand son mari ne lui a laissé que de faibles libéralités, à cause de l'usufruit légal qui lui est reconnu sur les biens de ses enfants.

---

(1) Merlin. L. c. V° noces (secondes), p. 52, n° 1. — Toullier, t. II, n° 651. — Vazeille, t. I, n° 120. — Demol. t. IV, n° 33. — Valette sur Proudhon, t. I, p. 404. — Contra Proudhon, t. I, p. 404, t. II, p. 49.

Locré (explic. du code civil, art. 228), dit que la nullité du mariage serait une peine trop grande pour une contravention à une simple loi de précaution, et qui ne tend pas à réprimer des désordres graves.

Nous savons avec quel luxe de précautions souvent brutales, le préteur romain réglait cette matère. Le législateur
moderne ne l'a pas suivi dans cette voie. « Il a bien fait, dit
M. Demolombe. T. VII, p. 27 et 31, de ne pas infliger toujours
et quand même à la douleur de la veuve qui se déclare
enceinte, l'inévitable humiliation de la visite des matrones »
et, nous ajouterons, de la présence incessante d'un grand
no m bre de gardiens.

Il suffit donc aujourd'hui que la veuve se déclare enceinte
pour que le droit des parents les plus proches du défunt soit
suspendu, et qu'elle puisse provoquer la nomination d'un
curateur au ventre : la visite des gens de l'art n'est plus
exigée comme condition de l'envoi en possession. (1).

Cependant, si on signalait à la justice de graves présomp-
tions de fraude, elle pourrait y recourir pour sauvegarder
les droits des personnes intéressées.

Nous diviserons l'étude de cette matière en trois paragraphes :

1° Dans quels cas y a-t-il lieu à la nomination d'un curateur
au ventre ?

2° Par qui ce curateur est-il nommé ?

3° Quelles sont ses fonctions ?

§ Ier. — *Dans quels cas y a-t-il lieu à la nomination
d'un curateur au ventre ?*

Le curateur au ventre est nommé sur la demande de la
femme ou de toute autre personne intéressée ; le juge de
paix peut même convoquer d'office le conseil de famille pour

---

(1) Demol. T. VII, p. 27 à 31, 32, n° 61 et suiv. — Aubry et Rau, t. l,
§ 559, note 1. — De Fréminville, tome I, 61 et 67. Aix, 19 mars 1807.

(2) Demol. T. VII, p. 32, n° 61.

procéder à sa nomination. Ainsi, il peut être donné un curateur à la veuve dans tous les cas, soit qu'elle se déclare enceinte et le demande, soit que sans le demander elle se déclare simplement enceinte, soit même qu'elle nie sa grossesse (1). Le curateur est nommé, en effet, dans l'intérêt de tous ceux dont la naissance de l'enfant diminuerait les droits sur la succession du mari, et l'art. 393 s'exprime, du reste, dans les termes les plus généraux : « si lors du décès du mari, la veuve est enceinte ».

La nomination d'un curateur peut-elle être faite même dans le cas où il existe du mariage d'autres enfants que celui dont la veuve peut être enceinte ? On a soutenu qu'elle ne devait pas avoir lieu dans ce cas, pour les motifs suivants. — Le but de la loi a été de prévenir la supposition de part ; or, cette supposition n'est pas sérieusement à craindre dans notre hypothèse. Du reste, si les enfants nés pendant le mariage sont mineurs, la mère est tutrice et il existe un subrogé-tuteur ; pourquoi en nommer un second ? s'ils sont majeurs, ils veilleront eux-mêmes à leurs intérêts, et empêcheront la supposition de part (2).

Des auteurs croient devoir distinguer entre le cas où les enfants déjà nés sont majeurs ou mineurs émancipés, et celui où ils sont mineurs et non émancipés.

S'ils sont majeurs ou émancipés, l'art. 393 s'appliquera, car le danger qu'il a pour but de prévenir, existe encore dans ce cas quoiqu'il soit moins considérable ; en supposant, en effet, que ces enfants se mettent en possession de la fortune

---

(1) Dans cette dernière espèce, elle pourrait, croyons-nous, faire cesser les fonctions du curateur nommé, en se soumettant à la visite des gens de l'art. — MERLIN, Rep. t. III, Vᵒ curateur, § 9. — MAGNIN, t. I, p. 586.

(2) TAULIER. T. II, p. 17. — DURANTON, t. III, nᵒ 429. — DU CANGE, BONNIER et ROUSTAING, t. I, nᵒ 591.

de leur père, sauf à ne pas la partager entre eux jusqu'à la délivrance de leur mère, qui veillera aux intérêts de l'enfant conçu pour empêcher les soustractions, les recèles et les collusions frauduleuses ?

Si les enfants sont mineurs non émancipés, l'art. 393 est inapplicable. La mère a l'usufruit des biens appartenant à ses enfants mineurs jusqu'à ce que ces derniers aient atteint l'âge de dix-huit ans ; il ne s'agit donc que d'étendre cet usufruit sur une plus grande partie des biens. En outre, la mère est tutrice, et il y a un subrogé-tuteur ; or, le texte ne s'applique qu'à l'hypothèse ou la tutelle n'existe pas encore. « A la naissance de l'enfant, le curateur au ventre, dit-il, sera de plein droit subrogé-tuteur ». Il suppose donc qu'il n'existe pas de subrogé-tuteur, et partant pas de tuteur, puisque le subrogé tuteur n'a pour mission que de surveiller et contrôler l'administration du tuteur.

M. Demolombe croit cependant à l'application de l'art. 393 C.C. même en ce dernier cas. L'article 6 du projet était ainsi conçu : « Quand il existera d'autres enfants, le subrogé-tuteur remplira en même temps les fonctions de curateur. » Cette disposition n'a pas été reproduite par le Code Civil ; c'est donc qu'elle a été rejetée et que la nomination d'un curateur est exigée. Elle est, du reste, un acte de prévoyance tant dans l'intérêt public que dans l'intérêt de l'enfant.

Ces deux opinions, quoique contradictoires, aboutissent pourtant à un résultat identique, car les partisans de la seconde conviennent, qu'en fait, le conseil de famille conférera à la même personne les qualités de subrogé-tuteur et de curateur. « Il n'y aurait donc, conclut M. Demolombe, (l. c. n° 73. T. VII), de curateur au ventre que si la tutelle des enfants mineurs finissait avant la délivrance de la mère. »

§ II. — *Par qui le curateur au ventre est-il nommé ?*

Il est nommé par le conseil de famille exclusivement ; l'art. 393 C. C. est formel sur ce point.

D'ailleurs, toute personne ne peut remplir les fonctions de curateur au ventre, car comme ce dernier est un subrogé tuteur en expectative, il faut appliquer les dispositions de la loi sur les subrogés tuteurs. (Tit. X. Ch. II. Section V, art. 420 à 427.) Il en résulte de leur combinaison :

1° Que le curateur doit être pris dans la ligne des parents paternels de l'enfant conçu ; car la mère sera tutrice légale de cet enfant lors de sa naissance, et le tuteur doit toujours faire partie d'une autre ligne que le subrogé tuteur.

2° Que la mère ne peut concourir à sa nomination (art. 423).

§ III. — *Quelles sont les fonctions du curateur au ventre ?*

Ces fonctions sont doubles. « *Curator ventri et bon*ı *datur*, » disait déjà la loi I, § 180. Liv. XXXVII, Tit. 9. On peut, en effet, les envisager par rapport à la mère et à l'enfant à naître (*venter*), et par rapport aux tiers (j'entends par ce mot toutes les personnes autres que la mère et l'enfant).

1° En ce qui concerne la mère et l'enfant conçu. L'objet de la mission du curateur en détermine la nature et l'étendue. Il doit autant que possible conserver le *statu quo*, et maintenir la situation de fortune du mineur telle qu'il l'a trouvée, car il n'exerce ses fonctions que provisoirement. Il ne fera donc que les actes conservatoires, et parmi les actes d'administration ceux-là seulement qui sont nécessaires. C'est ainsi qu'il renouvellera les inscriptions d'hypothèques, interrompra les prescriptions, exercera les actions possessoires, payera les dettes exigibles, recevra les revenus, etc. S'il devient indispensable de passer un acte plus grave et qu'on ne puisse attendre la naissancè de l'enfant, le curateur remplira les formalités que le Code Civil prescrit au tuteur. — C'est également au conseil de famille à déterminer le montant de la provision à accorder à la veuve.

Les biens du curateur ne sont pas grevés d'une hypothèque légale, mais il doit rendre compte de sa gestion comme le tuteur. Ce compte sera rendu soit au tuteur du posthume, soit aux héritiers du mari.

Le curateur administre les biens de la succession dans l'intérêt du posthume qu'il représente et au nom duquel il agit, comme dans l'intérêt éventuel des futurs ayant-droits. S'il négligeait de prendre une mesure quelconque intéressant l'enfant conçu, la veuve pourrait provoquer une convocation du conseil de famille à l'effet d'ordonner par délibération l'exécution de cette mesure. Toutefois, on ne doit pas aller jusqu'à reconnaître à la veuve des pouvoirs d'administration quelconques, ni même le droit de s'immiscer dans la gestion du curateur ; décider le contraire serait s'exposer à toutes sortes de tiraillements et de conflits entre elle et ce curateur (1).

2° En ce qui concerne les tiers, le curateur doit veiller à ce qu'il n'y ait pas supposition ou suppression de part, ou encore substitution d'un enfant à un autre.

Sa mission à ce point de vue avait été minutieusement réglée par le droit romain. Aujourd'hui le respect dè la liberté individuelle et des bonnes mœurs, l'obligent à user

(1) Toullier. T. II, n° 1100. — Duranton, t. III, n°s 425 et suiv. — Aubby et Rau, t. I, pages 559, 562. — Demolombe, l. c. t. VII, n° 50 et suivants.

d'une discrétion et d'une réserve parfaites. Il ne peut, par exemple, prescrire à la femme une mesure quelconque, ni lui assigner un lieu de résidence pour y faire ses couches.

Son droit ne saurait pourtant se réduire à une abstraction comme le veut Taulier. La loi l'autorise, croyons-nous, à employer tous les moyens indispensables pour arriver à la découverte du crime ou de la fraude qu'il doit surveiller. A cet effet, nous pensons avec M. Demolombe (T. VII, l. c. n° 52), qu'il pourra rendre des visites à la femme dans son domicile, et assister à l'accouchement. En cas de contestation entre la veuve et le curateur, les tribunaux ordonneront les mesures qu'ils jugeront convenables et nécessaires. La loi s'en est remis à leur sagesse pour tout ce qui devra être fait, quand de graves soupçons autoriseront à penser que la veuve simule une grossesse, ou cache au contraire une grossesse véritable.

TABLE DES MATIÈRES.

———⁓⁓⁓———

DROIT ROMAIN.

ANCIEN DROIT FRANÇAIS.

LÉGISLATION FRANÇAISE ACTUELLE.

POSITIONS.

DROIT ROMAIN.

1. — L'Infantia en droit classique dure jusqu'à l'âge de sept ans.
2. — La fidéjussion qui intervient *in duriorem causam*, est nulle pour le tout.
3. — La société n'est pas une personne distincte des personnes des associés.
4. — Dans le silence du contrat, les parts des associés sont égales et non proportionnelles à leurs apports.
5. — Sous Justinien, le père recueillait les biens du pécule *castrens, jure successionis et non jure peculii.*

DROIT CIVIL.

1. — Le juge peut accorder un délai de grâce au débiteur, quand le créancier est muni d'un acte notarié.
2. — La constitution de dot est un titre lucratif quant à la femme, onéreux quant au mari.
3. — La nullité qui entache les conventions matrimoniales rédigées après la célébration du mariage, est absolue.
4. — Le locataire ou fermier, ne peut hypothéquer utilement pendant la durée du bail, les constructions qu'il a faites sur le terrain loué.
5. — L'occupation est un mode d'acquérir la propriété.

PROCÉDURE CIVILE.

1. — Il n'y a pas d'autres exceptions dilatoires que celles qui sont spécialement dénommées dans le Code de procédure civile.
2. — L'élection de domicile chez un avoué n'équivaut pas à sa constitution.
3. — Un avoué, dans le cas où il serait lui-même demandeur, serait obligé de choisir un autre avoué pour occuper pour lui.

DROIT DES GENS.

1. — Les consuls n'ont aucun caractère représentatif.
2. — Les fonctions de consul de France à l'étranger, ne peuvent être conférées qu'à un citoyen français.

Le Président de la Thèse,
Edmomd VILLEY.

VU :

Le Doyen,
A. VAUGEOIS.

PERMIS D'IMPRIMER :

Le Recteur,
E. ZEVORT.

Lille Imp. L. Danel.